社会教育における
防災教育の展開

野元 弘幸 編著

大学教育出版

本書を、東日本大震災をはじめとする災害で亡くなられた方々の霊前に捧げるとともに、ご遺族をはじめ大事な人を亡くされた方々の無念に思いを寄せつつ、今日もなお災害復旧や防災活動に取り組まれている皆さんへ贈ります。

はじめに

　本書は、首都直下型地震や南海トラフ地震など、今後確実に起きると言われる災害で、「一人の犠牲者も出さない」ために社会教育では何が必要かを考え、具体的に備えることを目指して、これまでの研究成果をまとめたものである。「一人の犠牲者も出さない」というのは、非現実的だと思われるかもしれないが、この7年半の間、東日本大震災の被災地に赴きながら犠牲となった方々の遺族の話を聴き、生前の暮らしに思いをはせて慰霊碑に手を合わせるときに、繰り返し湧いてくる強い思いであった。いくら大きな災害であっても、亡くなっても仕方ない命はない。

　実際に、東日本大震災で亡くなった1万8,000人近い方々の尊い命の多くは、救うことのできた命であった。震災前から丁寧な防災訓練や防災学習を行っていた地域や学校では、犠牲者がほとんどいなかったことがわかってきた。私たちは豊かな自然のなかで、そこから多くの恵みをもらいながら生きているが、自然は時として私たちの想像を超えた力で迫ってくる。これは自然の摂理であり、避けることはできないが、そうした自然の力に向き合いながらも、人々の知恵と協同の力で何とか命をつなぐことができる。東日本大震災は、それを証明した災害でもあった。

　したがって、本書にまとめられた研究を学問研究の成果として図書の中に閉じ込めておくわけにはいかない。何としても、一人でも多くの方に届け、災害への備えや防災教育・防災学習に生かしていただきたいと思う。とりわけ、地域住民の命を守る防災教育・防災学習に携わることとなる社会教育関係者の方々には、本書での研究成果の発表を契機に、さらに防災教育・防災学習の充実と環境整備を図っていただければと思う。

　本書の執筆者は、主に東日本大震災からの復旧・復興に関わりながら、被災の教訓から学び、社会教育における防災教育を発展させようと取り組み始めた大学研究者および学校教員で、科研費研究課題「社会教育における防災教育

のグローバル展開」（基盤研究（A）2015-2019 年度）の共同研究に取り組ん
できたメンバーである。執筆者は全員が被災地に赴き、被災住民や被災自治体
職員からの丁寧な聞き取りを行ったうえで、今後も起こるであろう災害に向け
て備える社会教育のあり方を模索してきている。まずは、多忙ななか、玉稿を
ご執筆いただいた皆さんには、心より感謝申し上げたい。とりわけ、本共同研
究プロジェクトの最中に発生した熊本地震で被災当事者となった山城千秋氏に
は、公民館の被災に関する研究成果の素早い発信や九州での新たな研究環の創
設など、意欲的に取り組まれていることに敬意を表したい。

　そして、本書の執筆・編集が可能となった背景には、東日本大震災をはじめ
とする過去の災害で大きな被害を受けたにもかかわらず、被災の教訓を未来へ
伝える社会教育の重要性をご理解いただき、聞き取りに丁寧に答えて研究に協
力してくださった多くの被災者、復興支援に関わる皆さんがいたことも忘れて
はならない。心より感謝申し上げたい。思い起こせば、避難所での炊き出し支
援に東京から来た初対面の者からの、こんなことを尋ねて大丈夫だろうかと迷
いながらの質問に、避難所生活を送る皆さんは快く丁寧に答えてくださった。
皆さん一人ひとりの顔が浮かぶ。紙幅の関係で一人ひとりのお名前を記すこと
は叶わないが、皆さんとの心温まる思い出が本書の執筆・編集の力となってい
ることを記すことで、お許しいただきたい。

　最後に、本書の出版を引き受けていただいた大学教育出版の佐藤守氏と具体
的な編集作業にあたっていただいた中島美代子さんには感謝申し上げたい。ま
た、研究グループの編集作業を担当した首都大学東京大学院生の平尾亮子さん
にもお礼を申し上げたい。

　なお、本書は、日本学術振興会の平成 30 年度科学研究費助成事業 ― 科研
費 ― 研究成果公開促進費学術成果公開助成を受けている。

　2018 年 8 月 9 日

執筆者を代表して　野元弘幸

社会教育における防災教育の展開

目　次

はじめに ……………………………………………………………… 野元弘幸…*i*

序　章　社会教育における防災教育研究の使命と課題 …………… 野元弘幸…*1*
 1. 戦後日本の社会教育における防災教育研究　*1*
 2. 東日本大震災の被害と社会教育研究の展開　*4*
 3. 社会教育研究における防災教育の構想と課題　*7*
  （1）社会教育における防災教育の重要性と緊急性を実証する研究　*8*
  （2）被害想定地域における防災教育プログラムの開発と有効性に関する実証的研究　*8*
  （3）特別研究課題への取り組み　*9*
  （4）海外の実践・研究との交流と研究成果の発信　*10*

第1部　地域における防災教育の展開

第1章　災害から住民の命を守る社会教育の展開 ……………… 野元弘幸…*15*
 1. 東日本大震災における被害と社会教育　*15*
 2. 社会教育における防災教育の重要性　*17*
 3. 被災の記録に見る防災教育の重要性　*20*
  （1）防災訓練・防災学習への参加　*20*
  （2）地域活動の重要性　*22*
  （3）学校と地域の連携　*23*
 4. 防災教育プログラムの開発と展開　*24*
  （1）被災地訪問学習　*24*
  （2）公民館における防災講座　*25*
 5. 防災教育研究の諸課題　*27*
  （1）災害ボランティアの研究　*27*
  （2）先住民族の知恵と防災教育　*28*
  （3）海外の実践・研究との交流と研究成果の発信　*31*
  （4）国土強靱化政策と教育　*32*

目　次　v

第2章　生涯学習を通じた鉄道防災教育の展開── 鉄道防災教育・地域学習列車「鉄學」の取り組みから ── …………………… 西川一弘…35

はじめに　35

1. 鉄道からの避難　36

　（1）　東日本大震災と鉄道　36

　（2）　鉄道における避難の特殊性　37

2. きのくに線における津波避難訓練　38

　（1）　きのくに線の概要　38

　（2）　地元の高校と連携した実践的津波避難訓練　40

　（3）　地元の社会教育団体と連携した訓練　44

3. 鉄道防災教育・地域学習列車「鉄學」　45

　（1）　鉄道防災教育・地域学習列車「鉄學」とは　45

　（2）　鉄學プログラムの編成と展開　47

　（3）　高校と連携した「鉄學」の展開　48

　（4）　「鉄學」が目指すところ　50

4. 生涯学習と鉄道防災教育　50

　（1）　防災教育のねらい　50

　（2）　生涯学習と防災教育　51

　（3）　生涯学習と「鉄學」　52

おわりに　53

第3章　韓国における防災教育をめぐる政策と実践の現状と課題…金侖貞…56

はじめに　56

1. 「4・16」を起点とした変化　57

2. 中央政府機関による安全教育関連政策の形成　58

3. ソウル市による教育安全施策の確立と展開　63

4. リスク社会に対してどのような防災教育を創っていくのか　67

vi

第 2 部　自治体と公民館

第 4 章　震災復興と地域防災教育に関わる公民館の役割と課題… 手打明敏…*73*

はじめに　*73*

1. 被災地の「復興」とは　*75*

　（1）3.11 後の「復興」構想　*75*

　（2）「創造的復興」がもたらした問題　*76*

2. 宮城県山元町の復興と公民館　*77*

　（1）東日本大震災と山元町　*77*

　（2）山元町の「復興」計画策定の取り組み　*81*

　（3）山元町の「復興」の取り組みと公民館　*86*

3. 被災地の復興と公民館の役割　*87*

4. 防災・減災教育に関わる公民館の課題　*90*

　（1）福島原発事故と学習課題　*90*

　（2）原発問題学習と「23 条」　*92*

おわりに　*94*

第 5 章　防災拠点としての公民館再論

　　　　― 千葉県の公民館を事例に ―　………………………… 長澤成次…*97*

はじめに　*97*

1. 千葉県内の公民館は東日本大震災にどう対応したか　*98*

2. 調査を通して浮かび上がってきたこと　*99*

3. 防災拠点としての公民館をめぐる課題　*102*

第 6 章　熊本地震と公民館　……………………………………… 山城千秋…*109*

はじめに　*109*

1. 避難所としての公民館の現実的展開　*110*

2. 拠点避難所となった熊本市立公民館　*112*

　（1）熊本市立公民館への避難状況　*112*

目　次　*vii*

（2）「学びの拠点」としての公民館の再発見　*115*

（3）学習の成果を避難所で生かす　*116*

（4）応急仮設住宅の集会施設による集いの場の創出　*117*

3．2度の震度7に見舞われた益城町の公民館の実相　*118*

（1）益城町の被災状況と自治公民館避難所　*118*

（2）災害と自治公民館避難所　*121*

（3）公民館と消防団の連携　*123*

おわりに　*125*

第3部　地域と学校の連携

第7章　三者協議会を基盤とした防災教育の可能性と課題 — 高知県・奈半利中学校における三者会の取り組みから学ぶ — ……… 荒井文昭…*131*

はじめに　*131*

1．奈半利中学校における防災教育プログラム　*131*

（1）被害想定地域に立地している学校　*131*

（2）奈半利中学校における防災教育プログラムの概要　*132*

2．奈半利中学校における三者会の再建　*135*

（1）仙頭校長による三者会再建　*135*

（2）奈半利中学校三者会要項の再作成　*137*

（3）仙頭校長の教育方針　*140*

3．三者会を支える共和制の思想　*141*

（1）小松校長による三者会の立ち上げ　*141*

（2）共和制の思想　*144*

おわりに　*145*

（1）三者協議会を通して形成される力　*145*

（2）教職員の多忙問題　*146*

（3）校長、教職員の異動　*147*

（4）持続可能な地域の経済と文化の形成　*147*

第8章　防災・復興教育から始まる持続可能な地域づくり教育における農業高校の可能性 ― 2013年豪雨災害後の都立大島高等学校農林科の「ツバキ」学習実践を踏まえて ― ……………… 降旗信一、金子雄…*149*

1. 農業高校における持続可能な地域づくり教育としての防災教育研究の目的・方法　*149*

2. 「平成25年台風26号災害」と復興の課題　*152*

　（1）　2013（平成25）年台風26号による伊豆大島土砂災害について　*153*

　（2）　復旧・復興活動と避難所運営　*155*

　（3）　復興の課題　*158*

3. 都立大島高等学校農林科の防災教育と「ツバキ」学習実践　*159*

　（1）　伊豆大島の防災体制　*159*

　（2）　農業科の特性を生かした大島高校の防災教育　*160*

　（3）　復興に向けた、「ツバキ」を生かした観光振興と持続可能な地域づくり

163

　（4）　学社融合型の地域づくり教育における農業高校の可能性と課題　*167*

第9章　北海道浜中町のチリ地震津波の歴史を記憶として取り戻す
　　　　― 浜中町立霧多布高等学校の取り組み ― …………… 野村卓…*170*

はじめに　*170*

1. 北海道東地域沿岸部を襲ったチリ地震津波　*171*

2. 浜中町におけるチリ地震津波　*172*

　（1）　十勝沖地震（1952年3月4日）の経験　*175*

　（2）　チリ地震津波の実態（1960年5月24日）　*176*

3. チリ地震津波の被災記録　*180*

　（1）　『赤いまり』北海道厚岸郡浜中村被災学校編　*180*

　（2）　『あれから一年』北海道厚岸郡浜中村立霧多布中学校編　*185*

4. チリ地震津波の歴史を記憶にとどめる霧多布高等学校の実践　*189*

　（1）　浜中町立霧多布高等学校の沿革　*189*

　（2）　霧多布高等学校生徒会によるチリ地震津波の認識（生徒および保護者）

目　次　*ix*

　　の実態調査　*189*

5. 災害を継承する課題と可能性　*193*

第4部　災害ボランティア活動

第 10 章　市民による災害救援活動の経験と今後の課題
　　　　　─ 阪神・淡路大震災から東日本大震災へ ─ ……… 田中治彦…*197*

はじめに　*197*

1. 市民が行う災害救援活動の現状と課題　*198*

　（1）救援物資について　*198*

　（2）募金について　*201*

　（3）ボランティア活動について　*204*

2. 国際協力 NGO が行う救援活動　*208*

　（1）東日本大震災における国際協力 NGO の活動　*208*

　（2）IVY　*210*

　（3）ピースボート　*210*

　（4）シャンティ国際ボランティア会　*212*

　（5）シャプラニール＝市民による海外協力の会　*213*

　（6）国際協力 NGO による震災救援活動の特徴と課題　*214*

3. 災害時の市民の救援活動に関する防災教育　*215*

第 11 章　関東大震災とボーイスカウト日本連盟「野外少国民学校」という
　　　　　独自の取り組み ……………………………………… 圓入智仁…*218*

はじめに　*218*

1. 文部省社会教育課長の想い　*219*

2. 野外少国民学校の発案・運営者　*220*

3. 野外少国民学校の場所　*221*

4. 野外少国民学校の教科・講師　*222*

5. 九段野外少国民学校の1日目と2日目　*223*

x

6. 九段野外少国民学校の宣伝ビラ　*224*
7. 児童中心主義と生活綴方　*225*
　おわりに　*227*

索引……………………………………………………………………… *231*

執筆者紹介 …………………………………………………………… *234*

社会教育における防災教育の展開

序　章

社会教育における防災教育研究の使命と課題

1. 戦後日本の社会教育における防災教育研究

　戦後日本の社会教育において防災教育研究が始まったのは、1995年の阪神・淡路大震災以降である。戦後日本は、台風による暴風雨・高潮、豪雨、火山の噴火、津波などの自然災害に幾度も見舞われ、多くの犠牲者を出してきたが、社会教育における防災教育研究はほとんど行われてこなかった。1995年の阪神・淡路大震災は、規模とその犠牲者数において、過去の災害を大きく上回るものであったことに加えて、「地震は来ない」と言われていた地域での突然の大震災であったために、社会教育関係者を含む多くの研究者が災害に関わる実践・理論の研究を始めることとなる。

　阪神・淡路大震災を契機として始まった災害に関わる社会教育研究は、まず災害に強いコミュニティづくりとの関連で行われた。阪神・淡路大震災においては、神戸市を中心とした激しい揺れで多くの建物が倒壊して住民が下敷きとなり、そこに火災の発生が加わり犠牲者が増えたと言われる。その一方で、町内会などを通じての日頃のまちづくりの取り組みが活発に行われていた地区では、多くの人が地域住民の力で救出された。西堀喜久夫は、まちづくりの取り組みの重要性について次のように述べている[1]。

　　町内会でお互いのつきあいがあるから、生き埋めになっても、誰がいないかがすぐわかり、探すことができたが、自衛隊のように地域を知らない場合は、かな

り難しいだろう。（中略）このような迅速な対応ができた要因は、なによりもこれまで 20 年間にわたるまちづくりのなかでつくりあげられてきた、コミュニティの精神とそのなかで身についた実践の成果としかいいようがない。こんな突発的な災害に、的確に行動できる地域社会、しかも絶えず弱いものに目配りしながら活動できることこそ、本当の危機管理ではないかと思う。自分達が愛せれるまで、まちづくりを主体的に進めてきたことが、信じられない力と智慧を生み出してきたに違いない。そして、それは復興のまちづくりへの新たなちからとなりつつある。

　また、酒井道雄は、近所付き合いに基づく情報と助け合いにより、多くの人が助け出されたと、次のように述べている[2]。

　　今回の災害で多数の人命を救ったのは警察でも自衛隊でもなかった。それは、佐藤さんの言うとおり、「かどの文化〔文化住宅〕にひとりのおばちゃんがおってのはず」「アパートの二階にいる夜勤の兄ちゃん、姿が見えんけどもう帰ってる時間や」という近所付き合いにもとづく情報であり、これらの情報をもとに、ほとんど素手で人間を掘り出した近隣の助け合いだった。

　さらには、災害後の復興過程でも、顔の見える人間関係をベースとした助け合いが行われ、コミュニティの重要性が自覚された。野崎洋司は次のように述べている[3]。

　　地震のさなかに人間の命のもろさと尊さを、そして震災による不自由な生活の中で人と人が助け合って生きることの大切さとすばらしさを心と体で感じました。そして何よりも家族の絆や、日常的にふれあう近隣の人との「顔のある」つきあいが大切であることを知ったのです。

　これら阪神・淡路大震災において被災初期の救急・救命活動とその後の復興過程で重要とされた、近隣の「顔の見える人間関係」や日頃からの地域での助け合いの輪を、社会教育はどのようにつくっていくかが社会教育研究の重要な課題として提起されたのである。

　阪神・淡路大震災に関連して社会教育研究が対象としたもう一つは、ボランティア活動である。阪神・淡路大震災では、多くのボランティアが被災地で

序　章　社会教育における防災教育研究の使命と課題　*3*

の支援活動を行い、その後の日本における多様なボランティア活動の活性化の契機となったことから、1995 年を「ボランティア元年」と呼ぶようになった。とりわけ、多くの若者が災害支援ボランティア活動に参加するなかで、個々のボランティアが成長したこと、また、NPO・NGO のボランティアグループが、行政と住民をつなぐ新たな組織として活躍し始めたことが注目された。

　阪神・淡路大震災がボランティア元年の契機となったとはいえ、震災直後からボランティア活動が被災地で受け入れられたわけではなく、ボランティアをめぐるトラブルやボランティア迷惑論もあった。災害支援ボランティアとしてのノウハウをもたずに、若者が自分探しのために活動に参加することを批判的に捉える視点がある一方で、自分探しのためであっても災害支援活動への参加は自身の成長や自己形成にとって大きな意味があるとする考え方もあり、災害支援ボランティアをめぐる評価は確定していなかったと言える[4]。

　災害支援ボランティアによるグループ活動は、自らを NPO や NGO に発展させながら、災害時に十分に機能しない行政に代わって、市民に寄り添いながら時には区域外や海外ともつながって、専門的な力とネットワークを駆使した支援活動を行ったことから、社会における新たな人間形成力をもったファクターとして、注目されるに至る。

　そのなかでも、「阪神大震災地元 NGO 救援連絡会議」は、ボランティア団体のプラットフォームとして活躍すると同時に、同会の分科会から独立した「阪神・淡路大震災『仮設』支援 NGO 連絡会」（現：被災地 NGO 協働センター）と発展し、被災地 NGO 協働センターは、東日本大震災の支援でもすぐに活動に取り組んでいる[5]。

　このように、阪神・淡路大震災を契機として、地域づくりやボランティア活動に注目する社会教育研究は行われたが、公民館での地域住民を対象とする防災訓練・防災学習を発展させるような防災教育研究はほとんど行われなかった。とは言うものの、これは、全国の社会教育実践において、防災教育の実践が行われなかったことを意味するものではない。神奈川県横須賀市では、「あんしんかん（横須賀市民防災センター）」の設置、「こども防災大学」の開設、「自助」「共助」を意識した「地域協働型防災訓練」の実施など、「横須賀市地

4

域防災計画」に基づく防災教育が丁寧に実施されている[6]。また、和歌山県広川町では、浜口梧陵の「稲むらの火」の物語を核とした防災教育を展開するための「津波防災教育センター」「浜口梧陵記念館」が設置され、町内の防災教育はもとより、広く町外へも発信する活動を展開してきた[7]。さらには、のちに東日本大震災で大きな被害を受けることになる東北の太平洋沿岸部でも、岩手県大船渡市赤崎地区公民館のように、阪神・淡路大震災を契機に自治公民館の組織を束ねて自主防災隊を設立し、公民館を中心に丁寧な津波防災訓練を実施してきたところもある。赤崎地区公民館の防災学習の成果は、2011年の東日本大震災で10mの津波に襲われたにもかかわらず、犠牲者を少なく抑えたことに現れた[8]。しかしながら、地域での社会教育としての防災教育の取り組み、とりわけ公民館など社会教育機関での防災学習の実践は限られていた。

　これと比較すると、学校教育における防災教育は、学習指導要領にも学校安全の視点が盛り込まれていることから、積極的に行われてきた。多くの学校での防災教育は、防災訓練の実施に限られ、地域の自然災害の特徴を反映した教科学習を通じての防災教育などは行われてきていないが[9]、岩手県釜石市の津波防災教育に見られるように、きわめて優れた実践事例もある。東日本大震災で大きな被害を受けたにもかかわらず犠牲者を出さなかった釜石の事例は「釜石の奇跡」と呼ばれるが、2005年から片田敏孝の指導の下で教科学習も含む総合的な防災教育カリキュラムが小中学校で展開されていた[10]。

2. 東日本大震災の被害と社会教育研究の展開

　2011年3月の東日本大震災は、社会教育における防災教育研究の本格的な取り組みの契機となった。その要因はまず第一に、被災が東北3県を中心に広範囲にわたると同時に甚大で、1万8,000人近い犠牲者が出たことである。

　筆者は、2011年4月末のゴールデンウィークに、岩手県大船渡市に災害ボランティアとして初めて訪れたが、津波で破壊されて瓦礫に埋もれた街並みを最初に見たときの衝撃は忘れることができない。戦後社会教育の出発点とされる文部次官通牒「公民館の建設について」をまとめた寺中作雄が、公民館を建

設する必要性について述べる際に、次のように述べている[11]。

　　　この有様を荒涼というのであろうか。この心持を索漠というのであろうか。目
　　に映る情景は赤黒く焼けただれた一面の焦土、胸を吹き過ぎる思いは風の如くは
　　かない一連の回想。焼トタン屋根の向うに白雲の峰が湧き、崩れ壁のくぼみに夏
　　草の花が戦いでいる。これが三千年の伝統に輝く日本の国土の姿であろうか。

　空襲で破壊されたまちを見て、呆然と立ちつくしつつも、公民館活動に復興
の希望を求める寺中作雄が記したものであるが、戦争と自然災害の違いはある
とは言え、寺中作雄のこのフレーズと同じ喪失感を覚えざるを得なかったので
ある。

　被災地に立って覚えた喪失感より、さらに強く芽生えたもう一つの感情は、
敗北感である。これは、阪神・淡路大震災で約6,400人の犠牲者を出すという
経験をしたにもかかわらず、自然災害から住民の命を守るというきわめて重要
な課題に、社会教育研究に携わる者としてしっかりと向き合うことなく、この
ように多くの犠牲者を出してしまったという、後悔の念を伴ったものであっ
た。

　そしてそうした敗北感にさいなまれながら災害支援ボランティア活動と調
査研究を行う中で、津波で犠牲になった多くの人が、日頃から防災訓練や防災
学習が行われていれば、死なずにすんだかもしれないことがわかってきたので
ある。これを検証する研究の成果については、第1章の「災害から住民の命
を守る社会教育の展開」で述べるが、日頃から津波被害を想定して避難訓練を
行い、多くの地域住民が参加していた地区では明らかに犠牲者が少なかったこ
と、また、宮城県石巻市立大川小学校で74名の児童と10名の教職員が犠牲
になった悲劇も、油断することなく津波を想定した避難訓練を行っていれば、
子どもたちは救われていたであろうことがわかってきている。

　救えたはずの命を救うことができなかったことへの無念を繰り返さないた
めに、東日本大震災から教訓として何を学び、想定される未来の大災害に向け
て何をどのように準備すべきなのか、社会教育研究の重要な課題として自覚さ
れるようになった。

要因の2つ目は、災害時に公民館の果たす役割がクローズアップされたことである。被災地では、多くの公民館が避難所となり、被災直後から被災住民の避難生活の場となった。メディアの多くが、大小の公民館から被災者の避難生活の困難を伝える映像や記事を全国に発信した。「避難勧告や指示があれば公民館へ避難」「災害時の避難生活は公民館」というように、公民館と災害は強く結びつけられたと言ってもよい。その際、避難所としての建物の機能だけではなく、避難所となった公民館での住民の長期にわたる困難な共同生活を支えた公民館の組織と人材にも注目が集まった。公民館を中心とした日頃の顔の見える活動と助け合いの力が、避難生活という非常時にも力となった。

また、公民館が果たした役割については、震災後の救命・救援や避難生活支援だけではなく、災害前に地域で災害に向き合う防災訓練・防災学習を行う際にも、公民館が重要な役割を果たしたことが明らかとなっている。建物倒壊などの被害の大きさに比べると犠牲者数が少なかった岩手県大船渡市赤崎地区生形地域では、公民館が中心になって丁寧な防災訓練・防災学習を展開していたことが、犠牲者数の少なさにつながっている。防災訓練の参加率向上の努力はもちろんのこと、市の防災訓練に合わせて、本部設置訓練、避難誘導訓練、避難声かけ訓練、避難人数確認訓練、情報伝達訓練、炊き出し訓練、バケツリレー訓練などを行っていた[12]。

さらには、被災地でも直接の被害の少なかった地域の公民館が、被災者支援に力を発揮した点でも注目された。大船渡市立根地区田谷地域公民館（自治公民館）は、地震や津波による被害を免れたが、被災当日の夕方には田谷地域住民有志が集まり、暖房器具や味噌汁を提供する活動をはじめ、翌日からの炊き出しを決定し、約1カ月間、立根地区公民館が中心となり、地区住民が輪番で1日2,000人分のおにぎりを握り続けた。これは、公民館を核とした日頃の近隣の助け合いの力が十分に発揮された事例と言える[13]。

3つ目の要因は、被災地での復興のコミュニティづくりや人間関係づくりに社会教育・公民館が果たす役割が注目された点である。避難所での避難生活を送る被災者のために建設された仮設団地では、家族を失った被災者をはじめ、高齢者などの孤立化を防ぐために集会所が建設されたが、そこでさまざまな文

化活動、地域活動が展開され、仮設団地の公民館としての役割を果たしてきたのである。

また、復興の過程での大きな課題であった、教訓をどのように次世代に伝えていくかについて、震災の記録誌を編集したり、災害を記録する石碑を建てたりするなどの活動でも、公民館が重要な役割を果たした。岩手県大槌町赤浜公民館（大槌町公民館赤浜分館）は、記録誌の編集で注目された公民館である。『大槌町赤浜地区住民　3・11 大地震直後の軌跡』『受け継ぐ　大槌町赤浜地区 3・11 東日本大震災の軌跡』の2つを発行しているが、後者の記録誌に掲載された写真は、震災時に同公民館運営委員長を務めていた菊池公男が、日頃の公民館活動で震災前から地区の行事をすべてカメラに収めていた使命感から、厳しい環境の中でもカメラのシャッターを押し続けたものという。ジャーナリストなど地区外の人や、日頃から写真を撮っていない人には撮り得ないような、貴重な写真が記録として残されている。

4つ目は、原発災害である。福島第一原子力発電所の事故による放射能汚染が、関連の市町村だけではなく広範囲に広がり、多くの人の生活を破壊し、不安に落とし入れるとともに、社会教育や公民館活動の前提である地域の存立を不可能にすることが明らかとなり、改めて原発問題を生活や地域の基本問題として社会教育で取り組むことの重要性を自覚することになった。7年経過しても5万人近い人が、原発災害で避難を余儀なくされている。放射能による健康被害から身を守るために、ふるさとを離れ、場合によっては家族が離ればなれになって生活しなくてはならず、原発事故の収束、故郷への帰還の目途もたっていない。社会教育研究に携わるものとして、この原発問題に向き合うことを避けて通ることはできない。

3. 社会教育研究における防災教育の構想と課題

以上のような要因から切実に求められる社会教育研究の課題としては何が考えられるのか。共同研究として科学研究費申請を行った時点で、以下のような柱での研究の構想を練ってきており、本書の基本的枠組みとなっている。

8

○ 社会教育における防災教育の重要性と緊急性を実証する研究

○ 被害想定地域における防災教育プログラムの開発と有効性に関する実証
　的研究

○ 特別研究課題への取り組み

　・ボーイスカウト活動と防災教育に関する研究

　・ESD（持続可能な開発のための教育）と防災教育

　・先住民族の知恵と防災教育

　・原発災害と防災教育

○ 海外の実践・研究との交流と研究成果の発信

（1）　社会教育における防災教育の重要性と緊急性を実証する研究

　実践のレベルでは、一般に、防災教育を通じての備えが災害時の救命や復興に重要であるとの認識は共有されているが、研究において、その重要性や緊急性に関する根拠を示すものは少ない。東日本大震災での防災教育の展開と犠牲者数の相関について、学術的な検討を加え、防災教育が社会教育において重要で緊急性が高いことを示すことが求められる。その有力な手立てとなるのが、被災地において住民主体で編集されている記録誌の分析と被災者の証言である。被災者の震災前の防災に対する意識や防災訓練・防災学習への参加状況や学習内容が検証されつつある。

（2）　被害想定地域における防災教育プログラムの開発と有効性に関する実証的研究

　首都直下型地震や南海トラフ地震などが予想されている地域では、津波被害が予想される沿岸地域の自治体を中心に、すでに防災訓練や防災教育が展開されている。これら地域に基盤を置く防災学習プログラムを検証し、課題を明らかにすると同時に、より質の高いプログラムへと改善し、その有効性を検証する実証的な研究が求められている。とりわけ、都市部においては、防災訓練や防災学習の前提となる地域コミュニティが崩壊していて、防災の前提としての地域づくりから始めなくてはならないところもあり、地域づくりの視点から

捉える社会教育の研究が求められる。また、こうしたプログラムを検証する際に求められるのが、高齢者、障害者（自閉症などの軽度発達障害を含む）、妊婦・子育て世帯、外国人などの要援護者の視点やジェンダーの視点である。これらの視点からのプログラムの検証が必要である。

（3）特別研究課題への取り組み

上記の2つの基本課題に加えて、東日本大震災の教訓から、以下の4つを特別研究課題として設定している。

A. ボーイスカウト活動と防災教育に関する研究

東日本大震災の復旧・復興支援ボランティア活動で、ボーイスカウトの積極的な活動が見られた。青少年による防災活動の展開に、ボーイスカウトの野外活動などがどのような意味をもつのかを検討することは、今後の青少年の災害ボランティア活動の展開を考える上で重要と思われる。

B. ESD（持続可能な開発のための教育）と防災教育

自然災害の中には、環境破壊が要因と思われる場合もあり、防災教育に、ESD（Education for Sustainable Development：持続可能な開発のための教育）の視点を取り入れることが求められる。持続可能な地域づくり・社会づくりと環境教育が、防災教育に果たす役割を検討する。

C. 先住民族の知恵と防災教育

東日本大震災以降、北海道のアイヌ民族や北米カナダの先住民族の長老の語りから、先住民族がかつて大きな災害に見舞われ、教訓を口碑などさまざまな形で現代に残していることが明らかになりつつある。社会教育学研究におけるアイヌ民族・先住民族教育の研究成果をベースに、先住民族の知恵に学ぶ防災教育のあり方を検討することが求められる。

D. 原発災害と防災教育

福島原発事故により、避難を余儀なくされている住民の暮らしと学習、避難解除された福島県浜通りの市町村における復興と住民の学習など、取り組むべき課題は多い。また、全国で再稼働が進む原発や再生可能エネルギーなどをめぐっての原発・環境学習に、社会教育ではどのように取り組むかが

問われている。

（4） 海外の実践・研究との交流と研究成果の発信

アジアをはじめ、ニュージーランドなどオセアニア地域、チリ・ペルーなどの南米、カナダ、アラスカ、ハワイなどの北米の環太平洋での、主として津波被害の研究・実践交流が求められる。ローマ字表記の TSUNAMI がそのまま海外で広く使われているように、世界各国における防災教育の展開の際に、日本の研究成果が問われることが少なくない。一方、2016 年のネパール大震災に見られるように、近年、津波だけではなく地震や台風・ハリケーン、ゲリラ豪雨などの災害も多発しており、津波以外での防災教育も求められている。国際フォーラムの開催、共同研究・交流、海外への研究成果の発信などが、求められていると言える。

本書は、以上のような課題に応える研究成果を網羅的に掲載することはできない。また、課題によって研究の進捗状況に差が見られることも事実である。本科研費研究プロジェクトの 2 年目の 2016 年 4 月には、熊本地震が発生し、九州地方の共同研究者を中心に、熊本地震に関連する課題への緊急の対応が求められることもあった。このため、本書は従来の研究課題の枠組みにとらわれず、〈地域における防災教育の展開〉〈自治体と公民館〉〈地域と学校の連携〉〈災害ボランティア活動〉の 4 つの柱で編集することとした。

注
1) 西堀喜久夫「震災の危機を乗り越える力」社会教育研究所『震災と社会教育』1995 年。
2) 酒井道雄編『神戸発 阪神大震災以降』岩波新書、1995 年、118 頁。
3) 野崎洋司「五国を訪ふ、社会教育を問う」『月刊社会教育』No.499、1997 年 7 月号、12 頁。
4) 朴木佳緒留・松岡廣路「阪神・淡路大震災とボランティア・ネットワーク ─社会教育を視軸にして─」日本社会教育学会『ボランティア・ネットワーキング』第 41 号、1997 年。
5) 村井雅清『災害ボランティアの心構え』ソフトバンク新書、2011 年 5 月。
6) 蛭田道春「横須賀市の防災教育（特集 防災楽集ハンドブック）」全日本社会教育連合会『社会教育』59 号 (1)、2004 年。

序　章　社会教育における防災教育研究の使命と課題　*11*

7)　「稲むらの火の館」HP 参照。http://www.town.hirogawa.wakayama.jp/inamuranohi/
　　（2017 年 10 月 15 日閲覧）

8)　野元弘幸「大船渡市赤崎地区公民館の避難・復旧経験に学ぶ」石井山竜平編『東日本大震
　　災と社会教育　3・11 後の世界に向き合う社会教育』国土社、2012 年 3 月。

9)　豊沢純子「学校における防災教育の現状と今後のあり方」『学校危機とメンタルケア』第 2
　　巻、1999 年。

10)　釜石市教育委員会「釜石市津波防災教育のための手引き」や片田敏孝『人が死なない防
　　災』集英社新書、2012 年 3 月など。

11)　寺中作雄『社会教育法解説・公民館の建設』（初版 1949 年）国土社、1995 年（復刻）、
　　181 頁。

12)　赤崎地区自主防災組織連合会編『― 赤崎地区 ― 3.11 の記憶〜東日本大震災から学ぶ〜』
　　2013 年 12 月、39 頁。

13)　大船渡市立立根地区公民館『〜東日本大震災の記憶〜 3.11 あの日私たちは、、、』2015 年
　　11 月。

第1部

地域における防災教育の展開

第1章

災害から住民の命を守る社会教育の展開

1. 東日本大震災における被害と社会教育

2011年3月11日の東日本大震災から7年が経過する。社会教育・防災教育の研究者として東日本大震災の復旧・復興に関わるさまざまな課題に取り組んできたが、この年月を一言で言うと、命と向き合う7年であったと言えよう。東日本大震災の犠牲者（死者、行方不明者、震災関連死を含む）は、約1万8,000人にのぼる。一度の災害でこれだけ多くの人が犠牲になったことの衝撃は、言葉で言い尽くせるものではなく、それらの命一つひとつに、生きたくても生きられなかった無念と家族や友人の悲しみがあることを思うとき、押しつぶされそうな悲しみに襲われる。

そのなかでも、教育に携わる者にとって常に思い起こされる悲劇は、宮城県石巻市立大川小学校の児童74名と教職員10名が津波の犠牲となったことである。東北地方で海岸近くに位置する学校は多かったが、ほとんどの学校では震災前からの津波への備えと教職員の適切な判断により、児童生徒の命の多くは救われた。ところが、大川小学校では、地震発生から津波到達まで約50分あったにもかかわらず、児童は校庭で待機している間に津波にのまれてしまったのである。学校では一人の子どもの命も奪われることがあってはならず、74人もの児童の命がなぜ奪われたのか、その原因は徹底して究明されなくてはならない。

命と向き合う7年は、死を悼むことだけではなく、同時に生きる者への希望

16 第1部　地域における防災教育の展開

と向き合う7年でもあった。大船渡市末崎地区泊里で鮮魚店を営む村上勝弘・富士子夫妻は、震災の前年の2010年末に東京から郷里の大船渡市に戻ってきたばかりの長女・佐代里さん（当時25歳）を陸前高田市において津波で亡くした。二度とこのようなことが起きないようにと、東京からボランティアで駆けつける学生に「次は東京ですから、被災地の現状をよく見て、友だちや知り合いに伝えてください」[1]と訴えながら、現地視察学習で訪れるボランティアを温かく迎え、被災時の様子などを伝える語り部活動を行っている。

石巻市立大川小学校で小学6年生の次女・みずほさん（当時12歳）を亡くした、元中学校国語教師の佐藤敏郎は「小さな命の意味を考える会」[2]を立ち上げ、大川小学校の悲劇がなぜ起きたかという事実の解明と、悲劇を繰り返さないための講演活動を行っている。その講演の中で、佐藤は、震災後に勤めていた学校での経験について「子どもたちが生徒ではなく、命に見えてきた。命が学校に通ってくるんです」[3]と語り、教師として子どもたちの命は何としても守らなくてはならないという教員の使命の重みを訴える。これら、多くの命の犠牲の上に知ることができた一人ひとりの命の重みを再確認し、子どもたちや地域住民の命を守り、希望へとつなぐことの重要性を感じる7年でもあった。

命と向き合って防災教育研究に関わりながら、今、もう一つ強まりつつある思いは、命を育む「地域」や「郷土」を何としても守ることへの思いである。福島原発事故による放射能汚染と住民の避難は、地域や郷土から何万という人々を引き離し、人が住めない町を生み出した。残念ながら、これは、私たち社会教育研究者の誰ひとり、予想しなかったことであろう。事故が起きた福島第一原発の原子炉内にあると思われる溶融した核燃料（燃料デブリ）の所在や状況が7年たってわずかに映像に捉えられたにすぎず、核燃料の処理や廃炉の目途がたっていないのが現状で、広大な面積の山林や市街地も放射性物質に汚染されたままとなっている。そのなかで、住民の帰還が進められているが、除染後も放射線を浴びて生活することに不安を抱く住民（特に若者）で避難を続ける人は多く、避難指示が解除されても帰村する住民は2割程度にとどまっている。

第1章　災害から住民の命を守る社会教育の展開　17

　こうした原発災害による地域や郷土の破壊と、復興困難な状況を目の当たりにして、原発災害の恐ろしさを自覚するとともに、原発事故で「地域」や「郷土」を失う人を二度と生み出してはならないと考える。社会教育は、地域課題や生活課題を掘り起こし、それらを解決するための学習の課題を組織化するところに本来的な使命があるが、その際、地域に人が生きて暮らすことが前提である。しかしながら、原発災害は多くの市町村を一夜にしてその後数十年もの間、住民の住むことのできない町に変え、社会教育の基盤や前提そのものを破壊することを知ったのである。

2.　社会教育における防災教育の重要性

　社会教育研究においては、災害から住民を守るという課題の重要性が十分に自覚されてこなかったということを率直に認めざるを得ない。そうした自省の念を抱きながら、東日本大震災の被災地を訪問し、社会教育研究を行う中で、防災教育・社会教育の本質に関わる事柄に着目するに至る。それは、災害から子どもたちや地域住民の命を守るための防災活動・訓練とそれに伴う防災教育・学習が丁寧に行われていた地域では犠牲者数は少なく、逆に備えていなかった地域では犠牲者数が多数にのぼったという事実である。「備えあれば憂いなし」と言われ、我々は災害に備えて防災訓練などを実施してきたが、その重要性や必要性について必ずしも具体的な根拠が示されてきたわけではない。これは人命に関わる事柄で、社会実験ができるようなものではないため、根拠を示すことが難しいことは想像に難くない。これに対して、今回の東日本大震災は、1万8,000人もの犠牲の上に、日頃の防災訓練、防災学習が重要であることの根拠を示したのである。

　これを証明する典型的な事例として、学校では宮城県石巻市立大川小学校と岩手県釜石市立の小・中学校の事例、地域では宮城県名取市閖上地区と岩手県大船渡市赤崎地区の事例がある。すでに筆者は他稿[4]で論じているが、あらためて以下に概要を記す。

　石巻市立大川小学校では、避難に戸惑っていた児童と教職員を津波が襲い、

児童 74 名、教職員 10 名の計 84 名が犠牲となった。地震発生から津波の襲来までの約 50 分間、児童は授業でも登っていた裏山には登らずに校庭で待機するが、その間に津波にのまれてしまったのである[5]。なぜ、教職員は児童を裏山に登らせるなど適切な判断ができず、避難できなかったのか。教育委員会や政府による調査は行われたものの、待機していた校庭で教職員はどのように対応したのかについては、被災児童の保護者によって起こされた裁判を通じても依然として明らかにされるには至っていない。しかし、津波に対する備えができていなかったために多くの犠牲を出してしまったということは明らかとなっている。裁判において、当時の大川小学校校長や教頭は、大川小学校のある釜谷地区まで津波が来るとは想定しておらず、津波防災のための避難所の検討や避難訓練も、学校では行っていなかったと証言している[6]。

　これに対して、同じような地理的条件にあった他の東北太平洋沿岸部の幼保・小・中・高等学校で、石巻市同様の津波が襲ったにもかかわらず、子どもたちと教職員がそれに対応して、全員が生き残った例は数多く報告されている。大船渡市立越喜来小学校は、越喜来湾の海岸近くにあり、3 階建て校舎すべてが津波で浸水するという被害を受けたが、児童・教職員に犠牲者は出なかった。地域選出の市会議員のアドバイスにより設置された避難路（震災後は「いのちの避難路」呼ばれた）を使っての避難訓練が、被災直前に行われていた[7]。宮城県名取市閖上地区の海岸部に位置していた閖上保育所は、日ごろから職員が強い危機意識をもって避難訓練や渋滞を避ける避難路の検討などを行っていたため、震災時に 1 歳から 6 歳まで 54 名の子どもがいたにもかかわらず、全員無事に避難完了するとともに、そうした行動を見ていた保護者も多数が津波被害から救われたという[8]。

　最も注目されるのは、釜石市の小・中学校の児童生徒たちの避難である。釜石市では、災害工学の専門家である片田敏孝（群馬大学）を中心に、2005 年から市内の全小・中学校で丁寧な津波防災教育を行っていた。その結果、欠席して自宅にいた 4 名の児童生徒を除き、学校にいた 3,000 名近いすべての児童生徒、教職員が、自ら命を守ることができたのである[9]。

　釜石市の小・中学校で行われていた津波防災教育の基本となる哲学は、「津

波てんでんこ」の考え方で、自らの命を守ることに主体的であることを求めるものであった。片田は、「一つは老いも若きも一人ひとりが自分の命に責任をもつということ。そしてもう一つは、一人ひとりが自分の命に責任をもつということについて、家族がお互いに信頼し合おう、ということです」と「津波てんでんこ」を説明している[10]。そして、そうした姿勢が、津波から命を守ることをテーマとした教科学習にも支えられていたことを忘れてはならない[11]。

　地域での住民の被災については、宮城県名取市の海岸に位置する閖上地区の犠牲者が多かったことが知られる。地域住民の約1割に相当する600名が津波の犠牲となっている。海岸に造られた新興住宅地で付近に高台がなく、車で避難する途中で渋滞に巻き込まれて亡くなった人も多く、多数の犠牲者が出た原因の一つに地理的な要因が挙げられている。しかし、一方で、これまでの調査等で徐々に明らかになってきているのは、閖上地区では、津波に備えての避難計画が住民に周知されず、避難訓練もしっかりと行われていなかったという事実であった。NHKスペシャル取材班の取材でも、市指定の避難所になっていた閖上公民館において、「正確な情報収集ができていない」「拡声器がない」「防災組織がない」など、防災対策がほとんどなされていなかったことが指摘された[12]。

　閖上地区の大きな犠牲に対して、住宅に大きな被害を受けたにもかかわらず犠牲者が少なかった地区がある。岩手県大船渡市赤崎地区である。同地区は、名取市の閖上地区と同規模の人口規模であるにもかかわらず、犠牲者が45名というきわめて少ない数であった。この赤崎地区では、赤崎地区公民館を中心に、日頃から丁寧な避難訓練や防災意識を高めるための学習活動を実施しており、沿岸部のほぼ全域が10mの津波にのまれ、地域が壊滅的な被害を受けたにもかかわらず、住民相互の助け合いにより犠牲者を最小限に食い止めることができた。

　上記の2つの事例から、津波被害から子どもたちや住民の命を守るための防災活動やそれに伴う教育活動・学習活動が丁寧に行われていれば、津波の犠牲者はもっと少なかったと言うことができる。

20 第1部　地域における防災教育の展開

3.　被災の記録に見る防災教育の重要性

　東日本大震災後、被災地では被災時の地域住民の避難行動や避難所運営などの経験を丁寧に記録し、次世代に伝えようとする活動が活発化した。地域住民が主体となって編集されたもの、災害支援のボランティアが支援して作成されたもの、被災自治体によって行われた調査結果など、編集者や様式は多様であるが、これらの記録集や調査結果もまた、　災害に備えて防災訓練・防災学習を丁寧に行った地域では津波などによる犠牲者が少なく、災害に備えての日頃の防災訓練や防災教育がどれほど大事なものであるかを示すものとなっている。

（1）　防災訓練・防災学習への参加

　宮古市中央公民館が編集した『あなたにつなぐメッセージ：3.11　大津波体験語り継ぎエピソード集』[13] は、宮古市内各地から集められた被災体験とメッセージが掲載されているが、犠牲者が多かった宮古市田老町の被災者は次のように証言している。

> 　（避難所に―筆者）日常の避難訓練に参加している人達の顔が多く見えた。その反面、命を落とした方々には失礼になるかもしれないが、途中で立ち話をしていたり、「チリ地震の時、自分の家には来なかった」と家に居たり、誘っても「ここまでは来ない」と、人の言うことを受け入れない人の姿はなかった。（第2期57頁）

　人口1万5,000人の約1割が犠牲となり、町長まで死亡した岩手県大槌町では、被災住民による記録集においても、大槌町が作成して津波被害を検証した報告書においても、被災前の防災訓練の参加率が低く、形骸化していたことが大きな被害につながったと指摘している。

　震災当時、大槌町赤浜地区公民館運営委員長を務めていた菊池公男は、次のように述べている[14]。

第1章　災害から住民の命を守る社会教育の展開　*21*

避難訓練も二割や三割しか参加していなかった。役員や本当に心配してくれる人ぐらい。あとはそうはいってもここには津波は来ないよと思っていた。毎年毎年のことだし。そういう点も反省材料になると思う。一年前のときも、大きい津波が来ると言っていたが大したことがなかったのであまり住民の意識は変わらなかった。三メートルと言われても十分の一くらいだと思ってしまったり、緊迫感は正直無かった。半ば形式・業務というような感じ。

　また、大槌町東日本大震災検証委員会による『大槌町東日本大震災検証報告書（平成25年度版）』[15]は、防災教育・防災訓練が形骸化していたことを次のように指摘している。

　　・防災教育の内容が、過去の災害事例の教訓、津波シミュレーションなどにもとづいていた。
　　・過去の災害経験、防潮堤等ハードへの過信、津波警報の空振り、県の津波シミュレーション結果等に油断して、町民の危機感が不足していた（防災訓練の参加者に切迫感が欠けていた）。
　　・人集めを重視し訓練内容が形骸化していた（町民への負担軽減に配慮した、毎年同様の訓練内容で、過酷な訓練は想定できなかった）。

　これらが原因で、犠牲者のうち、自宅で避難しなかった、あるいは逃げ遅れて自宅付近にいた人が約7割にのぼったと指摘している。

　これに対して、岩手県大船渡市の赤崎地区自主防災組織連合会編の『―赤崎地区―3.11の記憶～東日本大震災から学ぶ～』[16]は、赤崎地区では震災前から丁寧な避難訓練が実施され、防災訓練への参加率も高かったことから、地域住民の多くが命を救われたと指摘している。22名の体験談の中には、「長年の地域の避難訓練と自主防災が、防災意識を高め、迷う事なく、いち早く避難する気持ちになれたおかげです」「自主防災をつくってよかった。そして訓練を重ねてよかった」と、地域での防災訓練を高く評価する記述がある。

　赤崎地区における防災活動の最大の特徴は、避難訓練の参加率や津波警報発令時の避難率の高さにある。とりわけ生形地域では、被災当時、前・生形地域公民館長で赤崎地区公民館長であった吉田忠雄の呼びかけで、防災訓練への参加の正確なデータをとって、参加率を高める努力を行っていた。表1-1は、

22　第1部　地域における防災教育の展開

表1-1　生形地域防災訓練参加状況 [16]

（人数：人、参加率：%）

年度（平成）	8	9	10	11	12	13	14	15	16	17	18	19	20	21	22
世帯数	115	114	114	112	111	110	110	111	111	111	112	112	108	108	114
参加世帯	60	61	69	75	72	75	75	74	80	82	100	101	74	84	105
参加人数	70	72	85	93	89	94	93	91	99	113	145	136	119	126	128
世帯参加率	52.2	53.5	60.5	67.0	64.9	68.2	68.2	66.7	72.1	73.9	89.3	90.2	68.5	77.8	100

＊ 2010（平成22）年は2月28日のチリ地震による津波警報の際の避難状況。警報時に在宅して
　いた人は全員避難したので100%となっている。

1996（平成8）年から2010（平成22）年までのデータで、1996年の50%台
から被災直前には80 〜 90%に高まっていることがわかる。

（2）地域活動の重要性

　震災の記録を地域活動との関連で見ると、公民館を中心とした地域におけ
る防災活動・地域活動が、多くの人々の命を救っている事例があることがわ
かる。その典型的な事例として、ここでも大船渡市赤崎地区の活動を取り上げ
る。同地区での防災訓練への参加率がきわめて高かったことは上述の通りであ
るが、防災への取り組みも、きわめて質の高いものであったことが明らかにさ
れている。すでに、他稿 [17] で明らかにされているが、ここに要点を示すと以
下の通りである。

　津波被災時には地域や避難所が孤立する可能性が高いという地域の地理的
特徴をしっかりと踏まえ、ヘリコプターによる救援物資の受け入れを想定し
て、避難訓練時から車のグランドへの乗り入れを禁止していた。実際に、想定
通り、孤立した赤崎地区に最初に支援物資を運んできたのは、米軍の「友だち
作戦」のヘリコプターであった。また、被災後の避難所でも、さらに高い津波
を想定して、寝たきりの高齢者も担架で運んでの全員参加の避難訓練を実施し
ている。その際に、県道を300名近い人々が縦列で渡ると県道を避難する自
動車を長時間止めることになると、県道沿いに約20名ずつ並んで一気に渡り、
それを何回も繰り返して完了するという方法を採用している。

　一方、防災活動だけでなく、多様な地域活動が減災の背景にあったことも指

摘されている。赤崎中学校で被災して、地域住民100名と約1カ月間、地区内のわずかに被災を逃れた3軒で共同生活を送った中学生の佐々木康雄くんは次のように述べている[18]。

　　震災前から笑顔であいさつしてくれる近所のおじさん、ゴミ拾いや草刈り作業…。面倒くさいのに、なぜわざわざ参加しなければならないのか？　その疑問がすっきり晴れていったのです。今回津波を経験して僕が感じたこと、それは地域の人のつながりの重要性です。もし、この100人の絆が薄かったら、僕は今元気に生活することはできなかったかもしれません。僕は小さいころから知らず知らずのうちに地域に育てられていたことをこのとき初めてきづいたのです。しかし、地域の関係が薄れてきている現代、正直「地域の活動なんて面倒くさい」と思っているかもしれません。でもその小さい活動の一つひとつが地域の絆をより強いものにしているのです。

　赤崎地区では、復興過程でも被災前と同様に、地域全体での話し合いをベースに、次の災害に向けて、高台に移転した赤崎小学校が避難所として運営された場合を想定して、学校設計にも参加している。2017年4月から再開された新築の赤崎小学校は、発電機、雨水利用設備を備えるほか、避難所として利用されるときに、学校空間を避難所と学校に仕切れるように設計されている。

（3）学校と地域の連携

　学校教育においては、震災前から学校安全の視点で防災への取り組みが積極的に行われており、その成果は、学校での児童生徒の犠牲者が少なかったことに表れている。これを記録から詳細に見ていくと、単に学校だけの取り組みではなく、登下校時に児童生徒が被災した場合の対応など、学校と地域との連携がその背景にあったことがわかる。

　釜石市の場合、被災時に小・中学校に在校していた児童生徒全員が助かったことは知られているが、この学校における防災教育プログラムは、学校内の児童生徒・教職員だけではなく、保護者や地域住民の救命も視野に入れたものであることも知られている。「釜石の奇跡」を生んだ行動指針である「津波てんでんこ」は、親と子の強い信頼をベースにして、親も子も生きのびることを目

24 第1部 地域における防災教育の展開

指している。また、誰かが逃げるのを待つのではなく、まず自分が率先して避難して、まわりの人に避難を促すという「率先避難」も地域住民を助けることになると考えられていた。こうした保護者や地域住民をも視野に入れた取り組みが、実際に多くの人の命を救ったことが報告されている [19]。

　大船渡市赤崎地区も、被災前から、通学途中の児童を避難所へ誘導する役を務める地域住民と児童の「顔合わせ会」を、赤崎小学校の防災訓練時に実施していた。また、毎年5月には、児童の通学時間帯の避難訓練を地域の公民館役員などと共同で実施している。子どもたちは、通学途中で被災した場合にどこへ逃げればよいかを地域住民と確認する。さらには、すべての地域公民館ではないが、毎年夏休みに、地域の高齢者の津波体験の話を聞くなどの勉強会を、地域の小・中学生を集めて公民館主催で行っていた。

4. 防災教育プログラムの開発と展開

　首都直下型地震や南海トラフ地震が予想されている地域では、津波被害が予想される沿岸地域の自治体を中心に、東日本大震災後はより熱心に防災訓練や防災教育が展開されている。これら地域に基盤を置く防災学習プログラムを検証し、課題を明らかにすると同時に、より質の高いプログラムへと改良し、その有効性を検証する実証的な研究を行う必要がある。とりわけ、都市部においては、防災訓練や防災学習の前提となる地域コミュニティが崩壊していて、防災の前提としての地域づくりから始めなくてはならないところもあり、社会教育の地域づくりの視点からの研究が求められる。

（1） 被災地訪問学習

　まず、こうした防災教育プログラムにとって、災害ボランティアとして被災地支援に参加することが最も効果的なプログラムであることを指摘しなくてはならない。災害ボランティアは、被災者への直接の支援だけではなく、写真洗浄ボランティアのように、被災地以外でも関わることのできるボランティア活動に参加することも意味があるが、被災地での活動が最も効果的である。震災

遺構を訪問するなど、災害の爪跡を訪ねたり、被災者から直接生の声を聞いたりする機会を得ることは、最大の防災教育の一つと言える。被災地での直接的な支援が終わり、現地でのボランティア活動の機会が少なくなった段階でも、被災地を訪問してのこうした学習はたいへん意義がある。

　神奈川県相模原市で活動する「大船渡支援相模原市民ボランティアの会」は、宇宙開発機構（JAXA）の施設がある市町村の交流ネットワークの一つである「銀河連邦」が縁で、大船渡市への支援に関心をもった相模原市民が、2011年6月に公民館で開かれた被災地からの報告学習会をきっかけに結成した。ミシンや裁縫道具、礼服などの支援物資送付、写真洗浄活動、毎年3月の「3.11の集い」の他に、被災地を訪問して交流するバスツアー「銀河連邦の旅」を実施している。これは、被災地訪問学習の一事例である。毎年8月上旬に2泊4日（車中1泊）で行うバス旅行に、毎回25名ほどが参加し、大船渡市や陸前高田市での被災・復興状況の視察、語り部ガイドによる案内、草取りボランティア、地元のお祭り参加などを行っている。初めての参加者は、震災遺構を訪れて津波のすさまじいエネルギーを肌で感じ、生活再建に取り組む被災者の声を聞き、災害に対する意識や認識を改めている。また、参加のリピーターには、復興が進んで年々変わりゆく姿に、復興に向けての被災地の力強さ感じると同時に、新たに生まれつつある課題を発見する機会となっている[20]。

　こうした被災地訪問学習はまた、受け入れる被災地の人々にも学びの機会となっている。宮城県登米市で青年団活動を行う岩崎大輔は、法政大学学生の被災地学習の受け入れ事業に協力するなかで、「何かの機会に被災地を訪れ、そこで何かを学ぶような機会があるならば、是非地元の方々と交流する機会を作って頂きたいと思います。そこで生まれた交流こそがこれからの復興支援につながるのと、それをきっかけとする新たな支え合いのきっかけにつながると信じております」と感想を述べている[21]。

（2）公民館における防災講座

　国分寺市立光公民館においては、東日本大震災の教訓に学び、首都直下型地震に備える防災講座が2013年度から開始され、2017年度で第5回を迎えた。

26 第1部　地域における防災教育の展開

光公民館が、防災自主グループ「みんなで防災 2015」を中心に講座の実行委員会をつくり、毎年 10 月から 12 月にかけて約 6 〜 7 回の連続講座として開講しており、防災に関する講演、消化器・スタンドパイプの使い方などの技能訓練、防災センター見学、地域の防災行事への参加など、毎年、実行委員が話し合いを行い、内容づくり、運営の方法を決定している。5 年目になる 2017 年度の講座は以下のような内容になっている [22]。

防災学習会　災害に負けないまちづくりを目指して　V
〜まちの力を掘り起こす〜

第 1 回 9 月 26 日　防災の取り組みと地域づくり
　　　　　　　　　　首都大学東京 教授　野元弘幸
第 2 回 10 月 3 日　避難所のトイレについて
　　　　　　　　　　社会福祉法人幹福祉会（防災士・社会福祉士）　大里宣之
第 3 回 10 月 17 日　最近の災害から学ぶ〜「できますゼッケン」の例から〜
　　　　　　　　　　issue + design 白木彩智・岡本あかね
第 4 回 10 月 29 日　楽しく学べるファミリー防災体験
　　　　　　　　　　高木町防災ファミリー広場に参加
第 5 回 11 月 14 日　ブルーシート活用法／非常食を使ったおやつ作り他
　　　　　　　　　　東京都キャンプ協会　高木千尋
第 6 回 11 月 28 日　原発被災による避難者は今
　　　　　　　　　　首都大学東京学生　遠藤しほり
第 7 回 12 月 12 日　全体を通しての振り返りと意見交換
　　　　　　　　　　首都大学東京 教授　野元弘幸
保育：生後 6 カ月〜未就学児 10 人
　　　 9 月 19 日にオリエンテーション
　　　 ＊おやつ代　子ども一人 7 回分　280 円

　この講座の特徴は第 1 に、町内会・自治会の防災活動と連携して取り組まれている点である。光公民館が主に対象とする地域に「高木町自治会」がある。高木町自治会は、阪神・淡路大震災前の 1982 年に防災部を立ち上げ、1984 年に地域防災計画策定、阪神・淡路大震災後の 1995 年には「高木町まちづくり宣言」、東日本大震災時には、被災の年に防災マップ改訂版作成を行うなど、

防災活動を自治会活動の核に据えて、全国的にも注目される防災活動を行う自治会である。そうした自治会のノウハウに学びながら、さらに発展させて地域全体で経験を共有し、災害に強いまちづくりを進めていこうという意図で講座は開設された。ただし、光公民館の対象地域で高木町自治会のように防災活動が活発な自治会・町内会は多くはなく、むしろ防災活動・自治会活動が停滞しているところが多く、これらの自治会の活性化が課題となっているのも事実である。

　講座のもう1つの特徴は、光公民館で活動する子育てグループや保育講座と連携して、子育て世代の若者の参加を重視している点である。一般に、都市部では自治体の主催する防災講座への参加者は圧倒的に高齢の男性が多いが、この講座は若いお母さんが多く参加している。保育室を有する公民館ならではの講座となっているが、高木町自治会部で活躍している女性たちが講座の実行委員会メンバーとして内容決定の議論に参加しており、女性の視点が重視されていることにも要因があろう。

5. 防災教育研究の諸課題

　防災教育研究の課題は多岐にわたるが、本節では、災害ボランティア、先住民族の意思を生かす防災教育、海外の実践研究との交流の3つを中心に研究課題を整理する。

（1）災害ボランティアの研究

　東日本大震災においては、災害ボランティアがこれまでにない多様な形で活躍し、災害ボランティア活動の新たな地平を切り拓いた。1つ目は、災害ボランティアが行政の支援や下請けではなく、行政に代わって住民を支援する活動を展開した点にある。阪神・淡路大震災後、国が音頭をとって、災害時には自治体の社会福祉協議会がボランティアセンターを開設し、災害ボランティアを受け入れるシステムが構築されてきていたが、東日本大震災では、行政機関のトップである首長が死亡したり、多くの行政職員が犠牲者となったりするな

28 第1部 地域における防災教育の展開

ど、行政機関が機能を喪失するという想定外のことが起きた。

被害が大きかった宮城県石巻市では、ボランティアの力により、独自にボランティアベースがつくられ、積極的な活動を展開し、復興会議にも復興を担う重要なエージェントとして代表が参加するに至っている。

2つ目は、ボランティアが行政を通して地域や市民と結びつくのではなく、地域や市民とボランティアが直接つながり、行政サービスや支援が行き届かないところに多様な支援活動を展開した点である。津波被害に遭ってすべてを失った多くの人々が、指定された避難所や臨時の避難所で避難生活を送ることとなったが、被災直後は、行政機関でさえその実態を把握することはできず、避難している人々は、それぞれのニーズに合った支援物資など提供してくれる地域外のボランティアとつながった。その際に、活躍したのがスマートフォンやパソコンを通じてのネットワークで、復興過程においても、地域や市民と外部のボランティアの交流が継続的に行われている。

3つ目は、災害支援のエージェントとして災害ボランティアに求められる力量形成という点で、ボーイスカウト活動が注目された点である。統計は見当たらないが、東日本大震災のボランティア活動に参加した人の中に、かなりのボーイスカウト活動経験者がいたことは確かである。ボーイスカウトは「そなえよつねに」を標語に他者への奉仕活動を行うが、そのために、まずは自分が困難な環境の中でも自立して生活するだけの技能を身につけることができることが求められる。キャンプでのテント設営、飯ごう炊さん、料理、救急救命法、ロープ結索などである。これらの技能をもち、弱者支援の精神をもち、災害現場へかけつけられる災害支援ボランティアの養成だけではなく、地域の自主防災組織を中心に防災活動を展開していく上でも、こうした技能や力量をどのように身につければよいのか、今後の大きな研究の課題である。

（2）先住民族の知恵と防災教育

東日本大震災前から、筆者は日本の先住民族であるアイヌ民族の教育に関する研究を行っているが、東日本大震災に関わって2つの出会いから、先住民族の知恵を生かした防災教育の展開に強い関心をもつようになった。

第1章　災害から住民の命を守る社会教育の展開　29

　1つは、2004年のスマトラ沖地震で大きな被害を受けたタイのインド洋湾岸で暮らす海洋民族のモーケン族が、大津波に襲われたにもかかわらず、海洋民族固有の伝統的知識を生かして、大きな被害から逃れることができたことを知ったことである。2015年3月に訪問したタイのバンガー県スリン島でモーケン族長老に行った聞き取りでは、長老は通常の潮の満ち引きとは異なる異常な潮位を感じ取り、言い伝え通りに共同体構成員全員の高台への避難を呼びかけ、全員の命を津波から救うことができたと言う[23]。スマトラ沖地震では、津波で約22万人の死亡・行方不明者が出たが、そうした中で、先住民族の伝統的な知を使いながら、津波から生きのびることができたことに驚かされたのである。

　もう1つの出会いは、北海道沙流郡平取町紫雲古津在住のアイヌ民族長老・鍋澤氏から偶然聞いた、沙流川の大津波に関する口碑、言い伝えであった。筆者が東日本大震災の被災地の復旧・復興支援に携わりながら、津波による犠牲者をなくすための防災教育のあり方を研究しているということを鍋澤氏に語ったとき、氏から、江戸時代前期（17世紀）に、津波が現在の平取町まで沙流川を遡上し、多くのアイヌの人々が亡くなったとの話を聞いたのである。2013年まで、先住民族・アイヌ民族の教育に関する研究を重点的に行っていた筆者は、防災教育においても引き続き、先住民族の口碑や伝承を生かす防災教育研究に取り組むこととした。

　これらの出会いのうち、後者の鍋澤保氏の語りの内容は、今日の防災活動・防災教育のあり方に関わる重要なものだと考え、情報を収集したところ、関連自治体の防災関係者にも知られていなかったのである。そこで筆者は、鍋澤保氏の語りを記録し、分析することを試みた。具体的な語りについては他稿[24]で述べた。分析から沙流川の大津波は、1640年7月31日（新暦）の北海道駒ヶ岳の噴火によって、山体崩壊で発生した津波である可能性が高いことがわかった。本節では、それをさらに地質調査で検証を行った研究の一部について触れる。

　2016年10月から12月にかけて、地質専門家の若松尚則と共同で、沙流川流域河口の富浜地区で津波堆積物の発掘調査を行った。調査地域は図1-1の通

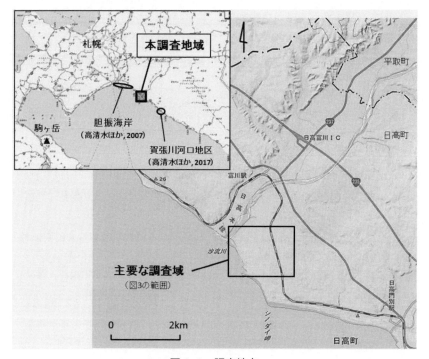

図 1-1　調査地点
出典：若松尚則作成。注25）より

りである。その結果、図1-2のように、1660年代の有珠山の大噴火に伴う軽石（Us-b）の直下から、海生の珪藻を含む砂層を発見することができた。これは、1640年の北海道駒ヶ岳の山体崩壊に起因すると思われる津波が、沙流川河口に到達したことを証明するもので、富浜地区に残る「シノタイの黒狐」のアイヌの口碑で語られる「オキムンペ」（津波）が襲来したことを証明するものである[25]。

こうした過去の災害に関わる先住民族の口碑は、世界各地でも残されており、それらを生かした防災活動・防災教育の取り組みが求められている。

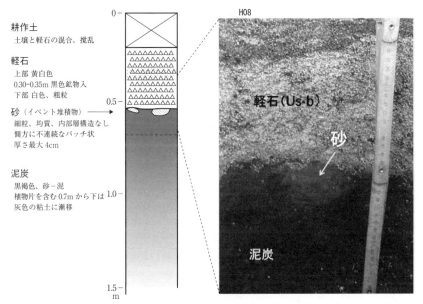

図1-2　津波堆積物と推定できる砂層
出典：若松尚則作成。注25）より

（3）海外の実践・研究との交流と研究成果の発信

　社会教育における防災教育研究は、まだ緒についたばかりであるが、東日本大震災の教訓に学び、防災教育を発展させる研究、とりわけ津波防災教育のあり方の研究については一定の成果が見られる。それらは、日本国内はもとより、海外からも注目されており、災害が想定される海外への研究成果の発信も強く求められている。

　筆者は、アイヌ民族教育研究に関わって、アオテアロア／ニュージーランド（アオテアロアと略称）のマオリ民族との交流がある。アオテアロアを訪問した際に、現地での防災教育・研究が進んでいないことを知った。アオテアロアは、日本と同様に、太平洋プレートの潜り込みによる地震、津波、火山噴火の災害国で、実際に、高い津波の襲来も想定されている。しかし、研究は進まず、また、地域や学校での防災活動も必ずしも活発ではない。東日本大震災の映像が世界中をかけめぐり、多くの人に災害の恐怖は伝えたが、自らの住む地

32 第1部 地域における防災教育の展開

域での防災の取り組みを見直し、災害に備えるという意識改革にはつながっていないことを実感した。

アオテアロア北島の東海岸に位置するタウランガ市のパパモア海岸には2つの小学校（パパモア初等学校、ゴールデン・サンズ初等学校）があるが、2校の校長は本プロジェクトの呼びかけに応じ、防災教育に関する共同研究を始めた。2016年9月には、2校の校長は、来日して被災地訪問学習を行い、万全を期しての学校災害マニュアルの見直しや避難所整備に取り組み始めている。

成人学習・教育における防災教育研究を進める国際的なネットワークづくりも、少しずつではあるが進展しつつある。SDGs（持続可能な開発のための目標）には、「地球温暖化への対応」「災害への備え」が位置づけられており、2017年10月に開催された国際成人教育会議中間評価会議（CONFINTEA MID-TERM REVIEW CONFERENCE）で採択された最終文書にも、防災が位置づけられている[26]。今後ますます重要な位置を占めることとなろう。

2017年7月にカナダのトロントで開催された世界先住民族教育会議での分科会報告でも、筆者はアイヌ民族の島崎直美らと共同で「先住民族の知恵を活かす防災教育」というテーマで発表を行った[27]。先住民族研究の中で、防災教育研究の必要性が広く認知されていないこともあり、聴衆は少数であったが、今後の研究・実践交流のきっかけづくりを行うことはできた。

（4）国土強靱化政策と教育

最後に、防災教育をめぐる新たな研究課題として浮上している「国土強靱化」に関わる防災教育研究について触れなくてはならない。すでに、政府が進める「国土強靱化」政策の性格については、他稿[28]で述べたが、学校や地域で隣国からのロケット攻撃を想定した防空訓練が実際に広範に行われるようになっている。

本章の冒頭で述べたように、防災教育は自然災害からの住民の命を守るためのものであり、戦争や原発など、人工的なものから守るものではない。戦争による武器の使用、再びの原発事故は、そもそも政治が回避しなくてはならない問題で、また回避も可能である。これらに対する防災教育・防災訓練が行われ

第1章　災害から住民の命を守る社会教育の展開　*33*

ることは適当ではない。

　また、防空訓練と防災訓練を区別せずに行うことは、防災訓練や防災教育が
ゆがめられることにもつながる。戦時を想定した防衛のための訓練は、上から
の一方的な指揮・命令や一定の犠牲を覚悟することが前提となるのが常で、一
人の犠牲も出さず、地域住民全員が生きのびて、暮らしを守ることが求められ
る防災教育とは根本からその性格が異なることを自覚する必要があろう。

注

1)　大船渡市末崎地区泊里の村上勝弘・富士子夫妻の自宅兼店舗（鮮魚シタボ）のガレキ撤去
　　支援に訪れたのは、2011年5月である。ガレキ撤去のボランティア活動の合間に、お話を聞
　　く中での、村上勝弘氏の言葉である。当時は、こうした証言を録音したり、メモをとったり
　　できる状況ではなく、正確な文言ではないが、氏が繰り返しこのことに言及したことを記憶
　　していたため、書き留めた。

2)　「小さな命の意味を考える会」HP。http://311chiisanainochi.org/（2017年10月15日閲覧）

3)　NHKスペシャル「シリーズ東日本大震災　悲劇をくり返さないために～大川小学校・遺
　　族たちの3年8か月～」（2014年11月28日放映）での証言より。

4)　野元弘幸「東日本大震災と社会教育研究の課題―岩手県大船渡市の復旧・復興支援活動を
　　通じての考察―」首都大学東京人文科学研究科『人文学報』第501号、2015年3月、67-
　　68頁。

5)　2017年7月16日に大川小学校で開催された語り部の会に参加し、「小さな命の意味を考え
　　る会」代表で語り部活動を行っている佐藤敏郎氏の説明を聞く機会を得た。氏によると、大
　　川小学校の裏山は震災前に日頃から授業で登っており、傾斜もなだらかで、3月で草も茂っ
　　ておらず、避難は可能であったろうとのことであった、

6)　河北新報、2016年4月9日記事「大川小訴訟　元校長『津波想定せず』」。

7)　大船渡ユネスコ協会『津波はいつかまた来る』（2012年2月10日発行）では、大船渡市立
　　越喜来小学校の事例が紹介されている。

8)　NHKスペシャル取材班『巨大津波　その時ひとはどう動いたか』NHK、2012年3月。

9)　北原耕也『ルポルタージュ3・11大津波　津波の町に生きる　釜石の悲劇と挑戦』本の泉
　　社、2011年、参照。

10)　片田敏孝『人が死なない防災』集英社新書、2012年、94頁。

11)　釜石市教育委員会『津波防災教育のための手引き』2013年2月改訂版。
　　http://www.city.kamaishi.iwate.jp/hagukumu/kyoiku_iinkai/bousaikyoiku_tebiki/__
　　icsFiles/afieldfile/2015/03/13/manual_full1.pdf（2017年10月7日閲覧）

34 第1部　地域における防災教育の展開

12)　NHK スペシャル取材班、前掲書。

13)　宮古市中央公民館編『あなたにつなぐメッセージ：3.11　大津波体験語り継ぎエピソード集』（第1期 2012 年 5 月、第 2 期 2013 年 3 月）。

14)　赤浜公民館（大槌町公民館赤浜分館）・東京大学大学院工学系研究科都市デザイン研究室『大槌町赤浜地区住民　3.11　大地震直後の軌跡』赤浜公民館、2013 年 3 月。

15)　大槌町東日本大震災検討委員会『大槌町東日本大震災検証報告書（平成 25 年版）』2014 年 3 月。

16)　元・赤崎地区公民館長（元・生形地域公民館長）吉田忠雄氏作成講演資料（2012 年 3 月）より転記。

17)　野元弘幸「大船渡市赤崎地区公民館の避難・復旧経験に学ぶ」石井山竜平編『東日本大震災と社会教育 3.11 後の世界にむきあう社会教育』国土社、2012 年 3 月。

18)　佐々木康雄「地域の絆」（平成 23 年「わたしの主張」気仙地区大会優秀賞）赤崎地区自主防災組織連合会『―赤崎地区― 3.11 の記憶　～東日本大震災から学ぶ～』2013 年 12 月、72 頁に掲載。

19)　片田敏孝、前掲書。

20)　筆者は、「銀河連邦の旅」に実行委員会のメンバーとして関わっている。これまで毎年参加しており、参加者から直接、声を聞く機会を得てきた。

21)　岩崎大輔（宮城県登米市）「受け入れ事業に協力して〈被災地学習の取り組み〉」日本青年団協議会（代表　辻智子）『生きる～東日本大震災と地域青年の記録～』第 4 号、2016 年 2 月。

22)　国分寺市立光公民館発行の「防災学習会」受講者募集のチラシより転記。

23)　朝日新聞夕刊、2009 年 6 月 25 日　島村英紀「スマトラ沖地震　大津波―先住民　伝承した知恵」や ATDO（Assistive Technology Development Organization：特定非営利活動法人　支援技術開発機構）による「先住民族の津波伝承交流ネットワークの構築（トヨタ財団 2007 年アジア隣人ネットワーク）」事業参照。

24)　野元弘幸「先住民族の知恵を活かす防災教育―北海道・沙流川流域におけるアイヌ民族の津波口碑の事例研究―」首都大学東京人文科学研究科『人文学報』第 513-5 号、2017 年 3 月。

25)　野元弘幸・若松尚則「北海道・沙流川流域におけるアイヌ民族の津波口碑の検討―沙流川河口域の津波堆積物調査を中心に―」首都大学東京人文科学研究科『人文学報』第 514-5 号、2018 年 3 月。

26)　CONFINTEA Mid-Term Review Conference　2017 年 10 月 25 日 - 27 日。

27)　World Ingdigenous Comference on Education（WIPCE）　2017 年 7 月 24 日 - 28 日、カナダ・トロント。

28)　野元弘幸「カタストロフィから総動員体制へ―『国土強靱化』路線の行方と教育」西山雄二編『カタストロフィの人文学』勁草書房、2014 年 9 月。

第 2 章

生涯学習を通じた鉄道防災教育の展開
― 鉄道防災教育・地域学習列車「鉄學」の取り組みから ―

　はじめに

　2011年3月11日に発生した東日本大震災では、人命はもちろん、多くのインフラや建物にも甚大な被害があった。鉄道もまた同じである。しかし、津波に巻き込まれた列車があったものの、鉄道乗車中に津波で犠牲となった人はいない。これは鉄道事業者の対応と乗客間の協力や日ごろの訓練があって達成されたことであり、津波が想定される地域ではこの協働関係を構築することが求められる。

　和歌山県内・紀伊半島沿岸を走る「きのくに線」は同様の課題を抱えると同時に、津波襲来までの予想時間がきわめて短い地域である。この間、和歌山大学とJR西日本和歌山支社では、実践的津波避難訓練や高校などの教育機関との連携、訓練の高度化を行ってきた。その際のキーワードは「乗客の主体形成」である。地震発生から津波襲来までの時間が短く、列車の乗務員も限られているため、迅速な避難を達成するためには乗客自らが主体的に避難することが求められる。

　では、いかにして「主体形成」を図っていくのか。やはり「訓練に参加する」ということ無しに、達成することは困難である。しかし、一般的な防災訓練では「意識のある住民しか参加しない」という問題があり、アウトリーチ志向の防災訓練が求められる。災害ボランティアの研究を行う渥美知秀は、これらを乗り越えるひとつの視座として「防災と言わない防災」を提唱している。

36 第1部 地域における防災教育の展開

すなわち、直接防災訓練を実施するのではなく、まち歩きイベントや日常の風景の中に「防災訓練」の要素を埋め込むのである。また、防災対策を展開すればするほど「ここは危険な地域だ」として認識されて、誘客や災害前過疎化など生活に課題が発生してしまうことは、本意ではない。なれば、防災対策と地域振興を同時に達成すること、すなわち地域振興に資する防災対策の視点も必要である。上記の視座を踏まえて、地域振興に資する防災訓練プログラムとして開発したものが鉄道防災教育・地域学習列車「鉄學」である。

本章では、これまで教育機関と連携して行ってきた実践的津波避難訓練の成果と課題を概括しつつ、「鉄學」を通じた防災教育の地域展開について、「生涯学習」の観点を含めながら論じたい。

1. 鉄道からの避難

（1） 東日本大震災と鉄道

東日本大震災において鉄道は、地震の揺れのみならず、津波や福島第一原子力発電所の事故により脱線や路盤の流出、長期間の運転見合わせなどの大きな被害があった。執筆時点（2018年5月現在）でも復旧していない区間がある。津波によって流出した旅客列車は、JR東日本管内で5列車あったが、津波を直接の要因とした乗客・乗務員の人的被害は無かった[1]。

この理由として、下記3点の指摘ができる。第1に、当該地域が地震や津波の頻発地帯であり、津波対策の訓練が日常的になされていたことである。東日本大震災のちょうど1年前の2010年2月27日には、南米チリ沖で発生した地震に伴う津波により大津波警報が発令され、太平洋沿岸などの一部の鉄道路線で運転抑止が行われている。第2は、「現場知」を生かした避難誘導ができたことである。地元乗客のアドバイスによって、指定避難所へ避難しないという判断が功を奏した列車もあった。第3に、発災から津波襲来までの時間的余裕があったことである。大津波警報が発令された地域内を走行中であった13列車について、乗客の避難誘導指示時刻または避難開始時刻（不明の5本は除く）は、警報発令から平均約20分後であり、最短は1分後、最長は41分後

であった[2]。これら東日本大震災での"奇跡"は、津波襲来までの時間的余裕が大きかったことが最大の要因である。

（2）鉄道における避難の特殊性

鉄道における避難は、以下の3段階が存在する。第1段階は、車両からの避難である。第2段階は、線路や駅（駅舎・プラットフォーム）からの避難である。第3段階は、安全な指定避難所への避難である。第1段階・第2段階では鉄軌道事業者と乗客の連携が重要であり、第3段階では避難所への看板やハードの整備など、地元自治会や自治体など地域との連携が重要となる。

上述した避難の3段階では、課題や留意事項も存在する。第1の「車両からの避難」の課題は、乗客数に対しての乗務員の少なさである。運行本数の少ないローカル線であればワンマン運転が多く、乗務員の数が少ない。都市部においては車掌が乗務していたとしても1編成の乗客数が非常に多いため、相対的に乗務員の数が少なくなる。また多様な乗客、すなわち乗客の年代の偏りや地元の利用客か観光客（地域外の人）なのか、移動制約者が乗車しているか否かなども課題である。さらには車両数やドアの数など、車両上の制約も課題である。

第2の「線路・駅からの避難」の課題には、線路上の制約がある。列車から降りる場所によっては土手・盛土の角度が高くなることがあり、降りることが困難になることがある。降りる場所の地面状態（バラストなのかコンクリートなのかなど）や降りた場所から主要道へのアプローチの問題（線路と道路の段差が大きい場合など）もある。また、駅では有人駅か無人駅かで対応が異なる。無人駅では乗客が自ら判断をして避難しなければならず、駅から避難するための情報を事前に提供することが欠かせない。

第3の「指定避難所までの避難」の課題には、列車が止まった地点の地形や津波までの時間の違いなどが存在する。指定避難所は基本的には周辺住民を対象としたものが多く、観光客や地域外の住民の利用を想定していない。地元住民は土地勘があってすでに知っていると前提にしているため、避難場所までの案内看板が少ないことも課題として指摘できる。

鉄道からの避難についての特殊性と課題を指摘したが、一般的な住民向けの避難訓練と異なるのは、列車の走行位置や緊急停止位置によって最善の避難行動が変化し続けることである。特に鉄道ではどこに緊急停車するのかが重要であり、停車位置の近くの避難場所の把握だけではなく、線形・地形に応じた臨機応変な避難行動が求められる。

2. きのくに線における津波避難訓練

（1） きのくに線の概要

　ＪＲきのくに線は、和歌山県の和歌山市駅から三重県の亀山駅までを結ぶ紀勢本線のうち、ＪＲ西日本区間である和歌山～新宮間の愛称であり、和歌山県南部の紀伊半島の海岸線に沿って敷設されている路線である（図2-1）。総延長200.7kmのうち、津波浸水想定区間は全線の約35％に当たる69区間・73.5kmである。特に白浜～新宮間ではおよそ半分が津波浸水想定区間となっている。

　2013年度和歌山県地震・津波被害想定検討委員会より公表された南海トラフ巨大地震、および東海・東南海・南海3連動地震による津波の被害想定におい

図2-1　きのくに線概要

て、きのくに線沿線の最も厳しい市町村では、1mの津波が3分で到達するところがある[3]。沿線地形や海岸からの距離によって時分は異なるが、地震発生後からすぐに避難行動を開始し、高台などへ避難することが求められる。

　厳しい津波想定に対して、きのくに線を所管するJR西日本和歌山支社では、2007年より津波対策を本格化させている。同年、沿線の津波浸水エリアと避難場所を掲載した「携帯型津波ハザードマップ」を全乗務員に携帯させた。翌2008年には「津波対応マニュアル」の制定、2009年には津波浸水区間の有無と避難する方向を示した「津波避難標」を電化柱に設置。その後も乗務員へのラジオ携帯、駅の避難ルートマップ設置、避難支援アプリの開発、運転士のGPS支援装置への津波浸水区域表示、避難はしごの車両内設置、携帯型セーフライトの搭載など、さまざまな対策と避難への準備が続けられている。また、特急くろしお号の背面座席への「津波避難リーフレット」の設置や、普通列車への「津波避難シール」（写真2-1）の貼り付けなど、乗客がスムーズに避難できる環境づくりを進めている。さらに、迅速な避難を実現させるために、下里駅構内に避難用のホーム階段を設置したほか、山側へすぐに避難できるよう跨線橋を延長する（芳養駅や紀伊新庄駅）、駅間距離が長い地点においては津

写真2-1　パンダが案内する津波避難方法

40 第1部 地域における防災教育の展開

波避難誘導降車台（串本〜紀伊姫間、紀伊浦神〜下里間に2カ所）を設置するなどの取り組みを行っている。そして2017年4月からは、国内初となる仮想現実（VR）を使った乗務員向けの訓練も始まっている。

（2） 地元の高校と連携した実践的津波避難訓練

1） 新宮列車区内での避難訓練

　津波に対する想定が厳しいきのくに線では、実際の車両を使った実践的津波避難訓練も実施されてきた。その際の訓練の参加者は、鉄道事業者および警察・消防・自主防災会などの地域の限られた機関であった。きのくに線の普通列車の主要な乗客は、地元の高校に通学する高校生である。そのため、高校生が参画する訓練が必要という認識のもとで、2012年12月9日、新宮列車区内での訓練に高校生が初めて参加することとなった。この訓練では、車両の前方貫通路1カ所から約40人の生徒が避難したが、避難時間は8分半であり、時間的な厳しさが明らかとなった。

　この訓練を踏まえ、JR西日本（和歌山支社安全推進室）、和歌山大学（南紀熊野サテライト）、和歌山県教育委員会（和歌山県教育庁東牟婁教育支援事務所）の3者が連携し、2013年3月9日に「JR西日本和歌山支社平成24年度津波避難訓練」を実施した。この時の高校との連携では、JR・和大・県教委の3者が東牟婁郡管内の高校・支援学校をすべて訪問して協力を要請し、クラブ活動をしている生徒と地元住民の150人が参加する訓練となった。訓練では和歌山県串本町内にある紀伊姫〜串本駅間で列車を緊急停止させ、乗客役は避難はしご使用したり、車両から飛び降りたりして、約300m離れた高台への避難を行った。この訓練では、一般参加者に対して「飛び降り型避難」を鉄道会社で初めて実施することになった。

2） 和歌山県立新宮高等学校・高校生防災スクール（写真2-2）

　その後、高校と連携した実践的津波避難訓練が継続して行われることになった。同年11月6日の、和歌山県立新宮高等学校・高校生防災スクールと連携したJRきのくに線津波避難訓練である。「高校生防災スクール」は、和歌山県内で2004年から実施しているもので、目的は将来の地域防災リーダーを育成する

写真 2-2　和歌山県立新宮高等学校・高校生防災スクール

ことである。今回の訓練は、東南海・南海地震を含む津波警報発表時における乗客とＪＲ社員の安全の確保に資する取り組みの一環として実施された。

　訓練の目的は、参加した生徒が鉄道からの避難に関する問題意識と具体的な避難方法について実践的に学習し、万が一の対応力を高めるようにすること、ならびに車両からの降車上の課題について検証することである。検証内容は、200人の生徒が一斉に避難する所要時間やその意識、緊急時におけるアナウンス内容、「飛び降り型避難」の意識と課題などである。

　訓練では、新宮高校の１年生200人が日常通学している車両に乗車し、訓練場所（紀伊天満〜那智間）まで移動して実践的に降車を行った。今回は車両からの降車について検証を行うため、車両からの退避を第一とし、降車後の指定避難場所までの移動は行わなかった。

　訓練では、実際に緊急地震速報を受信し、非常制動を使った想定で列車を停止させた。その後、指令との通信の後に車内放送を用いて避難指示を出し、すべての扉を開放して車両から退避した。車両の扉を開放して、すべての高校生が車両から退避するまで３分30秒であった。交通弱者役として車椅子１台が乗車していたが、この退避が完了するまでには６分強かかった。これは、いっ

たん全員の避難が完了してから、運転士役の呼びかけによって車両に戻り避難を介助したことで時間がかかってしまった。

参加者向けのアンケート調査から、全ドア開放型の避難が避難時間短縮に貢献すること、列車からの避難訓練の重要性、飛び降り型避難の評価と課題が明らかとなった[4]。

3) 和歌山県立串本古座高校古座校舎・高校生防災スクール（写真2-3）

2014年11月5日、和歌山県立串本古座高校古座校舎・高校生防災スクールと連携したJRきのくに線津波避難訓練を行った。この訓練は、串本古座高校古座校舎、串本町立古座小学校、地元町内会、JR西日本和歌山支社、串本町役場、串本警察、串本消防、和歌山県教育庁東牟婁教育支援事務所、和歌山県環境生活総務課自然環境室、和歌山放送、和歌山大学などが連携して実施したものである。

訓練では、串本古座高校古座校舎の全学年生徒・関係者約150人、古座小学校の全児童・関係者約70人、地元町内会約40人（60〜80歳代が主）、その他20人の合計約280人が実際に運行している普通列車の車両に乗車し、訓練場所まで移動して実践

写真2-3　和歌山県立串本古座高校古座校舎・高校生防災スクール

的に降車と避難を行った。また、車椅子の乗客役も1人乗車している。想定は和歌山県串本沖を震源とする震度7の地震が発生、串本駅〜紀伊姫間を走行中の普通列車が緊急地震速報により停車し、その後乗務員の指示によって車両から避難の後、指定の避難所まで避難する、というものである。

この訓練の目的は3つである。第1は、小学生から80歳を超える高齢者までの異世代がほぼ満員で乗車している場合の避難に関する課題を明らかにすることである。当該路線は典型的なローカル線であり、通学生で混雑することはあるが、今回はその時間帯に遠足の小学生ならびに地元の乗客が乗り合わせた

という、最も人数が多いとされる想定とした。第2は、避難する扉が限られ、かつ避難が困難な場所に停車した場合の避難に関する課題を明らかにすることである。停車場所では線路ののり面の関係から2両編成のうち先頭1両目の扉のみ使用して避難を行った。1両当たりの扉は片面に3つ、両面に合計6つ設置されているが、そのすべてを使用した。6つの扉のうち2つに「避難はしご」をかけ、残り4つからは「飛び降り」で降車した。第3は、訓練の参加者が鉄道からの津波避難に関する問題意識と具体的な避難対応について実践的に学習し、万が一の対応力を高められるようにすることである。

　訓練では列車走行中に緊急地震速報を受信し、非常制動を使って列車を停止させた。その後、車内放送を用いて避難指示を出し、先頭1両目のすべての扉を開放して車両から退避し、町が指定する避難地点である「しりでの坂」（列車停止地点から約100m地点）を経由して避難場所まで避難した。列車が緊急地震速報を受信してから乗客役が車両から退避を完了するまで、手元の時計で7分41秒であった。「しりでの坂」までの避難完了は9分30秒であった。本地点の目標時間は約7分であったため、さらに迅速な避難が必要である。避難現場では高齢者の乗客役が避難はしごを使って避難する際に、時間がかかっていることが把握された。後ろ向きで降りる人も多かったことが影響していると推察される。避難はしごの使いやすさについては、雨の日の対応など課題を指摘する利用者もある。

　参加者向けのアンケート調査では、飛び降り型避難に対する危険性の認識が小学生・高校生の方が低く、地域住民の方が高くなる傾向が把握された。地域住民の参加者は60〜80歳代の高齢の方が多かったことが要因と考えられる。また、参加した串本古座高校古座校舎生徒と参加していない同校串本校舎生徒を比較した調査も行った。その結果、訓練に参加することによって、他者に対するまなざしが利他的になることが把握された[5]。

　2）と3）の訓練実施にあたっては、当該高校の教頭先生に校内・地域調整をお願いした。新宮高校で勤務されていた教頭先生が、転勤で串本古座高校古座校舎の教頭となり、新天地でも同様の訓練を連続して行うことが可能となった。異動によって活動が広がるメリットがあったが、残念ながら前任地での訓

44 第1部　地域における防災教育の展開

練は継続されず、継続することの難しさを改めて感じた。

（3） 地元の社会教育団体と連携した訓練

　実践的津波避難訓練は、学校教育だけなく地元の社会教育団体と連携して実施されるようにもなった。協働するカウンターパートは、那智勝浦町ふれあいネットワーク実行委員会が主催する「なちかつキッズ教室」である。同委員会は社会教育に視点を置いたコミュニティづくりの取り組みを進める組織で、2004年度から子どもたちが多様な体験活動を行う拠点（居場所）の整備や町内の小学生同士の交流を目的に、婦人会や青年団、学校関係者、PTA、文化およびスポーツサークルのメンバーなどの協力を得て活動している。「なちかつキッズ教室」では、スポーツ教室や音楽教室、読書教室、工作教室などを開催している[6]。また、通学合宿やハイキング、見学ツアーなど、多様な体験活動が行われている。町内では、和歌山県教育委員会が進めている「きのくに共育コミュニティ[7]」の重要なパートナーでもある。

　なちかつキッズ教室ではこれまで防災意識の向上を目指して、防災教室を行っていた。この間、同教室のコーディネーターとJR西日本和歌山支社、和歌山大学、和歌山県東牟婁教育支援事務所とのつながりから、同教室において列車の実践的津波避難訓練を実施することとなり、2014年8月に初めての訓練が企画された。この訓練は大雨によって中止になったが、2015年8月に「キッズ防災教室（津波避難訓練）」として実施した。社会教育団体だけあり、参加者は小学生とその保護者連れが多く、関係者を入れて約80人の訓練となった。その後、継続して毎年開催されることになったが、2017年は地元の宇久井中学校の3年生を中心とした参加になり、名前も「なちかつ防災スクール（津波避難訓練）」となった（写真2-4）。今後も社会教育の視座からの訓練を進めていく予定であるが、参加者の中からは町内の中学生を対象とする訓練の提案もあり、学校教育との接続を深める形での展開が期待されている。

　きのくに線では、普通列車の主要乗客である高校生を対象とした実践的津波避難訓練を行っているが、数年後に高校生になるであろう小・中学生を対象とする訓練もきわめて重要である。

写真2-4　2017年度なちかつ防災スクール（津波避難訓練）

3．鉄道防災教育・地域学習列車「鉄學」

（1）鉄道防災教育・地域学習列車「鉄學」とは

　鉄道防災教育・地域学習列車「鉄學」は、鉄道に乗り紀伊半島にある歴史・文化・環境・地質・成り立ち・住民の生活を学習しながら、いざという時の「列車からの避難方法」を体得し、率先避難者を増やしていくことを目的に生まれた教育プログラムである。

　JR西日本和歌山支社ではこれまで述べてきたように、地域と連携した実践的津波避難訓練を早くから展開し、その取り組みは「世界一の津波対策を目指す」と言われるほど、挑戦的かつ実践的なものである。「飛び降り型避難」の推奨もこれまでの鉄道会社では考えられないものであったが、津波襲来の時間的制約の厳しい路線では迅速な避難のために欠かせない方法として、他の鉄道会社にも波及している。

　しかし実践的訓練の展開には3つの大きな課題が存在する。第1は、実践的訓練は継続的に実施されつつあるものの、ダイヤや安全要員配置の制約などから、回数を多く実施することは困難であるという点である。訓練では安全担当部局のみならず、輸送・乗務員区・保線など、さまざまな部局が関与す

る。踏切が鳴り切りになるところでは保安要員なども必要となり、訓練といえども多大な人的、金銭的なコストがかかる。「非常時は訓練以上のことはできない」と言われ、実践的な訓練の機会の増加が求められるが、かかるコストと折り合いをつける必要がある。第2は、訓練に参加する層はいわゆる"防災意識が高い人"や"防災に関心をもつ人"が多く、その広がりに欠けるという点である。地域の防災文化を醸成させ、率先避難者層を拡大するためには「防災に対して意識や関心が低いと呼ばれる層」へのアプローチが必要である。第3は、一般的に防災対策を展開すればするほど、「ここは危険な地域だ」と認識され、風評被害などの影響が懸念される点である。「地域振興に貢献すること」と「防災対策となること」、この2つを両立する策が求められる。鉄學はこの3つの課題を乗り越えるべく、開発したものである[8]。開発にあたっては公益財団法人JR西日本あんしん社会財団の研究助成「スタディーツーリズムの手法を用いた鉄道防災教育プログラムの開発と実証」を受けた。まさに、スタディーツーリズムと鉄道防災教育の接合を試みたものである。

　鉄學は、2016年11月12日にモニターツアーとして、関係者を中心に約50人で実施された（鉄學―モニターツアー編―）（写真2-5）。その後、2017年3月11日にはJR西日本和歌山支社の定期津波対処訓練と連携する形で実施（鉄學―きのくに線津波避難訓練編―）され、およそ100人の参加があった（写真2-6）。詳細は後述するが、2017年7月31日には、地元の和歌山県立串本古座高校・高校生防災スクールの取り組みと連携する形で実施され、約

写真2-5　鉄學―モニターツアー編―

写真2-6　鉄學―きのくに線津波避難訓練編―

150人の参加があった。

　鉄學について、理論的な背景としたものは「防災と言わない防災[9]」の視点である。普段の避難訓練や防災講演においては、いわゆる"防災意識の高い人"しか来ず、その広がりに欠けるという課題が存在する。いかにその周辺の人へアウトリーチするのか。発想の転換を指摘し、このひとつの方策として渥美公秀が提示する概念が「防災と言わない防災」である。事例として、「わが街再発見ワークショップ」を取り上げている。企画内容で「防災」を前面に出さず、企画自体の楽しさを打ち出すことで、幅広い層の参加が期待できると同時に、参加した人すべてが「結果的に防災を学ぶ」というプロセスを大切にする考え方である。

　防災は命に関わることであるため、楽しさなどをもち込むのはご法度という雰囲気などもあり、現状の避難訓練などでは固い呼びかけや前年度踏襲の取り組みが多いのではないか。この「防災と言わない防災」という視点は、今後の避難訓練のデザインなどにおいて重要な視点である。この考え方を、実践的津波避難訓練をはじめとする鉄道防災教育に導入することが、鉄道防災教育・地域学習列車「鉄學」の取り組みである。

（2）鉄學プログラムの編成と展開

　地域資源を学びながら鉄道での避難方法を学習するためには、プログラム編成や見学スポットの工夫が重要である。工夫の視座としては3点ある。第1は、鉄道防災教育の視座である。車両・線路から退避する方法を効果的に学べる場所や、路線の中で最も津波想定が厳しい場所や避難しづらい場所などが挙げられる。第2は、地域資源の視座である。後述するジオ資源や文化資源、世界遺産、最も景色が映える場所などが挙げられる。第3は、ストーリーである。第1の鉄道防災教育と第2の地域資源の視座をかけ合わせながら、ストーリーとして昇華させることが重要である。

　実際の鉄學プログラムの編成においては、2014年夏に登録認定された「南紀熊野ジオパーク」のジオサイトを中心とするジオ資源も地域資源・防災教育の素材としつつ、メインである列車からの避難方法や情報提供に関する学習を

含めた複合的なプログラムを織り込んだ。ジオ資源に着目した理由は、自然の恵みと脅威の両面を知るためである。

　また、資源の中身だけではなく具体的方法論として、「列車から飛び降り、地域資源のあるところまで行くことができる場所か」や「踏切の鳴り切りを防止するために、踏切の鳴動点を越えないようにするなど安全要員がかからない場所なのか」を考慮する必要がある。

（3）高校と連携した「鉄學」の展開

　2017年7月31日、和歌山県立串本古座高校・高校生防災スクールと連携した「鉄學―串本古座高校防災スクール編」を行った。鉄學の取り組みでは、初めて高等学校の教育プログラムと連携することができた。この取り組みは、JR西日本和歌山支社と和歌山県県教育委員会のつながりが基盤となり、実施することが可能となった。「鉄學―串本古座高校防災スクール編」では、同校の1年生の生徒107人と教員、および関係者の合計約150人が参加した（写真2-7）。今回は高校生防災スクールの一環であるとともに、2年生で学習す

写真2-7　鉄學―串本古座高校防災スクール編（撮影：本塚智貴氏）

る南紀熊野ジオパークの学習の予習も兼ねている。

　鉄學列車は串本駅を9時38分に発車し、道中8カ所のスポットを巡り、三輪崎〜新宮間の王子が浜では実践的津波避難訓練を実施して、新宮駅に11時20分に到着する、約1時間40分のプログラムである。8カ所のスポットには、南紀熊野ジオパークの重要なジオサイトである「橋杭岩」「九龍島・鯛島」「宇久井半島＆大狗子半島」や、2011年9月に発生した紀伊半島大水害で被害を受けた地点、1944年12月にあった東南海地震での津波襲来地点などが含まれている。鉄道に乗り、これらスポットについての解説を車内で聞きながら移動した。また、途中の駅では、車内に設置されている「非常はしご」の設置体験や、沿線の観光や列車に関するクイズの出題を行った。

　「鉄學─串本古座高校防災スクール編」では、参加した生徒にアンケート調査を行った。このアンケートは、主に学習プログラムの成果やきのくに線の利用頻度と津波避難の認識の差について調査したものである[10]。今回の鉄學プログラムの成果では、紀伊半島の地域資源・歴史の学習効果よりも、列車からの避難に関する学習効果の方が高かった。鉄學のアウトカムとして「いざというときの鉄道における避難方法を学習すること」を設定しているので、この主目的は達成されている。また見学スポットの評価では、列車からの避難訓練や先述した津波避難誘導降車台の見学など、普段では体験することができない「非日常」のスポットの評価が高かった。きのくに線の利用頻度と津波避難の認識については特に有意な差がなく、鉄道利用の有無にかかわらず、自ら避難行動をとる認識をもっている。これは当該地域が津波常襲地域であり、歴史的に防災教育がさまざまな機会で展開されてきた表れであると考えられる。

　今後の課題としては、生徒の興味関心をさらに喚起させるために、「事前学習」や「課題意識を高める仕掛け」も必要である。

　今回の取り組みをもとに、各高校へ「鉄學」が広がるような支援策を検討いただけるような話もある。これをひとつの実績として、小学校・中学校も含む、学校教育との連携を目指していきたいと考えている。

（4）「鉄學」が目指すところ

これから「鉄學」が目指していく点は、2点ある。第1は、上述したような学校教育プログラムとの連携である。和歌山県内の高校では、高校生防災スクールを地域と連携して実施することが求められている。串本古座高校串本校舎の取り組みは、まさにこの防災スクールとの連携であったが、南紀熊野ジオパークに関する学習の予習的位置づけも兼ねている。今後は高校生防災スクールだけではなく、総合的な学習の時間やふるさと教育、あるいは地学教育など、学校が実施しなければならないカリキュラムと接続することで、学校側にも負担なく、より幅の広い取り組みができると考えている。また、日常の遠足や社会見学の機会との連携も可能である。さらに、和歌山県では体験型教育旅行の誘致を進めているが、この受け入れプログラムとして「鉄學」の展開も可能である。特に鉄學は列車を活用していることから、南紀熊野に点在する自然・文化資源を線でつなぎながら学習することが可能である。

第2は、スタディーツーリズム（旅行ツアー）としての展開である。これは旅行商品として展開することで、地域の活性化や誘客につなげていく目的である。2017年10月には、実際に「鉄學 with 紀の国トレイナート編」と題した旅行ツアーとして一般販売され、定員40人ほぼ満員の申し込みがあった。また、2018年5月には2回目の旅行ツアーである「鉄學 ― まちあるき編」が販売され、定員40人の8割である32人の申し込みがあった。

4. 生涯学習と鉄道防災教育

（1）防災教育のねらい

学校における防災教育は、さまざまな危険から児童生徒などの安全を確保するために行われる安全教育の一部をなすものである。防災教育のねらいとしては、文部科学省（2010）「『生きる力』をはぐくむ学校での安全教育」に示した安全教育の目標に準じて、①自然災害等の現状、原因および減災等について理解を深め、現在および将来に直面する災害に対して、的確な思考・判断に基づく適切な意志決定や行動選択ができるようにする、②地震、台風の発生等に

伴う危険を理解・予測し、自らの安全を確保するための行動ができるようにするとともに、日常的な備えができるようにする、③自他の生命を尊重し、安全で安心な社会づくりの重要性を認識して、学校、家庭および地域社会の安全活動に進んで参加・協力し、貢献できるようにする[11]、の3点にまとめることができる。

（2）生涯学習と防災教育

　佐藤（2011）は、生涯学習と防災教育の調和性を指摘し、防災教育を生涯学習の場面に適用できるとしている。2008年の新学習指導要領の改正通知における留意事項として、地域全体による学校支援、学校と地域のパートナーシップに基づいた教育コミュニティの構築が強く要請されている。その中で、地域の教育コミュニティのひとつとしての生涯学習に、災害科学や防災研究の成果を還元できるとしている[12]。また、矢守（2007）は、防災というフィールドは、その本質として、人々をいくつかのカテゴリーに隔てる区別（被災者／救援者、助ける人／助けられる人、自治体／住民、専門家／素人、大人／子ども、当事者／第三者）を曖昧化し、人間はつながりの中で生きる存在だということを強烈に意識させる力をもっているとともに、その特徴は、現在の教育界で盛んに模索されている「開かれた学校」が目指すところと非常によくフィットする[13]、と指摘している。

　防災教育を、生涯学習がもつ本義的理解、すなわち、子ども・青年から高齢者までのすべての人々が、生涯にわたって行う学習・文化・スポーツ活動（レクリエーション活動）、ボランティア活動、職業教育など、さまざまな場や機会において行われる活動の総体[14]として捉えた際、防災教育がもつ「命を落とさない」という目的・命題実現の具体的手法と親和性が高く、防災教育と生涯学習は連携が可能である。また、社会は多様であり、いろいろな人が存在して、つながりの中での教育を展開することが求められており、この観点からも防災教育と生涯学習の連携は可能である。生涯学習と防災教育の連携というよりも、生涯学習の本義的理解の中に防災教育を再定義することができると考える。

　近年は「学校・家庭・地域の連携」の要請がさらに強まる中、これからの学

52　第1部　地域における防災教育の展開

校経営においては「社会に開かれた教育課程」がキーワードになり、より地域と学校が密接に結びつくことが求められる。防災教育を学校のカリキュラムへ応用することで"跳ね返り効果"として防災教育プログラムだけではなく、学校教育カリキュラム自体の変容を促すことが期待できる。この点が重視されなければ単なる表層的連携で終わってしまうだろう。

　社会的な要請も含め、総じて防災教育と生涯学習の融合・再定義が可能と考えるが、次の段階として「方法論」と「成果の想定」を検討しておく必要がある。防災の営みは、元来、社会の諸領域と結びつく活動であり、その結果として、学校教育の現場でも、どの教科ともうまくリンクする教育素材である[15]、と指摘される。防災教育の飽きやマンネリ、押しつけを乗り越えていくためには、知や技能の伝達やその量の増加にとどまってはならず、むしろ知や技能を実践しつつ、生産者へと移行していくことが必要である[16]。

　では、知や技能を実践しつつ、生産者として関わっていくためには、どのような視点が必要であろうか。理論的に重要な点は、レイヴとウェンガーの「実践コミュニティ[17]」の視座である。防災教育に置き換えて考えるならば、参加者の多様な属性（年代や立場、とりわけ素人や専門家など）はあるものの、本物で、正当な防災活動に結びつく実践コミュニティに参画することである。「鉄學」においては、実践的津波避難訓練の場面である。この場面では参加者自らが非常はしごを設置すると同時に、率先避難者として乗客の避難を促進する役に回ってもらう。鉄軌道事業者の本格的な活動にしっかり参画してもらうのである。この背景には、最悪の想定で第1波の襲来が地震発生後、最短3分と言われているJRきのくに線沿線が抱える津波襲来までの時間的制約の中で、乗務員と乗客の「避難させる―させられる」の関係だけでは安全を確保することが困難であり、この「する―される」の関係性の転化を目指す必要がある、ということがある。

（3）生涯学習と「鉄學」

　学校教育や社会教育において実践的津波避難訓練を通じて、「鉄學」というひとつの鉄道防災教育プログラムを生み出すことができた。「鉄學」は先述し

たように、「防災とは言わない防災」の視座のもとで開発した鉄道防災教育プログラムであり、防災活動（実践的津波避難訓練）そのものを目的とせず、訓練はあえてプログラムのプロセスに組み込むことにしている。「鉄學」のプログラムにおいて、防災教育よりも地域資源の学習を前面に出しているということは、地域に存在するさまざまな教育資源を活用するということである。単に防災の専門家だけが登場するのではなく、地域資源に詳しい専門家やガイド、市民がまだらに登壇する、まさに多様な教育、生涯学習なのである。

　「鉄學」は地域の教育資源を活用するという点とともに、前節で指摘した学校教育カリキュラムへの応用による跳ね返り効果によって、学校教育カリキュラム自体をも変容させる点において、"生涯学習"を通じた防災教育と位置づけることができよう。

おわりに

　本章では生涯学習を通じた鉄道防災教育の展開について、鉄道防災教育・地域学習列車「鉄學」の取り組みから検討をしてきた。「鉄學」がもつキーワードは、「①防災と言わない防災」「②実践コミュニティ」「③防災対策と地域振興の融合」に集約される。その基盤には、多様な教育を包含する「生涯学習」的視座があることは言うまでもない。生涯学習の本義的理解の中で、鉄道防災教育もまた位置づけていく必要があると考える。

　「鉄學」の取り組みは、実践の蓄積はありつつも、まだまだ新しい取り組みである。教育プログラムやスタディーツーリズム（旅行ツアー）としての成果・効果・課題、鉄學の展開と防災教育の理論的検討については、実践も積み重ねながら、研究を深めていきたいと考えている。

注
1)　芦原（2014）、9-12頁。
2)　津波発生時における鉄道旅客の安全確保に関する協議会（2015）「津波発生時における鉄道旅客の安全確保に関する協議会報告書」24頁。

54 第1部 地域における防災教育の展開

http://www.mlit.go.jp/common/000987764.pdf（2017年10月25日閲覧）

3) 和歌山県（2013）「『南海トラフ巨大地震』及び『東海・東南海・南海3連動地震』による
津波浸水想定について」。

http://www.pref.wakayama.lg.jp/prefg/011400/bousai/130328/sinnsuisouteih25.pdf
（2017年10月25日閲覧）

4) 西川・照本（2014）。

5) 西川（2016）。

6) 和歌山県教育委員会「平成22年度きのくに共育コミュニティ実践事例集　つながる　ひ
ろがる　共育の輪」33-37頁。

http://www.pref.wakayama.lg.jp/prefg/500600/kinokuni/community-jireiH22.html
（2017年10月23日閲覧）

7) 学校・家庭・地域が一体となって、子どもの豊かな育ちや学びを支える取り組みで、和歌
山県独自の学校地域支援本部事業である。その特徴は「共育」という言葉にあるように、「子
どもも大人も共に育ち、育てあう」という願いが込められており、単に「学校支援」にとど
まらない、双方向型の学びや地域づくりへの深化を射程に入れている。学校等を拠点に、児
童生徒、教職員、保護者はもとより、地域のさまざまな立場の人々が、それぞれの課題や願
いを共有し合い（共同学習）、具体的な取り組み（共同実践）へと発展させる仕組みを構築
し、出会いとつながりを大切にしながら、学校の活力と地域の活力を共に高めていけるよう
な、「実践的な学びの拠点」を県全体に根付かせていこうと、和歌山大学の協力を得ながら、
各市町村教育委員会と一体となってさまざまな取り組みを行っている。

8) この研究遂行にあたっては、三陸鉄道株式会社が震災後から取り組み始めている「震災学
習列車」を参考としている。詳細は堀米（2015）が詳しい。

9) 矢守克也・渥美公秀編（2011）、222-224頁。

10) 西川（2018）。

11) 文部科学省（2010）「学校安全参考資料『生きる力』をはぐくむ学校での安全教育」。
http://www.mext.go.jp/a_menu/kenko/anzen/1289310.htm（2017年10月25日閲覧）

12) 佐藤（2011）、150-151頁。

13) 矢守（2007）、13-14頁。

14) 小林・平川・片岡（2014）、36頁。

15) 矢守（2007）、20頁。

16) このことを矢守は「成果物・アウトプットを生み出すことを重視した防災教育」と呼ん
でいる。

17) 実践コミュニティ（実践共同体）については、ジーン・レイヴ、エティエンヌ・ウェン
ガー（1993）参照。

第 2 章　生涯学習を通じた鉄道防災教育の展開　*55*

参考文献

芦原伸（2014）『被災鉄道復興への道』講談社。

小林繁・平川景子・片岡了（2014）『生涯学習原論 学び合うコミュニティをつくる』エイデル研究所。

佐藤健（2011）「生涯学習の場面での防災教育の実践」今村文彦編『防災教育の展開』149-173頁、東信堂。

西川一弘（2018）「教育機関と連携した鉄道防災教育プログラムの成果と課題」『和歌山大学災害科学教育研究センター研究報告』第 2 号、43-49 頁。

西川一弘（2016）「鉄道乗車時における実践的津波避難訓練の実施と課題」『和歌山大学防災研究教育センター紀要』第 2 号、50-56 頁。

西川一弘・照本清峰（2014）「鉄道乗車時における実践的津波避難訓練の効果と課題 ― 高校生防災スクールと連携した J R きのくに線津波対処訓練の事例をもとに ―」『土木計画学研究・講演集』vol.49、CD-ROM。

堀米薫（2015）『きずなを結ぶ震災学習列車 三陸鉄道未来へ』佼成出版会。

ジーン・レイヴ，エティエンヌ・ウェンガー（1993）『状況に埋め込まれた学習 ― 正統的周辺参加 ―』産業図書。

矢守克也（2007）「夢見る防災教育」『夢見る防災教育』5-27 頁、晃洋書房。

矢守克也・渥美公秀編（2011）『防災・減災の人間科学 いのちを支える、現場に寄り添う』新曜社。

第3章

韓国における防災教育をめぐる政策と
実践の現状と課題

はじめに

　韓国の社会教育において防災教育たるものは、理論研究や実践活動が日本のそれよりきちんと位置づけられてこなかった。長らく地震のない国であるという認識が強く、地域への定住率が低いこともあり、自然災害に対して"地域知"が蓄積し継承されたり、防災に関する学習活動が社会教育施設で取り組まれたりするといったことが、社会教育分野においては、所見のところほとんど見当たらない。

　いままで防災関連研究は、主にハード面に焦点が当てられてきたが、最近となって「安全教育」という名のもとで、防災教育活動が「教育」として取り組まれ始めている。そのきっかけとなったのは、2014年4月16日に起きたセウォル号の事故であった。済州道に向かっていた船が沈没し、修学旅行を楽しみにしていた高校生たちをはじめ、299人の大事な命が犠牲となり、いまだに5人が行方不明の状態である。この2014年の事故後、「安全教育」関連の法律が制定され、安全を総括する中央政府の機構が設置されるという変化がみられる。

　それまでに安全に関する教育は、公務員などの一部の人に限定され、民防衛に重点が置かれていた。しかしながら、2016年と2017年に南部地域の慶州と浦項で大地震が発生、防災教育の重要性を認識した生協（iCOOP）が中心となって、手引きの作成や教育プログラムの実施など、地域をベースとした新たな動きが出始めている。

1.「4・16」を起点とした変化

地震や津波がほとんどなかった韓国では、自然災難より人災といわれる社会災難が多く、それまで災害と関わる学習は普遍化していなかった。それが、「4・16」を起点に変わっていく。

2013年から始まった朴槿恵政府は、国政基調の一つに「安全」を掲げて、当時の行政安全部を「安全行政部」に名前を変え、安全を優先課題としていた。しかし、災難関連の代表的な法律である「災難および安全管理基本法」(2004年制定、「災難安全法」)の第3条における「災難」の定義が、台風や洪水・地震・津波などの自然災難と、火災・爆発・環境汚染事故などの社会災難に分かれていること [1] からもわかるように、自然災難は消防防災庁が、社会災難は安全行政部が担当するというように、行政体制は分断されていた。

しかしながら、2014年4月16日のセウォル号事故を受け、同年11月19日から安全行政部の安全に関わる機能と消防防災庁を一元化して、「国民安全処」という総理所属の中央機関を新設する。そして、自治体においても、それまでバラバラになっていた災難関連部署を一つにまとめていく傾向をみせる。

この「4・16」以前にも、「災難安全法」の中に安全文化の振興に関する条文が2013年8月に新たに入り、安全文化活動を積極的に推進することが盛り込まれてはいた。そして、2014年12月の改正により、国民を対象とした安全教育の実施に関わる条文ができ、安全教育を市民を対象としたものへと広めたが、それまでは主に自治体の担当公務員を対象とした教育であって、安全体験館などの施設はあっても、一般市民を視野に入れたものではなかった。安全教育関連体制が本格的に動き出す以前の安全教育は、「国家民防衛災難安全教育院」が担当公務員に提供する教育が主だったのである。

自治体の担当公務員や学校長などの管理職、災難管理責任機関の関係者を対象としたさまざまな教育が行われ、かれらは災難安全と民防衛、非常退避、学校安全、生活安全、職務、国際防災を内容とする教育を、教育院で受ける。教育期間は1日で終わるものから5日間行われるものまで多様である [2]。

58 第1部　地域における防災教育の展開

この中で、災難安全の教育課程の 2016 年度計画を見てみると、公務員を対象とした基本教育として、①災難安全管理新規課程、②災難安全管理者課程、③社会災難管理実務課程、④自然災害管理実務課程、⑤防災安全職列課程（新設）、⑥安全災難予算実務課程（新設）などの9つ課程が設けられている。より詳細なことを学ぶ専門教育には、①防災施設基準運営課程、②河川管理課程、③災害復旧実務課程、④都市防災課程、⑤複合災難訓練課程、⑥災難訓練課程、⑦災難管理マニュアル作成課程、⑧災難心理支援課程、⑨災難状況管理課程などの公務員対象の 31 課程と、一般市民を対象とした損害評価人養成課程などの2課程が企画されていた [3]。

このように、教育院が提供する教育内容は非常に多様で、さまざまな災難に関する教育が細分化され実施されているが、こういった防災関連教育がより多くの市民を対象としたものへと転換していく仕組みが示されるのは、2014 年後半以降のことである。

2. 中央政府機関による安全教育関連政策の形成

教育部は、セウォル号事故の犠牲者の多くが修学旅行に参加していた高校生だったこともあって、安全教育に対する政策づくりに早速乗り出すこととなる。2014 年 11 月に、普段から安全に対する意識を高めて安全教育を強化するために、「生命尊重・安全社会具現のための教育分野安全総合対策」[4] を発表、表 3-1 のような対策内容を示す。

表 3-1　総合対策の基本方向

ビジョン	生命尊重・安全社会具現			
目標	・自分と他人の生命に対する尊重意識の培養 ・危機状況への対応能力の向上 ・安全に対する脅威要素の事前除去および予防			
主な課題				
体験中心の体系的安全教育の施行	教員を安全教育の準専門家として育成	安全で健康な教育活動および施設与件の造成	大学の安全管理強化	教育分野の安全インフラ構築

出典：教育部「生命尊重・安全社会具現のための教育分野安全総合対策」2014 年、1 頁

第3章　韓国における防災教育をめぐる政策と実践の現状と課題　*59*

　今回の対策において特徴的なのは、安全教育を総合的かつ体系的に行うための道筋が示されたことである。特に、「体験中心の体系的安全教育の施行」の課題において、教育課程を改正し安全教科や単元を設置するとともに、7大安全教育案を開発することがうち出された。

　学校における安全教育の7大標準案では、生活安全、交通安全、暴力および身辺安全、薬物・サイバー中毒、災難安全、職業安全、応急処置という7大領域を設け、それぞれの小項目を対応させている。そして、指導案としては、例えば、小学校5・6年の科学において自然災害が発生した場合の対処方法を中単元に、自然災難の類型別発生原因と特徴、自然災難発生予報の聴取と学習、自然災難発生時の対処要領を小単元として設定することが例示されている。提示された標準案の中で「災難安全」の項目から見ると、表3-2のようである。

　表3-2では小学校で取り扱う項目だけを提示しているが、幼稚園から小中高にいたる学校段階ごとに項目が明示されている。

表3-2　小学校の災難安全の標準案内容体系

中分類	小分類	小学校
火災	火災発生	火災の基本概念 火災の発生原因と主な特徴
	火災発生時の安全規則	火災発生時の基本待避方法 火災発生時の申告および広める方法
	消火器使用および対処方法	消火器の種類と作動原理 消火器と消火栓の使用方法
社会災難	爆発および崩壊の原因と対処方法	爆発と崩壊発生時の基礎的待避方法 爆発と崩壊発生時の救助要請方法
	各種テロ事故発生時の対処方法	海外旅行時の安全規則 人質状況と化学テロに対する対処方法
自然災難	洪水および台風発生時の対処方法	洪水予報の聴取および待避方法 台風予報の聴取および待避方法
	地震、大雪、寒波、落雷発生時の対処方法	地震・落雷発生時の基礎的対処方法 寒波・大雪・黄砂発生時の基礎的対処方法 ＊各学校および地域の特性によって別途選択可能

出典：教育部「報道資料」2015年2月26日、14頁より抜粋

60 第1部 地域における防災教育の展開

　また、教員対象の教育も強化される方向性がみられる。現職教員については
15時間の安全研修を実施し、新任教員や管理職などの研修にも安全教育を義
務化することが計画として出され、体育や保健教科担当の教員については安全
関連内容を含ませるか、別の安全科目を設置、また、新たに教員任用や昇進に
おいて「(仮称) 学校安全管理指導士」という資格を設け、資格取得を奨励す
ることへの検討が盛り込まれている。

　さらに、安全教育に関するインフラ整備に関しても言及され、それまで分か
れていた安全教育関連部署を総括して、担当部署を教育部および市道教育庁に
新設、安全教育関連の法律も一元化して、安全教育の具体的な事項を明示する
計画が定められた。

　このような安全教育に関わる総合対策が発表されてから、教育部は、教育課
程の改訂を発表し、安全教育における時間数を告示する。

　まず、2015年9月に「2015改訂教育課程」を確定して発表するが、今回の
教育課程の改訂のポイントの一つは、安全教育の強化であった。その具体的な
内容は、2017年度から小学校1・2年生に安全教科「安全な生活」を導入する
ということである。ただし、一般教科のような時間を設けるのではなく、「創
意的体験活動」[5] の時間を増やしながら教えることとなっている。

　「安全な生活」は体験中心のもので、小学校1年生や2年生が日常生活と災
難状況の中で接し得るリスクを知り、安全に生活する方法を身につけ[6]、危険
を予防し危険な状況に対処できる能力を育てることに重点を置いている。その
ために、生活安全・交通安全・身辺安全・災難安全の4つの領域を設定して知
識より体験中心の学習を行うことで、自然に安全に関する生活習慣と意識を習
得することを目指している[7]。総括目標としては、「日常生活で直面すること
となる危険な状況に何があるのかを知り、対処する方法を身につけて安全に生
活する」と定められ、細部目標としては、「①家庭・学校・地域社会で起きる
事件と事故、災難と災害から自分を安全に守る、②日常生活に必要な安全と行
動規則を身につけ、多様な危険に対処しながら安全生活を実践する、③周辺を
安全にするために必要な自己管理力量、知識情報処理力量、共同体力量を育て
る」ことの3つが位置づけられている[8]。「安全な生活」の内容体系は表3-3

表 3-3 「安全な生活」内容体系

領域	中心概念		内容（一般化された知識）	内容要素	機能
1 生活安全	1.1	学校における安全生活	安全な学校生活のために守るべき規則がある。	・室内活動時の安全規則 ・文具類および道具の安全な使用 ・遊具の安全な使用	識別する、予防する、脱出する、知らせる
	1.2	家庭における安全生活	家庭生活で安全のために守るべき規則がある。	・家庭での事故予防 ・生活道具の安全な使用 ・応急状況への対処	
	1.3	社会における安全生活	社会生活で安全のために守るべき規則がある。	・野外活動の安全 ・施設物の安全 ・公衆衛生	
2 交通安全	2.1	歩行者安全	安全のために歩行者が守るべき規則がある。	・信号灯と交通標示 ・歩行者規則 ・路地で遊ぶときの安全	
	2.2	自転車、自動車安全	自転車と自動車に乗るときに守るべき規則がある。	・自転車に乗るときの安全 ・自動車でのシートベルト着用 ・大衆交通利用の安全規則	
3 身辺安全	3.1	誘拐・迷子事故予防	誘拐予防と迷子になったときの対処方法を知らなければならない。	・知らない人の接近に対する対処方法 ・迷子になったときの対処方法	
	3.2	学校暴力・性暴力・家庭暴力	学校暴力の類型は多様で人々に大きな被害を与える。	・いじめの類型と予防 ・学校暴力の類型と予防	
			性暴力・家庭暴力の危険性を知り対処することができる。	・よい接触と悪い接触 ・家庭暴力発生時の助けの要請と申告	
4 災難安全	4.1	火災	火災が発生したら安全規則に基づき迅速に待避する。	・火災の予防 ・火災発生時の待避法	
	4.2	自然災難	自然災難発生時の行動要領を知り生活化する。	・地震、黄砂、PM2.5対処方法 ・季節の変化に伴う自然災難発生時の対処方法	

出典：教育部『2015改訂教育課程 ― 正しい生活、賢い生活、楽しい生活、安全な生活 ―』2015年、40頁

のとおりである。

　また、小学校3年から高校3年までは、関連教科に安全教育に関する単元を新設する。学校ごとに年間110時間の「創意的体験活動」が設定されているが、その中で安全教育を実施するようにしており、2018年度から漸次適用される。そして、翌年3月15日には、「学校安全事故予防および補償に関する法律施行

62　第1部　地域における防災教育の展開

表3-4　学年別の学生安全教育の時間および回数

(単位：単位活動、時数)

区分		生活 安全教育	交通 安全教育	暴力予防 および 身辺安全 教育	薬物およ びサイ バー中毒 予防教育	災難 安全教育	職業 安全教育	応急処置 教育
教育時間	幼稚園	13	10	8	10	6	2	2
	小学校	12	11	8	10	6	2	2
	中学校	10	10	10	10	6	3	2
	高等学校	10	10	10	10	6	3	2
回数		学期ごと 2回以上	学期ごと 3回以上	学期ごと 2回以上	学期ごと 2回以上	学期ごと 2回以上	学期ごと 1回以上	学期ごと 1回以上

出典：ソウル特別市議会『「ソウル特別市教育庁教育安全基本条例改正」のための討論会』
　　　2016年11月9日、72頁

規則」による学年別の学生安全教育の時間と回数が告示された（表3-4）。

　このような教育部の流れに加えて、安全を総括する中央政府機関である「国民安全処」が2016年5月に「国民安全教育振興基本法」を制定する。

　安全教育に関する総合的な法律として定められ、2017年5月から施行された「国民安全教育振興基本法」（4章第20条）において、国および地方自治団体の責務を明確にし、安全教育を「国民が安全に対する重要性を認識してさまざまな災難および事故の発生時、それに効果的に対処できるように安全に対する知識や技能を習得する教育」（第2条）と定義している。第2章では、国民安全処長官が5年ごとに樹立する安全教育基本計画について、安全教育の基本目標と推進方向、推進内容、専門人材の養成、実態点検および評価、必要な財源確保方案などの事項を含むものとし、関係機関とも協力することが規定された。第3章の安全教育の施行に関しては、国と地方自治団体が、安全教育教材およびプログラムの開発・普及、専門人材の養成および活用、学校や他の教育機関の安全教育に対する支援などを含む安全教育関連施策を推進することなどが盛り込まれている。そして、第4章の安全教育の推進および管理において、安全教育プログラムの開発をはじめ、安全教育機関の指定や社会安全教育などに関わる条文が定められている。

第18条（社会安全教育の支援）

① 国および地方自治団体は、安全教育関連団体と「平生教育法」（生涯教育法）第2条第2項に基づく生涯教育機関などに対して、安全教育の実施および安全教育関連研究・開発などのための施設・装備を支援することができる。

② 国および地方自治団体は、国・地方自治団体および公共機関などで運営する教養講座・文化講座などに、安全教育関連教育課程を開設するように支援することができる。

学校教育のみならず、社会教育においてもきちんと安全教育を実施することが、法律の中に位置づけられているのである。

このように、韓国における安全教育はその範囲が非常に広く、自然災難から社会災難に至るまでが想定されているが、法律制定を受けてからどのように具体的に変わるのか、また本格的な施行を控えているだけに、今後どのように動き出していくのか、注目していく必要がある。

こういった中央政府の流れを受けて、地方自治体ではどのように対応しているのだろうか。ソウル特別市の取り組みから見てみよう。

3. ソウル市による教育安全施策の確立と展開

中央政府機関の動きと同じ時期に、自治体にとっても教育における安全の問題が大きなイシューとなり、ソウル市では2015年4月に教育安全に関する条例を制定する。

教育部では安全教育を7つの領域と捉えていたが、ソウル市教育庁の条例では、教育安全を大きな枠組みとして設定し、その中に安全教育を位置づけている。「ソウル特別市教育庁教育安全基本条例」（全17条）は、「学校および教育機関における安全保護と強化に必要な事項を規定して生徒・教職員および教育活動参加者が安全で快適な環境で教育活動ができるようにし、ひいては自らの安全を守る市民になれるように資すること」（第1条）を目的に掲げている。そして、教育安全を「生徒・教職員および教育活動参加者（以下'教育共同体構成員'とする）が教育活動を安全に遂行して、各種危険や事故から生命また

64 第1部 地域における防災教育の展開

は健康を保護すること」に、安全教育を「各種災難・災害および事故から自分を安全に守れる知識と技能を習得し、安全に対する正しい態度を培う教育」と定義している（第2条）。教育安全を基本的権利の一つであると位置づけており、安全に対する知識と態度を育むことを「安全教育」としているのは、「安全教育振興法」のそれと変わらないが、その土台となる教育安全を、次のように定めている。

> 第5条（教育安全の範囲）この条例が扱う教育安全の範囲は次の各号のようである。
> 1. 教育活動安全：学校内外の各種教育活動における安全
> 2. 生活安全：学校暴力からの安全、ケア教室・寄宿生活における安全、深夜帰宅安全など学校生活と関連した安全
> 3. 施設安全：教育機関の施設利用および維持管理に関連する安全
> 4. 交通安全：登下校時または教育活動中の交通事故と関連する安全
> 5. 保健安全：疾病と薬物誤乱用の予防、性および精神健康と関連する安全
> 6. 給食安全：学校給食の施設、設備、食材料、調理、食中毒事故などと関連する安全
> 7. 教育環境安全：教育機関内外の有害環境からの安全

上記の7つの安全領域に加えて、第6条に現場体験活動安全の特例を定め、教育安全の領域を8つに設定、主に生徒の学習活動における諸領域に関わるものとして想定している。そして、教育監（日本の"教育長"にあたる）が教育安全総合計画を3年ごとに策定することが定められ、その総合計画に基づき1年ごとの施行計画を立てることにしている。さらに、安全教育に関する条文を、以下のように設けている。

> 第11条（安全教育の実施）
> ① 教育機関の長は教育安全事故を予防するために、関連法令に基づき安全教育を実施して、その結果を年2回教育監に報告しなければならない。
> ② 安全教育は、災難など危機状況に対する対応能力を向上させる実習教育を含めなければならない。
> ③ 教育共同体構成員は、教育活動実施前に安全教育を誠実に遂行すべきであ

り、安全が確保された状態で教育活動が行われるようにしなければならない。

④ 教育監は、実習教育を実施するために教育機関などに安全教育体験場所と施設を指定・運営することができる。

⑤ 学校長は、体験中心の安全教育を施行するために必要な予算が編成されるように努めなければならない。

　教育安全を担当する担当機構や教育安全委員会を設置することも盛り込まれ、教育安全を体系的に責任をもって行うことを条例の中で明確にしているのである。

　このような条例は、他の広域自治体によっても作られ、2018年5月現在、安全教育に関連する条例は86にのぼる。それは、光州広域市の「市民安全教育基本条例」や、江原道の「基礎安全教育振興条例」など、安全教育を総括する条例から、安全教育体験館のように関連施設の設置・運営に関するもの、現場体験学習における学生安全に関するものを条例や規則と定める自治体が現れている。日本と違ってプールをもたない学校がほとんどの韓国社会において、セウォル号の事故を受けて水泳を教えることを、条例をもって決める自治体も出始めた。

　教育における安全に関しては、他のいくつかの法律に関連する条文があったものの、地域における安全を総合する法的枠組みを定め、総合的かつ長期的な計画作りが初めて法的規定をもって決められたことは、いままで見られなかったことである。

　このような条例制定を受けて、2016年1月1日に教育安全を担当する部署「政策・安全企画官」が設置され、職員4人が配置される。そして、条例に基づいた総合計画が同時期に発表される。2016年から2018年までの3年間にわたる「教育安全管理総合計画」では、「安全で信頼される安心教育の具現」をビジョンに、①体験中心の教育・訓練を通した災難・安全意識の強化、②総合的で体系的な教育安全システムの構築・運営、③学生中心の安全な教育環境の確保、④安全を最優先とする安全意識の涵養および安全文化の強化を目標と定め、表3-5のような課題が提示された。

66 第1部 地域における防災教育の展開

表3-5 推進戦略と実践課題

推進戦略	細部実践課題
1. 安全教育・訓練の内実化を通した安全・災難意識の向上	▶ 学校内で体系的な安全教育の実施 ▶ 体験中心の教育・訓練を通した危機対応能力の習得 ▶ 教職員の教育安全職務研修の拡大 ▶ 学校単位の教職員心肺蘇生法教育の拡大
2. 教育安全インフラの拡大および管理強化	▶ 教育安全インフラの構築・運営の活性化 ▶ 教育安全管理体系の構築および有機的協調体系の確立
3. 総合的で体系的な災難・安全管理基盤造成	▶ 災難対応システム強化を通した安全管理の力量向上 ▶ 災難対応の協力ネットワークの強化
4. 参加しコミュニケーションする教育安全文化の拡散	▶ 安全文化の拡散および安全広報の多様化 ▶ 教育安全の確立のための保護者・地域社会の参加誘導
5. 分野別安全管理の推進	▶ 自然災難対応および安全管理 ▶ 社会災難対応および安全管理 ▶ 教育活動の類型別安全管理

出典：ソウル特別市教育庁「教育安全管理総合計画（2016～2018)」2016年1月、15頁

　表3-5のような諸課題の中で、1つ目の推進戦略を中心に安全教育関連の内容をより詳しく見ると、まず、ソウル市における学校に対して「教育課程編成・運営指針」を改定（2014年12月）、安全教育課程を新設して教育部の安全教育7大領域標準案に基づいた教育課程の単元構成と授業での活用、学校内外の教育活動時の安全教育を強めるなど、安全教育を体系的に行うことが示された。また、体験中心の能力の習得に関しては、災難対応訓練や民防衛訓練、災難退避訓練などの実施において、それを体験中心のものへと転換し、さらに、安全体験教室の運営、2018年からの小学校3～6年生を対象とした水泳教育の拡大が定められた。そして、教職員の職務研修においては、校長などの教員の資格研修に安全教育（15時間以上）を含ませたり、安全教育の7大領域標準案を伝えたりする研修を実施することや、安全教育機関を広めることが位置づけられた[9]。

　これまで事故に対処し補償してきたことから、事前に防ぐ「予防」中心へと、根本となる方向性が変わっていく中で、長期の計画が生み出されたのである。2016年度に行われた教育安全政策の主な事業を見ると、学校ごとに「学

第3章　韓国における防災教育をめぐる政策と実践の現状と課題　*67*

校安全体験教育費」を支援したり、学校安全責任官教育として小中高の校長対象の体験教育を実施したりという体験中心の安全教育の活性化に取り組むとともに、安全マニュアルを普及させたり、安全モデル学校を運営したり、自治区とも協力して安全な学校づくりや地域安全マップの製作なども行った[10]。

　安全に関するニーズや認識が大きく変わってきているなかで、政策や施策がまだできたばかりであるだけに、今後どれぐらいの実効性と内実性をもたらすものとなるのかについては、しっかりと目を向けていく必要がある。

4. リスク社会に対してどのような防災教育を創っていくのか

　2014年4月のセウォル号事故は韓国社会に大きな衝撃を与え、それが安全教育体制を樹立し整備する大きな契機となった。2016年9月12日に慶州で起きた地震はそれまで経験したことのない強さのもので、地震のない国という「神話」は崩壊、地震という自然災難に対してもさらなる対策が必要であることが確認された。そのときに慶州から27km離れた原子力発電が点検のために停止されたが、同年12月に地震による原発の爆発事故を取り上げた映画『パンドラ』が公開されたこともあり、原発周辺の人口密度が高いだけに、万が一の時にどういうことが起き得るのかが公論化され始めた。

　安全教育を始めたばかりで、体制づくり開始からまだ2年しか経過しておらず、「国民安全教育振興法」が施行された2017年からようやく総合計画などの国レベルの安全教育の枠組みが実際にできたため、それがどのように教育部の政策と連携しながら実施されるのかが注目される。いままで韓国における安全教育政策と施策の形成について見てきたが、2014年から3年、学校における安全教育に重点が置かれ、地域における災害に対する視点、学習の視点からアプローチする動きは、政策の中ではまだ見えてこない。

　このような状況の中で、2016年に地域から新しい動きが生まれている。同年に何度も地震が発生した慶州のiCOOP生協が、同年10月に災難地震委員会を設立、その委員会が中心となって地震に関する学習会を進め、さらに、日本の「東京防災」を参考に韓国の状況を反映した「いまやろう」というハンド

68　第1部　地域における防災教育の展開

ブックを発行したのである。それは、災難が起きたときにどのように対応していくべきか、その具体的な知識と実践を紹介するものとなっている。このような取り組みは、さらに、組合員を対象とした学習プログラムや安全な地域づくりを目指したプロジェクトとしても発展している。これは、2017年に南部に位置する浦項で大きい地震が起きたときにも広がり、防災関連の活動としては先進的な取り組みを見せている。ただ、生協が取り組んだ実践であるだけに、生協の会員を対象とした限定的なものではあるが、これをきっかけに地域を対象とした取り組みへと発展し、それが地域の施策に反映されていくことが期待されよう。

　このように、地域づくりが活発化している中で、自然災難や社会災難といった危機状況に対して、地域はどうあるべきか、また、安心・安全をキーワードとする地域づくりを考える視点や、地域の災害にまつわる歴史からそれを"地域知"に蓄積していくといった、社会教育における「安全教育」を今後考えていく必要がある。その一方で、安全教育というソフト面をどのように充実していくのかも見落としてはならない。もちろん、安全に関する教科・単元の新設が2017年から開始され教室で教えられることとなったが、安全教育がややもすれば「安全」という環境整備に偏りかねない。危機状況におかれたときに主体的に考え動ける主体形成へとどのように支援していけるか、これからより深めていくことが求められる。そして、安全・防災に対する関心が高まっていく中で、専門的に担当する公務員の採用が始まっているが[11]、どのような資格をもった人々が担うべきかを含めて、ヒューマンウェアに対するさらなる検討も必要となってくる。

　韓国社会で始まったばかりの安全教育が、これから実質的にどのような枠組みとして構築され位置づけられていくのか、「安全」に関わるさまざまな市民活動がすでに活発に展開されているだけに、安全教育の内実が豊かになっていく可能性も見逃すことはできない。

＊本章で引用している法律は「国家法令情報センター・ウェブページ」(http://www.law.go.kr/LSW/main.html) からの引用であり、2018年5月31日に最終確認を行っている。ま

第 3 章　韓国における防災教育をめぐる政策と実践の現状と課題　*69*

た、引用文献は、すべて韓国語であることを予め断っておく。

注

1)　2004 年制定当時の災難の定義の中には「エネルギー・交通・金融・医療・水道などの国家基盤体系の不備と伝染病の拡散などによる被害」も含まれていたが、2013 年に削除され、今の法律では自然災難と社会災難のみとなっている。

2)　国家民防衛災難安全教育院災難安全教育課『2016 年度教育訓練計画』2016 年、5-8 頁。

3)　前掲書、9-11 頁。

4)　教育部「生命尊重・安全社会具現のための教育分野安全総合対策」(2014 年 11 月 11 日)。

5)　創意的体験活動は、「教科と相互補完的な関係の中で知っていることを積極的に実践し、心と体をバランスよく発達させるために実施する教科以外の活動」で、自律活動、サークル活動、ボランティア活動、進路活動の 4 つの領域で構成され (教育部『小学校教育課程』2015 年、436 頁)、生徒の発達段階と教育的ニーズなどを考慮して、学校別、学年別、学期別に領域と活動を選択して運営できるようになっている。

6)　教育部「編纂上の留意点 (安全な生活)」(2015 年 12 月 21 日) より。

7)　教育部「報道資料　2015 改訂教育課程総論および各論確定・発表」(2015 年 9 月 23 日)、4 頁。

8)　教育部『2015 改訂教育課程 ― 正しい生活、賢い生活、楽しい生活、安全な生活 ―』2015 年、39 頁。

9)　ソウル特別市教育庁「教育安全管理総合計画 (2016 ～ 2018)」2016 年 1 月、19-22 頁。

10)　ソウル特別市議会『「ソウル特別市教育庁教育安全基本条例改正」のための討論会』2016 年 11 月 9 日、75 頁。

11)　行政自治部は、2016 年 5 月 18 日に「地方公務員平定規則」を改正、災難安全や社会福祉担当の公務員に対して該当業務に 1 年 6 カ月以上勤務すると、月 0.05 点ずつ最大 0.75 点の加算点を与えることを発表した。また、災難安全や社会福祉業務担当の公務員がその専門性を高めていくために、いままでは災難安全は 1 年、社会福祉は 1 年 6 カ月であった担当期間を、最低 2 年とした。「朝鮮日報」(2016 年 5 月 19 日) より。

第2部

自治体と公民館

第**4**章

震災復興と地域防災教育に関わる
公民館の役割と課題

は じ め に

　2011（平成23）年3月11日の東日本大震災から7年が経過した（2018（平成30）年7月現在）。被災地に対する政府の復興政策は、「集中復興期間」（2015（平成27）年度まで）から「復興・創生期間」（2020年度まで）というステージに移行することになった。安倍晋三首相は、2016（平成28）年1月22日の施政方針演説で、今後5年間に6兆5,000億円の財源を確保し、被災地の自立につながる支援を行っていくこと、福島の原発事故に関連しては、「来年春までに、帰還困難区域を除く避難指示を解除し、一人でも多くの方に故郷へと戻っていただけるよう、廃炉・汚染水対策を着実に進め、中間貯蔵施設の建設と除染をいっそう加速し、生活インフラの復旧」に取り組むことを表明した。こうした「復興」政策のもとで進められている事業において、そもそも被災地が復興するとは被災地がどういう状態になることなのかと問わざるを得ない事態が進行している。このことに関連して一人の住民の訴えに着目したい。これは、雑誌『世界』2013（平成25）年1月号に掲載された「東日本大震災『被災の手記』」[1]である。

　（前略—筆者、以下同じ）「復興」「復興」と簡単に言うが、復興はそんな簡単なことじゃない。言葉だけが独り歩きしている。「復興」と一言で言ってしまうと、あまりにも大きくまとめすぎていて、漠然として結局内容がよくわからないまま

納得してしまいそうで怖い。現実は違う。掘っても掘っても瓦礫が出てくるけれど、（略）しかし本来ならここは家族が談笑している部屋の筈とか、無数のありえない光景の無残さが置き去りにされてしまう。あの無残な光景を見れば、そこから元の生活に戻るにはどうすればいいのか、何が必要なのか、そしてそれがどんなに困難で時間のかかることなのか一目瞭然の筈だ。もしここが自分の家ならと考えると、その深刻さが痛みを伴って切実にわかる筈だ。復興というのは、そういう個々の事柄が気の遠くなる程膨大に積み重なっていく結果だ。大きな一つの「復興」があるわけではない。（以下略）

　東日本大震災被災地の「復興」といっても、そこに住んでいた人々の暮らしや生業、地域の文化やコミュニティの再構築など、被災地域ごとに多様な課題があるにちがいない。そのような課題の解決にあたり、地域社会教育施設である公民館はどのような役割を果たしているのか、あるいは果たすべきなのか。本章の第1の課題は、そのことを津波被災に見舞われた一自治体を事例として検討することである。

　本章の第2の課題は、地域防災教育の観点から公民館における「原発学習」の取り組み状況について検討することである。東日本大震災がもたらした福島第一原子力発電所の爆発は広範囲に放射能をまき散らし、福島県沿岸部の住民から居住地を奪い、肉体的、精神的に多大な被害をもたらした。今日、原発の再稼働が順次進められている状況の中で、原発事故を想定した避難訓練や「原発の危険性」に関する学習は、原発立地地域のみならず、わが国の防災教育にとって避けて通れない国民的な学習課題となっている。しかしながら、公民館では「原発問題」をテーマとする学習が積極的に行われているとはいえない状況にある。それはなぜか？　世論を二分する論争的問題を避けようとする公民館の判断があるのではないか。公民館職員の中にそうした判断をする場合に、その根拠として社会教育法第23条「公民館の運営方針」を考えている職員がいるとすれば、それは同条解釈の曲解ないし無理解に基づいている。ここでは、防災教育の課題として社会教育法第23条の解釈について検討することにしたい。

1. 被災地の「復興」とは

（1）3.11後の「復興」構想

東日本大震災の被災地域の「復興」に対して、集中復興期間の5年間に政府はどのような対応をとってきたのか、そこにどのような被災地「復興」が構想されていたのかをみて見ることにしよう。

東日本大震災発生から1カ月が経過した2011（平成23）年4月11日に、菅直人首相の諮問機関として「東日本大震災復興構想会議」が設置された。「復興構想会議」の議長を務めた五百旗頭真が「復興構想会議」の第1回会合で提出した「基本方針」には「単なる復興ではなく、創造的復興」を目指すことが提示されていた[2]。6月25日には、同会議から「復興への提言 ― 悲惨のなかの希望」が提出された。この提言では「復興構想7原則」が提示されている。その原則の5番目には、「被災地域の復興なくして日本経済の再生はない。日本経済の再生なくして被災地域の真の復興はない。この認識に立ち、大震災からの復興と日本再生の同時進行を目指す」ことが記されている。

6月9日には議員立法として、「東日本大震災復興基本法」（以下「復興基本法」）が国会に提出され、同月20日に成立した。この「復興基本法」に基づき、政府は、内閣に復興対策本部を設置し、7月29日に「東日本大震災からの復興の基本方針」（以下「復興基本方針」）を決定した。「復興基本法」とそれを具体化した「復興基本方針」によって、復興の枠組みが形作られたのである。その後、復興事業の推進を担う復興庁が、地震発生から1年近くたった2012（平成24）年2月10日に発足した[3]。

「復興基本方針」には、次の3つの「実施する施策」が記されている。

（イ）被災地域の復旧・復興及び被災者の暮らしの再生のための施策

（ロ）被災者の避難先となっている地域や震災による著しい悪影響が社会経済に及んでいる地域など、被災地域と密接に関連する地域において、被災地域の復旧・復興のために一体不可分のものとして緊急に実施すべき施策

（ハ）上記と同様の施策のうち、東日本大震災を教訓として、全国的に緊急に実施

76　第2部　自治体と公民館

する必要性が高く、即効性のある防災、減災等のための施策

　この（ハ）の項目が、「復興基本法」に掲げる「活力ある日本の再生」に対応しており、東日本大震災の被災地以外でも「必要性が高く、即効性のある防災、減災等のための施策」は「復興事業」として実施してもよいという根拠となっている。「復興基本法」では、対象を日本全国に拡大し、結果的に、被災者・被災地の復興以外に資源をふり向けていく構造が、すでに最初からできてしまっていたのである[4]。

　津波被災地域の復興施策について見ると、「津波防災地域づくり法」（2011年12月14日）によって、県が津波浸水想定を設定し、市町村はそれを踏まえて津波浸水地域等の土地利用計画を策定することになっている。津波に対して、防波堤、防潮堤、二線堤（鉄道や幹線道路の盛り土）の3段構えで防御し、それでも浸水することが想定される地域は非住居地域とし、防災集団移転促進事業などによって、高台など内陸に移転するといった内容である[5]。

（2）「創造的復興」がもたらした問題

　2011（平成23）年7月29日に定められた「復興基本方針」では、「創造的復興」を基本理念とし、東日本大震災を「日本経済」のさらなる「経済成長」や「構造改革」の好機とみなす考え方を強く押し出していた。同年9月に発足した野田佳彦内閣は、菅直人内閣の方針を踏襲しながら大衆課税をベースとした復興増税の導入やTPP（環太平洋経済連携協定）参加協議の開始、消費税増税の導入を目指したのである。それは、震災前からの懸案を東日本大震災と福島第一原発事故という2つの大惨事に便乗して一気に遂行しようという施策であった。

　このような施策は、「ショック・ドクトリン」（惨事便乗型資本主義）という言葉によって表現されている。岡田知弘は、「この言葉を援用すれば、現在進行中の『創造的復興』は、『惨事便乗型復興』と名づけることができる」と指摘している[6]。宮城県知事の村井嘉浩は「震災がなければできなかったことに果敢にチャレンジする。創造的復興を成し遂げる」という見解を示している[7]。

第4章 震災復興と地域防災教育に関わる公民館の役割と課題　*77*

「創造的復興」は、1995（平成7）年の阪神・淡路大震災後の復興にあたって提唱されたものであり、「震災の教訓を生かして21世紀にも通用する地域として復興すること」（前・兵庫県知事 貝原俊民）という考え方である。そこで必要なのは「人間サイズのまちづくり」や「地方分権」なのである。しかし元神戸大学学長の新野幸次郎は、「災害大国であるわが国で安心・安全な国土づくりをするために、それを阻害している諸制度を未だに改革しようとせず、また、グローバリゼーションの中で、ただ弥縫的な対応に終始しているわが国の政治経済体制のもとで、どのようにすれば、創造的復興をなしとげる地域づくりをすることができるかを示すことは、かなり難しい」と指摘している[8]。

2004（平成16）年の中越地震の被災地である新潟県旧山古志村の復興に携わった建築家の三井所清典は、東日本大震災からの復興では、技術やハード事業が先行して、コミュニティ再生のソフト事業の視点が抜け落ちていることを指摘し、被災地の原風景を復興することの意味を次のように述べている[9]。

　　　仮に生まれ育った土地であっても、なにか目印となる場所が残らず、いっさい新規の町ができると、頭のなかで故郷の地図を描けなくなる。それは自分の支えを失うようなことかもしれません。

三井所が危惧するハード事業が先行した「復興」がどのような実態をもたらしているのかを、筆者がフィールドとしてきた東日本大震災の津波被災地である宮城県亘理郡山元町の復興の取り組みを通して見てみることにしたい。

2. 宮城県山元町の復興と公民館

（1）東日本大震災と山元町

1）震災前後の山元町

山元町は仙台から30km圏内にあり、福島県新地町に隣接している。ＪＲ常磐線で仙台までの所要時間は40分ほどであり、仙台市内の通勤、通学圏という位置にある（図4-1）。

山元町の基幹産業は第1次産業であり、温暖な気象条件を生かした多彩な農

図 4-1　山元町の位置

業が展開されている。特にイチゴ栽培が盛んで、東北最大のイチゴ産地を形成していた。イチゴの他にもリンゴとホッキ貝が特産品である。

　人口は、1997（平成 9）年の 1 万 8,996 人をピークに減少傾向にあったが、東日本大震災後の 2013（平成 25）年には 1 万 3,297 人に減少しており、2016（平成 28）年 4 月末現在では 1 万 2,562 人と、減少傾向は続いている[10]。山元町は、人口減少に加えて核家族化の傾向と他所からの高齢夫婦の転居者あるいは独居老人家庭の増加があり、少子高齢化が進んでいた[11]。2015（平成 27）年 3 月末時点での高齢化率は 35.7％であり、これは宮城県内第 4 位の高さであった[12]。

2）山元町の浜側の原風景

　山元町は「東北の湘南」と呼ばれる、温暖な気候に恵まれた地域である。震災前の浜側の風景は、山元町出身の絵本作家、いわさ　ゆうこの作品『うみに　あいに』（アリス館、2003 年）に描かれている。作品は、次のような描写で始まっている。

よる、おばあちゃんの　となりで　めを　とじると、まくらの　なかから　ち
いさな　なみの　おとが　きこえます。　どどーん　どん、どどん　どん、どどー
ん　きょねんの　なつ、みんなで　いった　うみ、あの　うみのおとです。(略
―筆者)　かっちゃんは、もういちど　うみを　みたいと　おもいました。　う
みは、ガラスどの　むこうに　みえる　はやしの、その　また　ずっと　むこう
の　まつばやしの、その　さきに　あるのです。

　ここに描かれているように、海に打ち寄せる波の音と浜にいたる松林は、浜
側に住む人々の暮らしと深く結びついていたのである。
　山元町は大きな天災地変を被ったことのない町であるといわれていたが、過
去に地震による被害を受けたことが『山元町誌』(1971年1月発行)に記され
ている。1933(昭和8)年3月3日に起きた三陸地震では、2m以上の津波が
押し寄せ、重軽傷者18名、家屋の倒壊、漁船・漁具の流出等の被害が出てい
る。震災後、特に被害の大きかった磯と中浜の2つの集落の海岸には、「地震
があったら津波の用心」と記された記念碑が建設されたのである[13]。その後、
1960(昭和35)年5月23日のチリ地震では太平洋沿岸に大津波が来襲したが、
山元町では田畑の冠水により農作物に被害がでた程度であった。1978(昭和
53)年6月12日の宮城県沖地震においても、地震により住宅等建物に被害は
あったが、人的被害は軽傷5人であった[14]。1986(昭和61)年から2005(平
成17)年3月末までを扱った『山元町誌』第3巻(2005年12月刊行)には
地震・津波被害については言及されていないし、1933年の津波被害後に建設
された記念碑ついての言及もされていない。
　このように山元町は、1933年以来80年間近く地震・津波による甚大な被害
がなかったこともあり、過去の津波被害についても継承されてこなかったので
ある。浜側地域の人々には、山元町には大きな津波は来ない、という思い込み
があったと思われる。そのうえ、東日本大震災発生時に避難を呼びかける町の
防災無線が十分に機能せず、明確に聞き取れなかったという致命的な欠陥が重
なり、多くの住民が避難することなく家屋にとどまっていたのである。

80 第2部 自治体と公民館

表 4-1 沿岸市町村の被害（宮城県）

沿岸市町村	市町村人口	浸水範囲内人口	死者（名）	行方不明者（名）	全壊棟数（棟）	半壊家屋数（棟）
気仙沼市 （気仙沼市、唐桑町、吉本町）	73,279	40,331	957	532	8,383	1,861
南三陸町 （志津川町、歌津町）	17,382	14,389	519	664	3,877	調査中
石巻市 （石巻市、河北町、雄勝町、河南町、桃生町、北上町、牡鹿町）	160,336	112,276	3,025	2,770	28,000	調査中
女川町	9,965	8,048	481	550	3,021	46
東松島市 （矢本町、鳴瀬町）	42,859	34,014	1,038	198	4,791	4,410
松島町	15,017	4,053	2	2	103	390
利府町	34,249	542	1	2	12	84
塩竈市	56,325	18,718	21	1	386	1,217
七ヶ浜町	20,377	9,149	65	7	667	381
多賀城市	62,881	17,144	186	1	1,500	3,000
仙台市	1,046,902	29,962	699	180	9,877	8,227
名取市	73,576	12,155	907	124	2,676	773
岩沼市	44,138	8,051	180	3	699	1,057
亘理町	34,773	14,080	254	14	2,369	823
山元町	16,633	8,990	671	63	2,103	939
合計	1,708,692	331,902	9,006	5,111	68,464	23,208

出典：・市町村人口：宮城県推計人口（2011年2月1日）

・浸水範囲内人口：総務省統計局（2011年4月26日）

・死者、行方不明者、全壊家屋数、半壊家屋数：宮城県「東日本大震災の被害等状況一覧（2011年5月31日現在）」

※沿岸市町村名の（　）内は1999（平成11）年度以降の市町村合併前市町村名を記載

（「復興への提言―悲惨のなかの希望」東日本大震災復興構想会議、2011年6月25日資料）

3） 山元町の被害

　東日本大震災時に山元町では震度 6 強を観測し、大津波に襲われた。浸水距離は町内の内陸 2 ～ 3km、浸水範囲面積は 24km^2 であり、町総面積の 37.2%にも及んでいた[15]。人的被害は死者・行方不明者は合わせて 636 名（2015（平成 27）年 3 月 1 日現在）であった[16]。山元町の震災被害についてはメディアによって報道されることは少なかったが、人口比で見た犠牲者数（直接死、間接死と不明者の合計）は宮城県内では女川町、南三陸町に次いで 3 番目に多く、甚大な被害を受けていたのである（表 4-1 参照）。震災により農地面積の約 60% が浸水し、山側で栽培されているリンゴを除き、イチゴとホッキ貝が壊滅的な被害を受けたのである。また、山元町には J R 常磐線の 2 つの駅があったが、いずれも津波によって破壊され、仙台・南相馬間が開通したのは 5年以上経過した 2016（平成 28）年 12 月であった。

　山元町役場が町民に向けて被災状況を知らせるために「広報やまもと」の「東日本大震災臨時号」第 1 号を発行したのは、震災後 1 カ月を過ぎた 2011（平成 23）年 4 月 13 日であった[17]。第 1 号の見出しは「震度 6 強の激震と大津波が来襲沿岸部に壊滅的被害！」と町の惨事を伝えている。4 月 27 日に発行された第 2 号では、「復興に向け、着実に前へ」という見出しが記されており、急ピッチで建設が進む仮設住宅を写真入りで説明している。

　このように山元町では、被災後 1 カ月を過ぎた頃から復興の取り組みが始まったのである。町の復興に向けてどのような取り組みがなされたのか、広報「やまもと」の紙面を手がかりに見てみることにしたい。

（2） 山元町の「復興」計画策定の取り組み

　「広報やまもと」の東日本大震災臨時第 3 号（2011 年 5 月 25 日）は、企画財政課企画班の情報として、以下のように「震災復興計画を年内中に策定」することを伝えている。

　　町では、東日本大震災の復興の方向性や取り組む事業などを盛り込んだ復興計画を策定します。復興計画は、単に現況で復旧するだけでなく、町の将来を見据

82 第2部　自治体と公民館

え、保健・福祉、教育、産業振興など様々な課題に対応した町政の総合的な計画づくりを目指すものとします。策定にあたっては、庁内に横断的な組織として「震災復興本部」を立ち上げるとともに、震災復興に関する事務を所管する「震災復興推進課」を設置します。また、計画策定に住民の声を反映させる場として町民の代表者で組織する「震災復興会議」や専門的見地から計画に意見する「震災復興有識者会議」を併せて設置し、広く意見を聴取しながら策定作業を進めます。今後のスケジュールは、7月末までに復興に向けての基本的な理念及び方向性を表す「基本方針」を示し、町の基本構想や取り組む事業をまとめた「復興計画」については、年内中の策定を目指します。

　ここで言及されている「震災復興有識者会議」（以下、「有識者会議」）は、防災、都市計画、建築、医療など大学や企業、医療機関などに所属する7人の専門家によって構成された。また、「震災復興会議」は、居住地域や年代の異なる10人の住民代表者で構成されていた。この2つの会議は、6月19日に、それぞれ1回目の会議を開催している。「震災復興会議」については、「自由な意見を述べてもらう観点から非公開」（「臨時第5号」（7月13日））で開催されることになった。

　8月になって、4月以来臨時号として発刊されていた広報「やまもと」が、通常の形態にもどって発行された。No.381（8月）には、「山元町震災復興基本方針概要」が掲載されている。復興計画は、「災害に強く、安心・安全に暮らせるまちづくり」「誰もが住みたくなるようなまちづくり」「つながりを大切にするまちづくり」という、「まちづくりの理念」をもとに策定する、と記されている。

　グランドデザインとして、「都市基盤整備」「居住地ゾーン」「産業用地ゾーン」「防災緑地ゾーン」「丘陵地」が構想されている。このうち、「都市基盤整備」の目玉となるJR常磐線のルート移転については、「津波により被災しない位置に復旧することを基本とし、新たなまちづくりと一体的な整備」を図ることを明示している。山元町がJR常磐線ルートの内陸移転の根拠としたのが、6月に実施した「住民アンケート」の結果、「鉄道や道路を新しい位置に検討すべき」という回答が8割以上に達していたことである。

「広報やまもと」No.385（2011 年 12 月）に、「山元町震災復興計画基本構想
（案）」が提示されている。「復興計画」は、「震災からの復旧・復興をはじめ、
これまでに町が抱えていた『人口減少』『少子高齢化』『にぎわいの創出』など
の課題に対応したまちづくりの基本構想を定める総合計画」として位置づけら
れている。

　重点プロジェクトとして、①住まいる（スマイル）プロジェクト、②山元ブ
ランド再生プロジェクト、③人口減少・少子高齢対策プロジェクト、④笑顔が
集う、にぎわい創出プロジェクト、⑤防災力向上プロジェクトが掲げられてい
る。

　この「震災復興計画基本構想（案）」は、「創造的復興」の山元町版といえる
内容である。そして、2012（平成 24）年 1 月発行の広報「やまもと」No.386
には、「山元町震災復興計画」を策定したことが報告されている。この計画は、
町の復興・再生に向けて 2011（平成 23）年度から 2018（平成 30）年度まで
の 8 年間の計画で、グランドデザインとして町内を 4 つのゾーンに分類した土
地利用の方針を定める、としている。4 つのゾーンとは、①居住地ゾーン、②
産業用地ゾーン、③防災緑地ゾーン、④山地である。例えば、居住地ゾーンは
安全性と利便性を兼ね備えた居住環境を整備するという観点から、次のような
復興案が示されている。

　　　沿岸部町民の移転や、住民の定住化を促進するとともに、減災措置のとれた住
　　宅地づくりを誘導します。また、既存集落との連携を踏まえた中心市街地を国道
　　6 号線沿いに形成します。

　このグランドデザインに基づき、「震災による人口減少や急増する高齢者の
孤立化を抑制し、コンパクトなまちづくりでコミュニティ活動の活性化を図
る」[18] ことが目指されたのである。いわゆるコンパクトシティ構想である（図
4-2）。この構想では、ＪＲ常磐線を約 1km 内陸に移し、町内の 2 つの新駅周
辺に市街地 3 カ所を造成し、住宅をここに再建する人には手厚く補助をすると
いう構想である [19]。

　山元町震災復興計画は、2011 年 12 月に開催された、第 4 回山元町議会定例

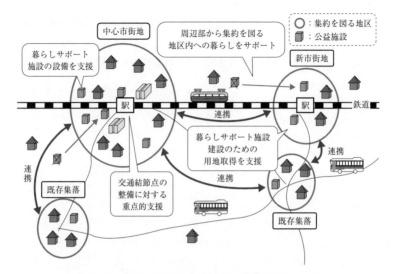

図4-2 中心市街地と既存集落の連携のイメージ
出典:「山元町震災復興計画 — キラリやまもと! みんなの希望と笑顔が輝くまち — 」2011年12月、9頁

会において可決された(「広報やまもと」No.386、2012年1月)。

これまで見てきたように、山元町では震災後1カ月が経過した頃から「復興」への取り組みが始まり、6月には研究者、行政関係者等の専門家による「有識者会議」と住民代表から構成される「震災復興会議」が設置された。「有識者」会議は8月までの間に3回、「震災復興会議」は12月までに7回開催された。

町では、復興計画案に対する住民の要望を聴取するため、以下のようにアンケートを実施するとともに、計画案の説明会が実施された。

① 6月実施の住民アンケート、
② 山元町の復興まちづくりに関する意向調査、
③ 山元町の農業復興に関するアンケート調査(以上「広報やまもと」No.381、8月)。
④ 「山元町震災復興基本方針」に対する住民説明会。9月2〜10日にかけ

て、町内 6 カ所、町外 1 カ所で開催され、合計 1,380 人の町民が参加した（「広報やまもと」No.383、10 月）。

⑤ 「山元町震災復興計画」に関する住民説明会。11 月 15 ～ 21 日にかけて 6 回開催された（「広報やまもと」No.384、11 月）。

「広報やまもと」No.383（10 月）には、「今後の住まい等に関する意向調査結果（中間報告）」が掲載されている。調査結果では、被災前の場所で暮らしたいという回答が 32.5%、町が計画している新たな居住地を希望する回答が 32.0%という結果が示された[20]。

　山元町が進める復興計画に対する住民からの要望の聴取は、主に住民説明会やアンケート、意見募集という形で行われた。町役場としては、住民に震災後の暮らしの見通しを提示するためには迅速に「復興計画」を作成することが必要であったと推察されるが、そうした状況下であったとしても、復興計画を立案する行政が住民の意向を反映する努力をどれほど行ったかが、復興計画の成否を決めていくことになるのではないだろうか。山元町のやり方では、町役場が作成した復興計画案に住民の意向が部分的に反映されることもあったかもしれないが、結果的には町職員による町民の説得と納得ということになったのではないだろうか。山元町民の間で震災復興をめぐって議論はほとんど起きず、町が想定したスケジュールに沿って復興計画が策定されていったのである。そうした意味で、計画案の作成段階の 6 月に発足した住民代表で構成された「震災復興会議」が「自由な意見を述べてもらう」という理由で非公開とされたことは、結果的に山元町民の間での復興をめぐる自由な「公論」の場を閉ざしたことになったのではないだろうか[21]。

　町の「震災復興」の取り組みとは別に、農林水産省、国土交通省、水産庁といった国の機関による防潮堤の建設が独自に進められた。高さ 7.2m の防潮堤が山元町の浜側に 11km にわたって築かれ、浜側地域と海は遮断され、浜側の景観は一変したのである。東日本大震災被災地自治体によっては、防潮堤の高さをめぐって住民の反対運動が起こり、計画の変更が行われたところもある。山元町においても、浜側住民の中に防潮堤の建設について異論もあったが、「住民の声」とはならなかったのである。

86 第2部　自治体と公民館

　以上、山元町において震災復興計画が決定されるプロセスと町役場の震災復興計画作成の対応を見てきた。山元町役場のこのような復興の取り組みのなかで、地域社会教育施設である公民館はどのような対応をしたのであろうか。このことを次に見てみることにしたい。

（3）山元町の「復興」の取り組みと公民館

　山元町の2つの公民館（中央公民館と坂元公民館）をはじめとして、山元町の社会教育施設は、震災直後は町民の避難所として機能した。およそ6カ月間で公民館の避難所は閉鎖された。その後、山元町教育委員会生涯学習課は、町民の趣味教養、健康・スポーツのニーズに応える事業を中心に取り組んできた。こうした生涯学習課の事業の開催場所となったのが中央公民館、坂元公民館であった。また、両公民館は、町民の趣味・教養系の団体サークルの活動場所を提供している。こうした公民館の事業は、震災前の事業水準を回復することを目指したものであり、山元町民の学習ニーズに応えようとした取り組みであった。

　山元町は津波による大きな被害を受けたが、同じ町内とはいえ山側地域の被害は浜側に比べて甚大とまではいかない状況であった。震災後の暮らしの再建についても、浜側住民と山側住民では対応に大きな違いがあった。被災地といってもひとくくりにはできないのである。

　こうしたなかで、山元町生涯学習課および公民館等の社会教育施設が、避難所閉鎖後、直ちに震災前の学習機会提供事業を再開するとともに、社会教育団体等の活動を支援していったことは、山元町住民の「日常」を取り戻すことに寄与したといえる。しかし、東日本大震災という未曽有の災害に遭遇した自治体として、将来の自然災害に備えるためにも大震災の経験から学び、風化させない取り組みや地域住民を対象とした防災教育の取り組みが、生涯学習行政や公民館等の社会教育施設には求められているのではないだろうか。こうした観点から津波被災地である山元町の生涯学習行政および公民館等の社会教育施設の震災後の対応を見たとき、検討すべき余地があるように思われる。以下では、東日本大震災の被災地の公民館が震災後にどのような対応をとったかを、

各地の事例を参照しながら考えていきたい。

3. 被災地の復興と公民館の役割

　被災した自治体の公民館等の社会教育施設は、震災後に震災前と同様な学習機会提供事業を再開した。例えば、宮城県七ヶ浜町生涯学習センターは、避難所として運営されていたが、震災から3カ月経過したころに、町民から「サークルはいつから始められるのか、今年の講座はやらないのか、という問い合わせも相次いだ」ことから、社会教育施設としての役割が求められていることを実感したと、同センター職員は報告している[22]。

　公民館等の社会教育施設が、避難所生活を送っている住民を含めて被災地域の住民の学習ニーズに応え、震災前の事業水準の回復を目指すことは、被災地域住民に日常を取り戻す大事な「復興」の取り組みであったといえる。

　震災直後、多くの公民館が避難所として活用され、自治体職員が果たした献身的役割は高く評価される。しかし、避難所となった公共施設の中で、社会教育施設である公民館であるからこそ実施できる避難所の運営があったとすれば、それはどのようなことをすることであったのか。福島大学の千葉悦子は「東日本大震災と社会教育」[23]のなかで、「地震・津波あるいは原発事故によって住まいを失った避難者が、雨風を凌ぐために最初に利用した公共施設が学校の体育館であり公民館だったことを踏まえれば、災害等の非常時に学校や公民館の果たす役割が大きいことは否定しえない事実である」と、公民館が避難所として果たした役割を評価する一方で、次のように問いかけている。

　　学校や公民館が本来的な教育機能を果たせないで、社会教育・公民館の存在意義を証明したことになるだろうか。(略―筆者) 避難所は単なる雨風をしのぐ器ではないことも留意しなければならない。避難者が安心して身を委ねるための寝具や衣服、生活備品が必要であり、無秩序をコントロールするルールが必要であり、できるだけ「日常」に近い環境を用意することが肝要である。その点、学校では教師間の連携、地域住民との連携によってスムーズな避難所運営がなされたところが多かったのに対し、地域と密接な関係を構築しているはずの公民館が地

88　第2部　自治体と公民館

域住民との連携・共同がうまくできず、避難所運営に支障を来す場合が少なくな
かったという事実を私たちは重く受け止めるべきだろう。

　すなわち、避難所として使用された公民館の中には、避難者の自主性を尊重
しながらも避難所の秩序をつくって運営することができていないところがあっ
たのではないかと指摘しているのである。

　さらにより大きな問題として公民館に問われているのは、行政主導の震災
復興の進め方への対応である。災害は、地域社会が抱えていた問題を可視化
させ解決を迫ってくる。地域経済学の岡田知弘は次のように指摘している[24]。

　　災害はいつでも、その時代の社会構造の弱い環を直撃し、解決すべき社会問題
　を露わにする。阪神・淡路大震災の際には、下町に住む低所得の高齢者が最も多
　く犠牲になった。今回の震災でも、宮城県警によれば、2011年4月10日までに
　確認された死亡者のうち半数以上が60歳代以上の高齢者であった。津波による
　死亡者が全体の95％を占めた。高齢者が逃げ遅れて、津波によって亡くなった
　ケースが多いという。その背景として、とくに三陸海岸域が、過疎化と高齢化が
　進行した地域であったことを見ておく必要がある。（略―筆者）過疎化と高齢化
　が進行し、「限界集落」という言葉に象徴されるように、コミュニティ機能が弱
　まり、買い物難民、医療難民、ガソリンスタンド難民が問題化していたのである。

　震災により露わとなった地域課題への対処として「創造的復興」が提唱され
ているが、どのような復興形態をとるにせよ、地域住民の多様な意見が表明さ
れ、議論を経て一定の方向が示されるような「公論の場」が必要ではないだろ
うか。

　東北をフィールドに「地元学」を提唱し、人々の暮らしを見つめている結城
登美雄は、「小さなつどいとなりわいがつなぐ復興」と題して、次のように論
じている[25]。

　　復興とは何だろうか。高台移転やかさ上げ、防潮堤の整備など、政府や自治体
　の制度や予算に基づく行政の文脈での復興論、そして「水産特区」に代表される
　ように、経済と産業の視点からの復興論が語られて久しい。だが復興とは、その
　ようなものなのだろうか。（略―筆者）元の場所に戻ればそれでよいというもの

でもない。いろいろな道、いろいろな考え方があるはずである。だからこそ、家族や気の置けない仲間とじっくり会話を重ねつつ、どう生きるかを模索し悩みぬいて出した答え。それが土台になるのが復興なのではないだろうか。

結城は、復興とは、「やっぱりここはいいところ」だから「もう一度ここで生きていく」、そう決意した人々によってこそ担われ、実現されるものだと指摘している。そのように決意した人々の思いを受け継ぐ若者たちによって、復興は地域づくりへとつながっていくのだろう、と述べている[26]。

山元町では、震災を契機として浜側地域における人口減少、高齢化が顕著となり、コミュニティをどのように再生させるかが課題となっている。町内で活動する学習サークル、ボランティア団体、NPOなどが一堂に会して町の復興と再生を目指す「山元の未来への種まき会議」という住民団体が設置されている。そのなかでも、住民団体「山元町浜通り震災復興土曜日の会」の活動が注目される。「土曜日の会」は、浜通りの復興に関わる地域課題を積極的に提起し、ワークショップを開催し、住民主導で復興プランを作成し、町長に提案する活動を行ってきた。また、町内2カ所にNPO法人「みんなの図書館」プロジェクト（本部：栃木県西那須野町）からの支援を受けて、「みんなの図書館」が設置された。そのうちの一つである花釜区の「みんなの図書館」は、本の貸し出し機能のみならず、地域住民の「たまり場」として機能している。「みんなの図書館」に隣接して、「じいたんドーム」[27]という名称の地域住民の手作りの集会所が設置されている。

中越地震の被災地の復興に携わっている稲垣文彦は、震災により被災地の住民は多くのものを失うが、「損失」と「喪失」では意味が違うと指摘している。建物や道路などの損失はお金をかければ元に戻る。しかし、人命や地域のにぎわいなどの喪失はお金をかけても戻らない。稲垣によれば、人口減少が著しかった集落に共通してみられる喪失感は、「集落の存続」と「かつてのにぎわい」なのである。喪失感を補うのは、「喪失感を自分たちで補おうとする住民の意識」である。復興活動への住民参加と復興感との関係を見ると、復興活動への参加度の程度が高い住民ほど「復興したと感じる」比率が高いという結

90 第2部 自治体と公民館

果が出ている。稲垣は、復興を測る指標のキーワードは、「ガバナンス」「主体性」「住民参加」にあると指摘している[28]。

被災地域の「復興」がややもするとハード中心のインフラ整備に終始する傾向にあるなかで、被災地の復興とは、「はじめに」で引用した「被災の手記」が訴えているように、「大きな一つの『復興』があるわけではない」、人々が長年にわたって築いてきたき「暮らし」「人間関係」の回復と再生という根気のいる作業が必要なのである。そういう意味で、地域の人々に寄り添い、地域の課題を探り、語り合う「場」を設け、人と人を「つなぐ」ことが、被災地の復興に果たす公民館の役割として求められている。

4. 防災・減災教育に関わる公民館の課題

(1) 福島原発事故と学習課題

東日本大震災は未曽有の被害をもたらした自然災害というだけではなく、福島原発事故による放射能汚染をもたらしたという意味で、電力会社等が振りまいた「原発安全神話」と電力会社の「技術的過信」と「慢心」による人災でもあった。

震災後、「原発問題」の学習はどのように行われているのかを、社会教育の全国的な情報誌である『月刊　社会教育』（国土社発行）の紙面を通して見てみることにしたい（以下、同誌からの引用は号数と発行年月を記す）。

673号（2011年11月）に、高木基金事務局の菅波完の「いま、『市民科学』をどのように学び、実践するか」が掲載された。菅波は、「『市民科学』という考え方も、原発問題に限ったものではなく、現代の科学技術のさまざまな分野に関わるものであり、細分化された『職業科学者』のかかえる根源的な問題をも視野においたものである。『市民科学』を単なる原発批判や科学批判と捉えられては、かえって不本意である」（p.34）と述べている。今回の原発事故を受けて、原子炉や放射能についての「知識」を身につけることだけでは、問題の本質は見えてこないのである。菅波は「福島原発事故を受け、私たちがこれからをどう生きるか、という問題を考えるにあたっても、私たちは、過去の

様々な公害被害、とくに水俣病の問題に政府がどう対処したかを知ることが必要ではないか。さらには広島、長崎等の原爆被害、沖縄の基地問題と原発問題は、根本で切り離せない関係にある」（p.39）と論じている。

人権 NGO の隅田聡一郎は、680 号（2012 年 6 月）の「原発震災 3.11 以後の平和教育 ― 人権 NGO としてのボランティア実践 ―」において、「安全神話」によって原発の危険性を隠蔽しながら原発建設を推進してきた政府や電力会社の責任を問うとともに、平和運動の側の「責任」についても次のように論じている。

　　核兵器廃絶を訴えながら原子力の「平和利用」を積極的に受容してきた平和運動にも、ヒロシマ、ナガサキ、ビキニに続く「ヒバクシャ」を生み出した責任の一端があるのではないでしょうか。こうした観点から、私たちは事故直後、「原発」「放射線被ばく」とりわけ「内部被ばく」に関する学習機会を複数回設け、四月末には「福島原発事故緊急報告 ― 放射線被曝を考える ―」と題したシンポジウムを開催しました。（p.33）

隅田たちの人権 NGO は、事故から半年経過した時点で、日本社会における権利規範・社会保障の不備が原発避難者の苦境を生み出しているのではないかと考えるようになったという。福島原発事故に対する取り組みを経験したボランティアが、「普遍的な『人権問題』として、在日コリアンや沖縄に関する歴史的差別を学習し、日本社会を変える人権 NGO の担い手となってもらうこと」（p.38）が、人権 NGO としてのボランティア実践の目的でもあると主張している。

こうした NPO、NGO などボランティア団体が、反原発、脱原発の問題意識をもって学習活動を展開しているのに対して、社会教育職員からの原発問題に対する取り組みの報告は見られないのである。福島大学の千葉悦子は「原発事故に直面して、原子力発電を学ぶ機会が皆無であり、『原発学習』が欠落していたことに初めて気づいたのである」（677 号、2012 年 3 月、p.5）と、これまでの社会教育のあり方について反省の必要を指摘している。

原発学習を企画しにくい状況について次のような発言がある。

以前は、エネルギーに関しては、石油や石炭に頼りすぎることには反対できて
　も、原発については反対を公言しにくい風潮がありました。原子力はエネルギー
　問題というだけではなく、CO_2 削減という国際公約における日本の削減目標達
　成のためには、発電を原子力である程度変えないと目標達成が難しいだろうとの
　理由で進められていた一面もありました。理由を聞くと単純に原子力反対といえ
　ず。仕方がないかなぁというような感じで、受け入れていたところありました。

（673 号、2011 年 11 月、pp.43 ～ 44）

　また、手塚英男は、683 号（2012 年 9 月）の「かがり火」において、「原発
銀座」と呼ばれている福井県若狭湾沿岸地域について次のように論じている。

　　福井市を訪れ、公民館の女性職員たちと話しをする機会をもつことができまし
　た。国が大飯原発 3・4 号機の再稼働を決定した数日後でした。（略─筆者）これ
　まで「安全神話」と「必要神話」（食っていくため、生きていくために原発は必要）
　に異議を唱えることは、多くの県民にとっては長らくタブーに近いものでした。公
　民館も原発問題の学習に尻込みし、自己抑制してきたと彼女たちは語ります。

　東日本大震災が起こる前の福井県内の公民館における「原発学習」の状況に
ついて（1982（昭和 57）年当時）、福井県の社会教育職員は、わずかに 1 つの
市の青年学級、婦人学級等で年間 2 ～ 3 回程度、原発賛成派、反対派を講師と
して基礎知識を得るための研修会が設定されていたのみであると報告している
（308 号、1982 年 11 月号）。この職員は、原発周辺に居住する住民には、「原
発」は、「自分自身に直接、関わりがないという問題」として認識されており、
「原発問題」は対岸の火事なのであると指摘している。
　公民館において「原発学習」が取り組まれていない背景には、原発立地自
治体のみならず、全国的に「原発問題」を身近な問題として捉えきれていない
住民の意識があるが、しかし理由はそれだけであろうか。筆者は社会教育法第
23 条（以下、「23 条」と略す）解釈の曲解ないし無理解があるように思う。

（2）原発問題学習と「23 条」

　原発立地自治体はもちろんのこと、全国的に公民館が原発問題をテーマとす
る学習を企画したり学習の場を提供したりすることに消極的であったり、そう

した問題を避ける状況は、福島原発事故以後も続いており、以下のようなことが起きている。

　東京都下の公民館が東日本大震災後に実施した「環境講座」を広報する際に、管理職から「原発」「放射能」の文言を使うのは「避けたほうがいい」との意見が出されたのである。広報担当の公民館職員（嘱託）は、この意見に従って広報を行ったのである（日本公民館学会第15回大会（2016（平成28）年12月）におけるプロジェクト企画「社会教育法23条と公民館」での発言）。

　公民館が原発問題についてこのように過敏ともいえる反応を示すのはなぜなのであろうか。そこには公民館の禁止事項を定めた「23条　公民館の運営方針」の条項、特に第2項「特定の政党の利害に関する事業を行い、又は公私の選挙に関し、特定の候補者を支持すること」の解釈の曲解ないし無理解があると思われる。

　「23条」の解釈をめぐっては、社会教育行政担当者や公民館等の社会教育施設職員は「教育の政治的中立」に抵触しないかということが強く意識されているように思われる。原発設置については、推進を支持する住民と反対する住民というように、世論は二分されがちである。こうした住民意識の「対立」は住民運動として顕在化し、そこに政党や政治的活動を行う団体等が関与することは避けられない。

　こうした状況に陥りがちな「原発」という論争的な問題に関わることは、関わり方によっては世論の批判を浴びるというリスクを招くことにつながることが考えられる。公民館がこうした判断に基づきリスク回避を優先し、防災教育という観点から「原発問題」を取り上げないとしたら、教育機関としての独立性、自主性をみずから放棄したことになるのではないか。社会教育法第20条の公民館の「目的」に定められている「実際生活に即する教育、学術及び文化に関する各種の事業を行い、もって住民の教養の向上（以下、略―筆者）」を図ることが公民館の目的であるという観点から、「原発学習」は国民に求められる「現代的教養」として積極的に取り組むべき課題であるといえる。公民館職員は「住民の教養の向上」という観点から教育学的知見に基づき、「原発学習」プログラムを企画するところに社会教育の専門性を発揮すべきなのである。

94 第2部 自治体と公民館

　また、公民館を利用する学習サークル等（社会教育関係団体）が計画する「原発問題」に関する学習会の公民館使用を、仮に「23条」を理由として拒否することは、公民館の主催事業と住民の公民館利用を混同したものであり、「23条」解釈の曲解であるとともに、同法第12条「国及び地方公共団体は、社会教育関係団体に対し、いかなる方法によっても、不当に統制的支配を及ぼし、又はその事業に干渉を加えてはならない」に抵触し、住民の「学習の自由」（学習権）を侵すことになる。

　日本列島に暮らす我々にとって、そう遠くない将来に南海トラフ地震など大規模な地震が発生する確率が高いことが専門家から警告されている。このような状況において、原発立地自治体のみならず全国的に地域防災教育の一環として、科学的研究の成果を踏まえた「原発学習」に取り組む必要がある。

　　おわりに

　学校教育の場で防災教育に取り組んできた諏訪清二（兵庫県立舞子高等学校環境防災科）は、災害の怖さを軸とした「脅しの防災教育」から防災に何かを付加した「防災＋α」の防災教育が、被災の体験がない、あるいは被災体験が忘れられている地域を中心に取り組まれていることを指摘している。「防災＋α」の防災教育として、工業高校の生徒がものづくりという特技を通じて地域住民と「つながり」をつくる取り組みが紹介されている。例えば、工業高校建築科の生徒が、授業の一環で地域の家々を耐震診断することで、住民の耐震化への意識、地域防災意識が高まったのである。別の工業高校の生徒は、ものづくりという得意技を生かして、かまどベンチを製作した。普段は公園のベンチとして利用されているが、災害時には座板を外すとかまどとなり炊き出しに活用されるのである。これらの事例で注目されることは、製作過程で地域住民と協力していることである。この「つながり」が災害時にも威力を発揮することが指摘されている[29]。

　地域防災教育においても、地域住民間に「つながり」を形成することが求められていることは同じである。地域社会教育施設である公民館の役割は、日常

第4章　震災復興と地域防災教育に関わる公民館の役割と課題　*95*

生活圏において、学びを通した住民間の関係性（つながり）を構築することである。防災教育において公民館が果たす役割は大きいことを自治体関係者は認識し、地域防災教育を計画する必要がある。

注

1)　青柳理子「この一年で思ったこと」。

2)　塩崎賢明『復興〈災害〉』岩波新書、2014年12月、p.60。

3)　復興庁は、2021年3月31日までに廃止することになっている（同上、p.58）。

4)　同上、pp.65-66参照。

5)　同上、p.125。

6)　田代洋一・岡田知弘編『復興の息吹き』（シリーズ　地域の再生8）、農文協、2012年9月、p.19。

7)　加藤正文「『創造的復興』の夢と現実」『世界』2015年3月号、p.196。

8)　同上、p.203。

9)　「原風景を復興する」『世界』2015年4月、p.115。

10)　「広報やまもと」439号、2016年6月号。

11)　山元町誌編纂委員会『山元町誌　第3巻』2005年、pp.23-24。

12)　山元町震災復興企画課「山元町の震災復興計画と事業の取組状況について」（2015年6月）の資料より。

13)　『山元町誌』1971年1月、p.410 。

14)　『山元町誌』第2巻、1986年3月、p.462。

15)　山元町危機管理室『希望と笑顔が輝くまちへ』2013年3月、p.24。

16)　山元町震災復興企画課「山元町の震災復興計画と事業の取組状況について」2015年6月。

17)　「広報やまもと」臨時号は、2011年7月13日までに5号が発行された。ただし筆者は4号は入手できていない。

18)　前掲「山元町の震災復興計画と事業の取組状況について」2015年6月。

19)　朝日新聞2018年4月11日朝刊。

20)　調査は、2011年3月11日時点で、山元町に住民登録し、津波により被災した2,498世帯を対象に、郵送にて調査票を配布・回収した。回収数1,793票、回収率71.8%（9月21日時点）。

21)　稲葉裕昭・小原隆治編『震災後の自治体ガバナンス』大震災に学ぶ社会科学　第2巻（東洋経済新報社、2015年11月）、第10章「津波被災地における高台移転」において、行政主導で住民との相互理解が進んでいない例として山元町が取り上げられている。

22)　鈴木歩「緊急レポート　宮城県七ヶ浜町生涯学習センター　たくさんの人の力で支えら

96 第 2 部　自治体と公民館

　　　れた三ヶ月」『月刊　社会教育』No.670、2011 年 8 月。

23)　『月刊　社会教育』No.677、2012 年 3 月。

24)　田代・岡田編前掲書、p.30。

25)　結城登美雄「小さなつどいとなりわいがつなぐ復興」『世界』2015 年 4 月、p.94。

26)　同上 p.100。

27)　札幌市在住のチェロ奏者・土田英順氏が主催している「じいたん基金」の支援を受けて設
　　　置された多目的ホール（山元町震災復興土曜日の会「いちご新聞」19 号、2014 年 1 月 5 日）。

28)　稲垣文彦「中越から東北へのエール」『世界』2015 年 4 月、p.109。

29)　季刊フォーラム『教育と文化』69 号、2012 年　Autumn、p.47。

第 5 章

防災拠点としての公民館再論
— 千葉県の公民館を事例に —

はじめに

2011 年 3 月 11 日の東日本大震災から 7 年以上が経過した。地震・津波と福島第一原発事故という未曽有の災害に直面し、当時は、大学の役員として防災対策上の諸課題に追われつつ、教育学部で社会教育を担当する者として何ができるのかを自問自答する毎日であった。遅きに失したが、まずは千葉県内の状況を確かめたいという気持ちから、2011 年 5 月 1 日に、津波で犠牲者を出した旭市の海上公民館を千葉県内公民館職員と訪ね、5 月 29 日には液状化で大きな被害が出た浦安市日の出公民館を訪ねた。また、7 月 2 日・3 日には、首都大学東京の野元弘幸先生がボランティア活動の拠点とされていた大船渡市立根公民館でのボランティアベース発会式に日本体育大学・上田幸夫先生と参加して、大船渡市赤崎地区公民館長・吉田忠雄氏の講演を聞き、また大船渡市内に約 130 ある地域公民館のひとつである、津波で流された内田公民館の跡地を訪ね、新沼眞作館長に直接公民館への思いを語っていただいた[1]。このようななかで、千葉県内の公民館が今回の東日本大震災にどのような対応をしたのか、その事実をできる限り記録化し後世に伝えていくことが求められているのではないか、と思うようになった。そして 2011 年 10 月から千葉県内の公民館調査を開始することにしたのである。本章は、その調査の概要を紹介するとともに、7 年以上経過した現段階における防災拠点としての公民館をめぐる課題を仮説的に提示してみようとするものである[2]。

98 第2部 自治体と公民館

1. 千葉県内の公民館は東日本大震災にどう対応したか

　調査は、2011年度10月開講の「社会教育演習」を受講した学生と行った。調査方法は、自治体ごとにグループを構成し、公民館を直接訪問して職員から聞き取りを行うという方法である。異動が激しい公民館という職場にあって、震災当時の対応を聞くことができるかどうか、時間がたてばたつほど調査は困難になることが予想されたが、公民館職員の皆様や関係諸機関のご協力でなんとか調査を進めることができた。

　調査した自治体は次の通りである。

表5-1　3年間の調査概要

調査年度	受講学生数	調査グループ数	調査自治体数*	調査公民館数**	提言数	調査回数
2011年度	35人	10	8市3区	71館	34	88回
2012年度	44人	11	8市1町2区	49館	29	60回
2013年度	37人	10	6市3町1区	33館	30	47回
計	116人	31	23市4町	153館	93	195回

＊区とは政令指定都市である千葉市の行政区。現在6区から構成されている
　千葉市を1つの市と数えている。
＊＊調査した公民館以外の関連施設数は含まれていない。
2011年度：浦安市・市川市・船橋市・松戸市・千葉市（中央区・稲毛区・美
　　　　　浜区）・東金市・君津市・旭市・銚子市
2012年度：千葉市（花見川区・緑区）・習志野市・四街道市・鎌ヶ谷市・八千
　　　　　代市・市原市・佐倉市・柏市・酒々井町・成田市
2013年度：流山市・我孫子市・白井市・印西市・千葉市（若葉区）・木更津市・
　　　　　御宿町・山武市・九十九里町・大網白里町

　3年間で23市4町、計27市町の調査を実施した。県内市町村数は54市町村（37市16町1村）であるので、ちょうど半数の自治体調査を実施したことになる。また、調査公民館数は153館で、当時の千葉県教育委員会による

「平成 24 年度千葉県社会教育調査・結果報告」によれば県全体では 291 館（本館 280・分館 11）であり、公民館数からいえば 52.5％の公民館を調査したことになる。

　まとめられた調査報告書（千葉大学教育学部社会教育研究室『千葉県内の公民館は東日本大震災にどう対応したか』(2012 年 3 月)、同『千葉県内の公民館は東日本大震災にどう対応したか Ⅱ』(2013 年 3 月)、同『千葉県内の公民館は東日本大震災にどう対応したか Ⅲ』(2014 年 3 月)）は 3 冊とも、第Ⅰ部が調査本文、第Ⅱ部が①各グループからの調査を踏まえた提言、②調査日程（表 5-1 の調査回数は、この調査日程からカウントしたものである）、③「私の 3.11 と調査に参加して」（感想文）から構成されている。

　「提言」は学生目線から見た公民館・社会教育行政に対する要望等であり、また、「私の 3.11」は、実際に岩手・宮城・福島で震災を体験した学生を含む 116 人の貴重な体験記録・証言となっている。

2. 調査を通して浮かび上がってきたこと

　この調査を通して浮かび上がってきたことは、次の通りである。第 1 に、地震発生時における各公民館職員の具体的な対応が明らかになったことである。その内容は 3 冊の報告書を見ていただくしかないが、例えば液状化で被害を受けた浦安市では「館内放送で呼び掛け、ロビーにシャンデリアがあったため危険と判断して机の下に隠れるよりも外に逃げるように指示。エレベーターが停止し、足の不自由な利用者は 1 時間ほど和室で身を寄せ合っていた。あるおばあちゃんは沖縄出身で大地震の経験がなくおびえていたところ、職員の方が手を握って励ました」「震災直後に館内アナウンスを流し 1F ロビーへ避難誘導、外は液状化でとても歩ける状態ではなかったので近隣の避難所への移動は困難だと判断、その時公民館を利用していた 60 人を一時保護することを決定……」という対応があった。

　千葉市新宿公民館では「震災当日、ＪＲ千葉駅から役所へ、役所から新宿公民館へと連絡があり、77 人の帰宅難民の受け入れを行った。……何かあった

100 第2部　自治体と公民館

時のために連絡が取れるように、受け入れ者一人ひとりの名前・住所を名簿に記入してもらった。……男女の部屋を分けて対応し、震災当日は、職員は寝ずに対応した」と報告されている。

　木更津市八幡台公民館では、バスによる郷土史講座移動教室中に東京・深川で地震にあい、それ以降の行程を打ち切り、担当職員は「職員歴が長い分経験上、道路は渋滞、首都高は通行止め、大渋滞だろうと予測、参加者が一番困るのはトイレだろうと考え、深川から一番近い浦安市の図書館に向かった」と報告されている。

　このような職員による臨機応変の対応など、それぞれの公民館でそれぞれの対応状況を記録できたことが何よりの成果である。なお、帰宅困難者を受け入れた公民館は多いが、特に船橋市では中央公民館（1,621人）、西部公民館（500人）、浜町公民館（455人）など多くの人々を受け入れている[3]。

　第2に、地域における高齢者・外国人・子ども・あるいは妊婦などが、震災後の不安のなかで公民館に避難していることである。

　例えば千葉市では表5-2のような状況であった。

　千葉市では、ほぼ中学校区に1つ、合計47館の公民館が地域配置されているが、地域住民にとってまさに頼りになる公民館としての姿が浮かび上がってきた。市川市行徳公民館では、公民館に避難してきた人の「多くは外国人」であったと報告されている。地域の特性が反映されているというべきであろう。

　第3に、災害に強い施設のあり方も問われた。浦安市日の出公民館では「多くの地域で断水、下水管の破裂などが起こりトイレが使用できない状況の中で、日の出公民館のトイレは雨水を利用していたので震災後4日間使用できた。そのため正面入り口には『トイレ使えます』と掲示し、近隣の住人が利用していたそうだ」と報告されている。流山市北部公民館では地震を契機に「災害用井戸」を整備したという事例も生まれている。

　その他、災害時における情報の収集・発信・共有の拠点として掲示板やボードなどを活用した事例（浦安市）、企業から食料を提供していただいた事例（船橋市浜町公民館）、習志野市「実花公民館地区学習圏会議・フォーラムちえのわ」の「その時のための簡易コンロの作り方」という資料を作成した事

表 5-2　千葉市公民館における避難者の状況

公民館	避難者の状況
新宿	77 人の帰宅難民受け入れのほか、老夫婦 2 人
椿森	年配の方 1 人
松ケ丘	中国人 6 人
星久喜	おばあさん 1 人
小中台	帰宅困難者 198 人、地域住民 20 人
轟	5 組の地域住民
都賀	女性 2 人
山王	帰宅困難者 1 人
幕張西	帰宅難民十数人
高浜	市民 10 人
磯辺	トイレ使用 3 人・母子 2 人
幸町	外国人 6 人宿泊
稲浜	帰宅困難者 4 人のうち 2 人宿泊 不安から近隣住民 4 人来館
打瀬	主に高齢者など 20 人弱避難
こてはし台	家族 2 人
幕張	帰宅困難者 36 人・住民 3 人　計 39 人宿泊
幕張本郷	帰宅困難者 1 人宿泊
花見川	女性 1 人宿泊
花園	8 人の避難者と帰宅困難者 1 人

例、避難所として指定されていなくても最大 165 名が避難した大網白里市諏訪神社脇公民館（自治公民館）の事例[4]、震災後の八千代市高津公民館による南高津小学校と連携しての「学校に泊まってみよう」という主催事業を実施した事例が寄せられている。また、原発事故を受けて、福島からの避難民の受け入れも県内の自治体は行っていることを報告しておきたい。

3. 防災拠点としての公民館をめぐる課題

なお、この調査の後、長澤成次編『公民館で学ぶⅣ　人をつなぎ、暮らしをつむぐ』（国土社、2013 年）において、大津波が襲った旭市については「東日本大震災と旭市海上公民館」（宍倉有美・旭市役所）[5]、市内の 86％が液状化の被害を受けた浦安市については、「東日本大震災と浦安市公民館 ― 被災地としての経験をして」（高梨晶子・浦安市日の出公民館）、多くの帰宅困難者を受け入れた船橋市については「帰宅困難者を受け入れた船橋公民館」（岡本芳典・船橋市中央公民館）に詳しく状況を報告していただいた。

また、2018 年に刊行された長澤成次編著『公民館で学ぶⅤ　いま、伝えたい地域が変わる学びの力』（国土社）においては、袖ケ浦市根形公民館において 2012 年から自主企画・運営している「炊き出し体験会」（袖ケ浦市根形公民館社会教育推進員）の経験と、千葉市黒砂公民館と周辺 4 自治会による防災拠点を考える黒砂地域防災会議の取り組みを収録した。それらを踏まえて、以下の 3 点を防災拠点としての公民館をめぐる課題として述べてみたい。

第 1 は、その地域の災害史を公民館の学習課題としていくことである。東日本大震災における津波被害については、歴史的にも明治の大津波、昭和の大津波、そしてチリ津波が、地域においても語り継がれてきた。もちろん、そこにも大きな課題が残されているが、実は、千葉県内においても、1703（元禄 16）年の津波によって、千葉県沿岸の村々が壊滅状態になった歴史がある。筆者自身もその様子を、畑中雅子の労作ともいえる『津波が来るぞ！ 元禄一六年・千葉県沿岸の津波被害』（国書刊行会、2015 年 3 月 11 日）によって知ることができた。このような歴史をどうしても継承していくことが求められる。同書によれば、元禄地震の旭市飯岡町の記録として「福蔵寺の縁起によると『十一月廿二日晩大地震、三ケ浜津浪ニテ退転、人数七十余人死、家船共ニ皆無』」とあり、70 人余りが亡くなったと記録されている。実は、2011 年 5 月 1 日の旭市海上公民館和室において避難していた方への聞き取り調査では、1960 年 5 月 24 日の「チリ津波の時は岸壁で止まった。それ以上は来ないという安心

があった」という趣旨の発言があった。このことからも、その地域における災害史を学ぶことがいかに重要であるかを示しているといえよう。

第2に、公民館等での防災教育・防災学習において、その地域の災害史を学ぶ機会をもつようにすることが求められると同時に、東日本大震災についてもその経験を伝えていく努力が必要であることはいうまでもない。旭市では、飯岡地域で津波による被害を受けた中條富夫さんによる「いいおか津波語り継ぐ会」（2011年8月）が発足し、津波被害者の体験談を「復興かわら版」として発行している。千葉県内においても、さまざまな努力が重ねられているが、例えば千葉県立図書館では「東日本大震災 千葉県関連サイト」を設け、「収集した資料の整理、永年保存を進め、広く利用に供することで、災害の記憶を共有し、災害復興や防災対策に役立てていきたい」としている。

ここでは事例として、震災後の浦安市公民館において防災学習が今日までどのように展開されたのかを表5-3にまとめてみた。何よりも防災学習を継続的に進めていることが評価される。発災の6カ月後から継続して防災学習講座「東日本大震災 ― 被災地浦安：その時のわたし、これからのわたし〜女性として母として家族を守るため」に取り組んだ、浦安市日の出公民館長・高梨さんは「…発災後1年を経た時期であったが、幼子を抱えたその当時の不安、生活の様子を思い出し、辛い気持ちが蘇る場面もあったようだが、共有することで昇華できる感がもてたという感想もあり、共同学習、話し合い学習という公民館らしい学習手法の有効性を改めて認識することとなった」[6]と記している。

表5-3　浦安市公民館における防災関連講座一覧（2011 〜 2017 年）

2011 年

公民館名	事業名	内容	期間
高州公民館	防災講演会	東日本大震災から学ぶ「家庭でできる防災対策、子ども達を守るためには地域は何をすべきか」	3 月 24 日
中央公民館	憲法講座「憲法と東日本大震災」	憲法について学ぶ	10 月 15 日〜12 月 10 日
	災害の時でも大丈夫！？エコ博士とエネルギーで遊ぼう	エネルギーについての勉強と実験	8 月 23 日

104 第2部 自治体と公民館

	文化祭「復興へつなぐ人の和地域の輪2011中央」（全2日間）	公民館サークル等の活動内容の展示・発表	10月1日・2日
美浜公民館	平和と復興コンサート	一人でも多くの方が元気になるように、願いを込めてみんなで歌う	8月7日
	心の復興コンサート	震災から1年、さまざまな思いを胸に、新たに願いを込めてみんなで歌う	3月11日
当代島公民館	東日本大震災写真展	東日本大震災の写真を展示	3月1日〜31日
日の出公民館	防災学習講座「東日本大震災 ─ 被災地浦安：その時のわたし、これからのわたし〜女性として母として家族を守るために」	先の震災の際に、女性として母として家族を守るためにどのような行動をとったのかを振り返り、今後の準備をする	11月1日・29日

2012年

中央公民館	憲法講座「原発震災と民主主義」	憲法の今日的課題を考える	10月13日〜12月15日
美浜公民館	心の復興コンサートVol.2 〜あれから2年、いま私たちにできること〜	震災から2年、さまざまな思いを胸に、新たに願いを込めてみんなで歌う	3月10日
当代島公民館	サバイバル生活に挑戦してみよう	災害時避難所となる当代島公民館でサバイバルグッズ作りや宿泊体験をする	7月27日〜28日
高州公民館	東日本大震災から学ぶ「家庭でできる防災対策、子ども達を守るためには、地域は何をすべきか」	東日本大震災から学ぶ、家庭でできる防災対策や子ども達をどのように守らなければならないか、地域は何をすべきかなどについての講演を行う	3月24日
日の出公民館	防災学習講座 女性のための家庭版BCPを作成しよう（全4回）	災害に出あったときを想定し、家族の安否確認の方法や家族が出会うべき避難場所の設定など、災害が発生した後に安心して生活を続けられるための計画を立案する	9月〜10月

2013年

高州公民館	防災の日直前「3.11を忘れず、いざという時に備えよう」	液状化被害を受けたDVD映画上映、防災パネルの展示	8月31日
中央公民館	防災セミナー「家族で作ろうダンボールで簡易防災トイレ」	ダンボール箱を使い、家族みんなで使用できる簡易トイレを作りながら、イザというときの備えについて学ぶ	9月7日

第5章　防災拠点としての公民館再論　*105*

美浜公民館	心の復興コンサート Vol.3 ～震災から3年目の春～	一人ひとりのさまざまな思いや願いを込めて、みんなで歌声を届ける	3月9日
	防災講演会「その時あなたは、どう行動するのか」― 災害時の地域コミュニティ	迫る首都直下型地震に対して、個人が何をすべきか、地域の安全をどうやって守るかについて講演する	3月2日
当代島公民館	まちあるき探検をしてみよう	当代島公民館周辺を防災士と一緒に探検	7月30日
日の出公民館	防災学習講座	自宅にある食材でいざという時にエネルギー源やたんぱく質の維持・体調管理に役立つ料理を学ぶ	9月～10月

2014 年

高州公民館	頑張ってます！福島で！！ ～レポートロボット君のお仕事ぶり	ロボットと機械のちがいや災害の現場でロボットの仕事ぶりを学ぶこととスカイツリーにあるタウンキャンパスに行って最新の災害ロボットを実際に知ろう	3月7日 3月15日
中央公民館	防災ピクニック	防災を意識した内容の運動会やゲームなど	3月14日
美浜公民館	防災講演会「もしも『首都直下型地震』が来たら……その時に必要な備えと対処とは？」	大規模災害に備える家の片付けと備蓄、家具転倒防止対策から、いざという時のお金周りのことまで、具体的な話を聞きながら学ぶ。防災グッズや、美味しい災害食を知るための試食コーナーもあり。	8月2日
日の出公民館	防災学習講座「わが家の防災（減災）」	講演、討議、実習	9月、10月

2015 年

高州公民館	パッククッキング講座 ― 災害時の命をつなぐ食事作り	災害時におけるポリ袋調理法や防災・備蓄の重要性を学ぶ	5月～12月
美浜公民館	心の復興コンサート Vol.5 ～震災から節目の5年～	決してあの震災を忘れてはいけない……一人ひとりのさまざまな思いや願いを込めて、みんなで歌声を届けよう	3月13日
当代島公民館	もしもの大震災などに備える家庭の書類管理術	家庭の中の重要書類の、防犯上も安全な保管方法を学ぶ	6月26日
日の出公民館	防災学習講座（全4回）	本市のデータなどをもとに自助、共助などについて、家庭にあるものを使った応急手当の方法、心肺蘇生法（胸骨圧迫）のやり方や	9、10月

106 第2部 自治体と公民館

		AEDの使い方、知っておくと便利な料理を学ぶ	
2016年			
高州公民館	見直そう！ わが家の防災対策〜安心して暮らすために	2011年に発生した東日本大震災の体験をもとに主婦の目線から見た防災対策講座	11月〜12月
美浜公民館	心の復興コンサート Vol.6 〜震災から6年〜	一人ひとりのさまざまな思いや願いを込めて、みんなで歌声を届ける	3月12日
当代島公民館	パッククッキング講座（災害時の食事作り）	災害時に温かい料理が食べられるポリ袋調理法と災害備蓄を学ぶ	11月1・8・15日
日の出公民館	防災学習講座（全4回）	本所防災館で地震などの災害の体験、家庭での災害への備えや三角巾を使った応急手当。心肺蘇生法やAEDの使い方。	9月〜10月
2017年			
当代島公民館	パッククッキング講座（災害時の食事作り）	災害時に温かい料理が食べられるポリ袋調理法と災害備蓄について学ぶ。毎回パッククッキングレシピ5品を作る	9月11日・25日・10月2日
日の出公民館	防災学習講座（全2回）	1. 千葉県西部防災センターで地震などの災害の体験。2. 市の防災拠点である新庁舎防災施設の視察見学。	9月27日10月3日
浦安市公民館高齢者大学「コミュニティカレッジうらやす」	館外研修「いざという時に備えて〜震災体験を風化させないために」	「自分の身は自分で守る」を基本とし、地震・台風などの防災体験をしてみませんか。（市のバス使用予定）	9月上旬

出典：『浦安市公民館要覧』（平成24〜29年度版）と浦安市公民館情報誌『ルネサンス』
　　　（2011年夏号〜2017年春号：発行・編集　浦安市教育委員会・公民館）より作成。
　　　資料提供は、高梨・浦安市高州公民館長による。

　そして、第3は、防災拠点としての公民館をめぐる課題として、防災学習における学びの自由と権利をめぐる課題が挙げられる。防災という地域課題は、国や自治体行政と密接に結びついているがゆえに、行政課題が上から示されてくる場合が多い。しかし、それらの行政課題をめぐっては地域住民の間で意見の相違や対立が生まれるのは当然であって、だからこそ公民館においては、

防災に関わる自由な学びと学習する権利が保障されなければならない。公民館は、憲法・教育基本法・社会教育法等に基づき、一般行政から独立した行政委員会である教育委員会のもとに設置されている教育機関である。いま、公民館への指定管理者制度導入をめぐる問題、あるいは公共施設等総合管理計画のもとでの公民館の統廃合、公民館の首長部局移管など、公民館をめぐる再編問題が大きく浮上している中にあって、あらためて、防災学習を支える公民館職員の専門性とも関わって、防災学習における学びの自由と権利のありようが問われている。

注

1) 東日本大震災における大船渡市公民館の対応状況については、拙稿「地域の学び・文化・自治の公共空間としての公民館をめぐる課題」(日本社会教育学会60周年記念出版部会編『希望への社会教育 3.11後社会のために』東洋館出版社、2013年)を参照されたい。なお、地域公民館である内田公民館の館長であった新沼眞作氏は、2018年2月に大船渡市を訪問調査した際には大船渡市末崎地区公民館の館長であった。なお、津波で流された内田公民館は、「平成23年度大船渡市地域社会教育振興事業」の一環として、静岡県浜松市からの支援によって再建されている。また、赤崎地区公民館は、新築工事が予定されており、「施設の整備方針」として「1. 地区住民の生涯学習とコミュニティ活動の中心的施設として整備する。2. 地区の防災拠点として整備する。3. バリアフリーや環境保護に配慮して整備する」(「赤崎地区公民館新築工事 基本設計説明書(案)」2017年11月 大船渡市)とされている。

2) なお、本章は『月刊 社会教育』(国土社、2014年11月号)に掲載された拙稿「千葉県内の公民館は東日本大震災にどう対応したか―千葉大学教育学部社会教育研究室の調査」をもとに、加筆・訂正してまとめたものであることをお断りしておきたい。

3) 船橋市全体では、「船橋市においては、これらの帰宅困難者を57施設において約5,500名受け入れた。公民館としては、市内26公民館中17公民館で2,340人、そのうち中央公民館においては、市内最大の1,600名の帰宅困難者を受け入れた」(岡本芳典「多数の帰宅困難者を受け入れた船橋市中央公民館」『公民館で学ぶⅣ 人をつなぎ、暮らしをつむぐ』国土社、2013年、241頁)と記録されている。

4) 東日本大震災において、条例設置公民館ではなく地域住民に最も身近な自治公民館が防災拠点として果たした役割についてはさらに調査を進める必要があるが、2016年4月14日と16日に発生した熊本地震における熊本県益城町の自治公民館の対応状況については、熊本大学教育学部社会教育研究室「熊本地震と益城町の公民館に関する社会教育調査 2016年度調査報告書」(2018年2月)に詳しい。筆者も2016年6月27日、2018年2月16～18日に

108　第 2 部　自治体と公民館

益城町公民館の調査を行った。災害時に、自治公民館など住民に身近な公民館が果たす役割
と、地域的人間関係の蓄積のもつ力が果たす役割への注目が重要である。

5)　震災から 1 年たった段階でまとめられた『被災地あさひ　被災から復旧、そして復興へ
2011.3.11 東日本大震災の記録』（千葉県旭市、2012 年 3 月）によれば、旭市では震度 5 強を
観測し、その後に襲った大津波は 7.6m にも達した。死者・行方不明者は 15 人。市内内陸部
では液状化現象による被害も拡大し、明治から昭和 40 年代まで行われていた砂鉄採取場の
跡地が特に顕著であったといわれる。

　避難所は、市内に 10 カ所設けられ、約 3,000 人が避難した。最大避難者数と閉鎖日は、干
潟支所（176 人・3 月 13 日）、三川小学校（260 人・3 月 13 日）、海上中学校（686 人・3 月 13 日）、
第 2 中学校（61 人・3 月 13 日）、鶴巻小学校（116 人・3 月 13 日）、第 1 中学校（75 人・3
月 14 日）、冨浦小学校（450 人・3 月 14 日）、矢指小学校（400 人・3 月 14 日）、総合体育館
（72 人・5 月 13 日）、海上公民館（273 人・5 月 20 日）、飯岡小学校（650 人・5 月 21 日）、
飯岡福祉センター（226 人・5 月 21 日）であった。閉鎖日の傾向を見ると、学校の再開が急
がれた様子がわかるが、津波が襲った飯岡地区は遅れて 5 月 21 日となっている。海上公民
館は 6 月 1 日の公民館だよりで講座の再開を告知している。

6)　高梨晶子「東日本大震災と浦安市公民館 ─ 被災地としての経験をして」（長澤成次編『公
民館で学ぶⅣ　人をつなぎ、暮らしをつむぐ』（国土社、2013 年、239 頁）より。

第6章
熊本地震と公民館

　はじめに

　九州で自然災害といえば風水害であり、「熊本で大地震はない」と多くの県民が思い込んでいた。2016年4月14日夜から16日未明にかけて、2度にわたる震度7の直下型地震が熊木・大分両県を襲い、安全神話はもろくも打ち砕かれた。

　これまで経験したことのない大きな揺れが断続的に続いた前震の夜、熊本市の一時避難場所に指定されている熊本大学の武夫原グラウンドには、不安や恐怖を抱えた多数の学生や教職員、近隣住民が避難していた。体育館が開放されると、住民の誘導や物資の運搬・配給などを学生有志たちが率先して行った。16日の本震以降は、学生団体をまとめて本部を設置し、行政の公的支援が届く4月18日までの4日半、学生有志が最大1,000人以上の避難生活を支援し、外国人、高齢者、身体の不自由な方へのケアなど、避難所運営の中心的役割を担ったのである。彼らは、大学祭実行委員会や体育会、生協組織部、サークルなどに所属する学生たちで、日頃から組織的活動を行っている団体であった。

　発災当初から指定・非指定を問わず、地域住民の避難所として機能した教育施設に、学校と公民館がある。4月中旬から5月の連休明けまでは、学校施設も指定避難所として開放されたが、授業再開とともに、避難所の主な集約先とされたのが公民館であった。熊本市の場合、公立公民館の全19館が拠点もしくは指定避難所となり、学習機能を停止することになった。また、震度7を2

110　第 2 部　自治体と公民館

度経験した益城町では、集落単位に設置されている自治公民館が、地域住民の共助によって自主避難所を運営し、子どもや高齢者、障害者に配慮した福祉的機能を発揮した。

　このような災害下の公民館の役割に着目する際、まずは発災以前の日常生活における住民と公民館の関係を問わなければならない。なぜならば、前述の本学の避難所の事例のように、発災時に突然学生のボランティア集団が形成されたわけではなく、日常から仲間と組織的活動を行っていた学生団体が、それぞれ連帯することによって可能になったと捉えるからである。災害が起きてから何か特別なことができるというわけではない。

　そこで本章では、日常的な地域住民の学習活動の分析を通して、避難所という非日常における公民館の役割・機能を明らかにしたい。

1.　避難所としての公民館の現実的展開

　「平成 28 年熊本地震」は、震度 6 弱以上の地震が 7 回、うち震度 7 は 28 時間以内に 2 回発生するなど、観測史上初の記録となった。熊本地震の規模、県全体に与えた影響は、①震度 7 が 2 回、②余震の多さ、③地震被害や余震への不安による屋外避難・車中泊の多さ、④直接死の 4 倍以上の災害関連死、⑤被災の多くが高齢者、である。高齢者の被災・災害関連死の多さが、高齢社会を迎えた熊本の大きな特徴といえる。

　激しい余震が続くなか、地域住民の避難場所の一つとなったのが、公民館である。2016 年 10 月現在、熊本県内には 45 自治体に 330 館の公立公民館・条例公民館と、その 10 倍以上にあたる 4,256 館の公民館類似施設（自治公民館）が設置されている。公助の役割が期待される公立公民館が圧倒的に少ないなかで、地域網羅的に設置された自治公民館の存在価値は大きい。しかし、自治公民館における避難所は、災害救助法上の指定を受けた避難所ではなく、あくまでも自主的な避難所として開設され運営された。そのため、避難のための設備や備蓄物資もないなかで、避難所を運営したところがほとんどである。公民館とは、設置主体・公私にかかわらず公共性を付与されているが、公と同様に自

治公民館を正当に評価する視点が弱いと言わざるを得ない。

　日本の公民館制度は、社会教育法のなかで公立公民館（同法第21条および第24条）と公民館類似施設（第42条）に分類され、公立と民間立の縦割りが厳格である。こうした社会教育施設が公の占有物となってきたことについて、佐藤一子は「環境醸成における国・自治体の役割が大きいという積極的な意味がある反面、社会教育施設・事業の範囲のとらえ方について理解の狭さを生む要因となってきたことも否めない」として、「設置者が地方公共団体であるかどうかという自明の制度的基準からだけでなく、社会教育活動自体の内実から社会教育の公共性を検討していくことが課題となってきている」と指摘している[1]。

　公民館類似施設のあり方について、小林文人は沖縄の公民館制度がアメリカ占領下の戦後史と地域の近代化を経ながらも、「集落公民館を主流とし、本土の公立公民館にはみられない自治性、生活性、地域性をもつ」として、集落公民館の意義を説いてきた[2]。こうした自治公民館への着目は、東日本大震災に関連する研究にも散見される。例えば、野元弘幸は、岩手県大船渡市赤崎地区公民館の発災時の迅速な避難、被災後の避難所の運営と地域をまとめる組織体制に注目し、これらの背景には赤崎区公民館を中心とした日頃の防災活動（学習活動）とそれを支えたリーダーたちが存在し、命を守る学習活動を住民主体で展開してきたことの重要性を指摘している[3]。長澤成次は、『千葉県内の公民館は東日本大震災にどう対応したか』という一連の調査研究を通して、「町内会自治会が所有している地域集会施設のレベルまでおりなければ『震災対応』の全体状況は見えないのではないか」[4]という問題意識の下、千葉市内の町内会自治会に焦点化した調査を行っている。また、上田幸夫は、東日本大震災の避難生活と地域の再生をめぐる一つの結論として、「公民館の名称をもたないものの、実態としては分館公民館や自治公民館に相当する施設も含めて、公民館が大きな役割を発揮していた」とし、自治公民館・分館公民館を含めた現行の公民館制度の再構築を提言している[5]。

　本来、戦後復興の拠点として生まれた公民館は、地域住民の自治や交流を促進していた場所であり、もう一度原点に立ちかえって地域の力を高める社会教

112　第2部　自治体と公民館

育の構築が求められている。公民館が他の公共施設の避難所と決定的に異なる
特徴は、日常的に地域住民の防災意識を高め、学習の蓄積と継承ができること
である。日頃から地域住民とのつながりが密接にあるため、公民館が避難所と
なったときに連携した運営ができることが考えられる。また災害のとき、行政
による公助だけでは不十分であることから、個々人の自覚的な自助と、さらに
は地域における互助・共助の取り組みが不可欠となる。

　そこで以下では、公助による避難所として熊本市の公立公民館、共助による
避難所として益城町の自治公民館を事例に、非常時・非日常で見られた日常の
取り組みを析出し、公民館の可能性を追究する。

2. 拠点避難所となった熊本市立公民館

（1）熊本市立公民館への避難状況

　熊本市は、富合町、城南町、植木町との合併を経て、2012年4月1日に九
州で3番目の政令指定都市に移行した。戦後、熊本市の社会教育は、1949年
の社会教育法の制定を受けて、1951年に市唯一の中央公民館を設置し、その
際5校区内にあった自主的な公民館を分館として配置した。1959年の社会教
育法改正により公立公民館の基準が明確になり、分館だった公民館を公民館
類似施設としての「地域公民館」に名称を改めた。1987年には、公立公民館
9館、地域公民館260館へと増加し、2016年4月現在、5行政区に公立公民
館19館、分館2館、地域公民館628館を擁する。本市公民館条例施行規則第
3条によると「公民館に館長、社会教育主事を置く」と規定されており、全館
に専門職として社会教育主事が1人ずつ配置されていることが大きな特徴であ
る。公民館は、会議室、ホール、調理室といった基本的な設備のほかに、行政
窓口や図書室、児童室などとの複合施設となっていることから、多くの市民が
集う。日頃から町内会などの地域団体や地域公民館との連携が図られており、
公立・民間にかかわらず公民館として、それぞれの役割と機能が生かされてい
る。

　では、熊本地震において公民館はどう対応したのか[6]。4月14日の前震の

際、各公民館では夜間の使用中であったが、ただちに避難所として施設を開放し、表6-1に示すように、最大で北区の龍田公民館に199人、中央区の大江公民館に130人が避難した。翌15日は、余震が続き避難者もいるため、事業・講座を中止し、関係者への連絡と後片付けに追われた。その夜も避難者のために公民館を開放していたが、16日1時25分に本震が起こると、どの公民館もあふれかえるほどの避難者が殺到したという。本震によって中央公民館が半壊、東部公民館も玄関スロープが破損し、使用不可能となった。発災以来、市立公民館は、避難所としての機能を発揮する一方、学習機能をすべて停止せざるを得なかったことは、本市社会教育史上初のことであった。

表6-1　熊本地震における熊本市立公民館の避難所運営状況

区	公民館名	避難者数 (4月14日)	避難所区分	開設期間 (4月14日〜)	避難者数 (延べ人数)	図書室の 再開	児童室の 再開
中央	中央	半壊のため使用不可					
	大江	130	拠点	8月14日	9,327人	−	9月1日
	五福	25	拠点	8月7日	6,218人	6月7日	8月23日
東	東部	耐震性が劣るため使用不可				6月14日	6月7日
	託麻	※25	拠点	8月10日	4,914人	6月1日	9月1日
	秋津	※60	拠点	8月15日	6,310人	6月1日	9月1日
西	西部	※240	拠点	7月22日	11,138人	5月24日	8月16日
	花園	※40	拠点	6月30日	5,857人	5月10日	7月1日
	河内	※5	指定	5月31日	1,229人	5月1日	−
南	南部	74	指定	7月15日	2,664人	5月17日	5月10日
	幸田	40	指定	7月31日	2,658人	5月17日	6月1日
	飽田	20	指定	6月10日	1,452人	5月3日	−
	天明	7	指定	7月22日	3,337人	6月10日	8月9日
	富合	110	拠点	5月8日	3,773人	5月17日	−
	城南	100	拠点	8月16日	17,737人	5月2日	4月19日
北	龍田	199	拠点	7月15日	5,488人	5月10日	6月1日
	清水	10	指定	7月4日	2,031人	4月28日	6月1日
	北部	10	指定	5月31日	1,287人	4月29日	−
	植木	36	拠点	7月15日	4,025人	4月19日	

注：東区と西区の避難者数は4月26日時点の人数
出典：熊本市生涯学習課および子ども支援課

熊本市は、5月の連休明けの小中学校の授業再開を前に、160カ所に点在していた避難所を集約し、5月9日から公民館や市立体育館など学校以外の22カ所を拠点避難所に指定し、被災者を受け入れることを決めた。表6-1の19公民館のうち、拠点避難所に10館、指定避難所に7館が指定され、社会教育主事も本来の業務とは異なる避難所運営に携わることになり、経験したことのないさまざまな問題やトラブルにも24時間対応することとなったのである。避難所の開設期間は、当該地域の被災状況にもよるが、最も長かった南区の城南公民館で8月16日までで、延べ人数で1万7,737人が避難した。17館全体では4カ月間で8万9,445人の避難者を受け入れた。

　一方の地域公民館は、指定避難所ではないものの、町内会を中心に自足的に避難所運営が行われていたことがわかっている。熊本市地域活動推進課の調査によると、「避難所を開設した」地域公民館が75館、「物資倉庫として活用した」59館、「避難所および物資倉庫だった」48館となっており、最大避難所開設日数が109日、最大避難者受け入れ延べ人数が1,200人、そして総避難者受け入れ延べ人数は1万8,673人であった[7]。市立公民館と地域公民館、自主防災クラブが連携しながら食料や飲料水、物資等の調整、調達、配布を行ったところや、町内会や婦人会、PTAなどがボランティアで炊き出しを行うなど、公助が行き届かない地域では、地域公民館で支え合いながら苦難を乗り越えた。西区城西校区第五町内本四方池公民館の仁尾昭館長は、「高齢者など、指定避難所へ移動するより自宅近くの公民館へ避難する方が負担が少なく、お互いの顔が見え安心する」として、災害時における地域公民館の福祉的機能を評価し、指定避難所への認定を求めている[8]。

　このように一朝有事の際、地域学習の場としての公民館が果たすべき機能は、まず何よりも地域住民の避難場所という安全・安心な空間を確保し提供することである。それは、公立・民間を問わず身近な施設であり、また住民に認知されている公民館だからこその機能であるといえる。しかし、熊本市では風水害のような短期間における「一次避難場所」としての機能が前提とされてきたことから、防災倉庫の食料も3日分しか備蓄されていなかったり、突然の出来事に想定外の避難者が殺到したりして、その対応に課題を残した。

第6章　熊本地震と公民館　*115*

　発災から復旧・復興に向かうとき、長期にわたり公民館が避難所として常態化したとき、公民館職員および学習者たちは、これまで見たことのないものを見て、何を考え、何をしたのだろうか。1つ目に、学習者たちは学びの拠点を失ったが、学習する権利は失わなかったことである。「学び続けること」が日常を取り戻し、心の復興につながることを多くの講座生が証明している。2つ目に、学習の成果を避難所生活に生かしていく活動が生まれたことである。講座生による避難所生活者に対する慰安や支援には、公民館で培われた学びが展開されている。そして3つ目に、応急仮設住宅という新たなコミュニティに対して公民館の役割が期待されることである。応急仮設住宅内に設置された集会所「みんなの家」では、新たな住民同士の絆がつくられ、地域住民や市立公民館との連携が模索されている。

　学習よりも生存の欲求が優先される避難所の状況下において、地域における学習の場としての公民館が、いかなる役割を果たしたのかという問いを、この3つの視点から次項で考察したい。

（2）「学びの拠点」としての公民館の再発見

　熊本市立公民館では、社会教育主事が企画する「主催講座」と、講座生の自主運営を基本として開設する「自主講座」の2つが主要な事業を占めている。自主講座は、月2回、1年間を通して公民館施設を利用して、歴史講座や健康体操、社交ダンス、料理教室など、市民の生涯学習を牽引している。

　市中央区に位置する中央公民館は、年間約110講座が開かれる生涯学習の拠点であった。しかし、1968年建設の同館は、本震により柱に亀裂が入り、連絡通路接合部分の損傷、内壁・外壁の亀裂など損壊が大きく、立ち入り禁止となり、6月に解体することが決まった。2016年度は、46の主催講座、62の自主講座が計画されていたが、新年度開始早々、約2,500人の講座生が「学びの拠点」を失ったのである。公民館事務所は、同区内の五福公民館に間借りして業務を再開したものの、同館も後に拠点避難所となったため、学習再開のめどは立たなかった。そこで、中央公民館では、講座再開の要望を受けて、講座生の学習する権利を保障するために、市内の地域公民館やコミュニティセン

ター、公共施設などの会場を斡旋し、場を確保することで、自主講座を再開させることに努めたのである。

　同じく公民館が使用不可能となった東区東部公民館のある自主講座生は、「震災は学ぼうとする者から学習する機会さえも奪うものだと知り、悲しくて落胆」[9]したと当時の心境を表している。学ぶ拠点を失った講座生たちは、「学び続けることが生きがいであり、喜び」であり、学習権が「人間の生存にとって不可欠な手段である」（学習権宣言）ことを身をもって学んだのである。

　避難所となった各館の自主講座自治会では、講座の再開について代表者会議をもち、「避難している人の横でサークルをするのはどうか」「一日も早く日常を取り戻して、仲間と学習したい」「生活リズムを崩さないために学習したい」などの意見が出されたが、避難所となった公民館での活動をほとんどの講座が自粛し、館外学習を自主的に再開している。

　2016年度の自主講座は、地震前と比較してもそう大きく減ることはなかった。例えば、中央区大江公民館では、61講座すべて再開でき、五福公民館では61講座中57講座、東区東部公民館は81講座中77講座、託麻公民館は70講座中65講座、西区花園公民館では49講座中44講座、建物のない中央公民館でも62講座のうち半数にあたる33講座が再開にこぎつけた。再開できなかった講座の多くは、講座生の引っ越し等による参加者の減少によるものである。日常では、学びの拠点という公民館の当たり前の役割が、非日常のなかで当たり前でなくなったとき、市民の誰もが被災で厳しい生活を送りながらも、学び続けることを希求し、それが日常を取り戻す復興の一歩につながることを実践したのである。

（3）　学習の成果を避難所で生かす

　公民館が被災者の生活の拠点となったことで、学びの拠点を失った講座生たちは、前述のように、地域公民館や使用できる施設を借りて、学習活動を続けた。その一方で、公民館に避難する被災された方々を慰問し、支援しようという動きが見られるようになった。

　北区の北部公民館では、発災以降300人ほどが本館に避難し、他の館と同

様 3 日間は救援物資が届かず、防災倉庫の物資配給や避難所運営に奔走した。公民館は断水したが、隣接する川上小学校が幸いにも水道が使用できたため、トイレ用の水の運搬など、社会教育主事をはじめ職員、地域住民が協力して対応にあたった。同館は、指定避難所として 5 月末まで開設されたが、この間、地域の女性消防団による炊き出しや、自主講座である骨盤体操の講座生によるリフレッシュ体操、地域の方によるミニ歌謡ショーを開催するなど、講座生や地域住民による慰問の取り組みが率先して行われた。また同館には、北部中学校の卒業生たちでつくる「わいわい HVC」というボランティアサークルがある。「地域の若者が地域を支える」を合い言葉に、高校生約 20 人が中心となって、高齢者施設の訪問や地域の子どもたちとの交流を行っている。彼らもまた日頃の活動を生かして、避難所でのボランティアを務めたのである。こうした講座生や地域住民、高校生らによる避難所でのサポートが行われたのも、公民館が学習施設であることと無関係ではない。

　西区の花園公民館は、本震後に 2,000 人が避難し、その後は拠点避難所となった公民館である。併設する行政窓口の職員と一丸となって罹災証明の発行を優先的に行い、被災者を普通の生活に戻すための支援を行った結果、いち早く拠点避難所を閉鎖することができた。自主講座生たちは、同館での学習を自粛し、約 3 カ月間は地域公民館やコミュニティセンターを利用して学習を継続していた。そのなかの「さわやかハーモニカ」の講座生たちは、避難者を励まそうと、演奏会を公民館で開催した。彼らは日頃から高齢者施設などで慰問活動を行っており、こうした経験が避難所の方々の心をも癒やすことになった。

　多くの自主講座生たちが共通して話すことには、「学習することで被災の嫌なことも忘れる」「学び続けることが生きがい」であるとし、苦しい生活を乗り越えるために、学ぶことが必要だと訴える。学習こそが被災者をエンパワーメントする。

（4）　応急仮設住宅の集会施設による集いの場の創出

　熊本市の被害状況は、全壊が 2,546 棟、半壊 1 万 5,207 棟、一部損壊 10 万 4,204 棟となっており、罹災世帯数は 5 万 3,436 世帯にも及ぶ[10]。被災者は、

118　第2部　自治体と公民館

公営住宅や借上型のみなし仮設住宅のほかに、市内9カ所の応急仮設住宅へ入居した。仮設での避難生活が続くなか、少しずつ生活再建の取り組みが始まっている。

　東区の秋津中央公園仮設住宅には、54戸が建設され、2017年2月17日に団地内に「みんなの家」が完成した。「みんなの家」とは、東日本大震災後の復興支援として、仙台市に建設されたのが始まりで、今回の震災では、県下の応急仮設住宅62団地に84棟が整備され、被災者支援にとどまらず、地域活性化のための活動拠点としても活用されている。

　秋津公民館では、近くの応急仮設住宅に越してきた被災者の方々と地域住民の交流の場を設けようと、2016年12月の主催講座として「朝ごはんの集い」を開催した。公民館の広報によると「公民館に集まって、みんなで朝ごはんを食べましょう。おかゆを公民館で用意しますので、自分が食べるおかずを少し余分に持ってきてください」（あさひばたより12月号）という趣旨で、那覇市若狭公民館で定期的に開催されている「朝食会」を参考に企画された。それから毎月1回、土曜日に公民館に集まり共食することによって、被災者、近隣住民同士の交流が生まれるきっかけとなった。2017年6月には、いつもの公民館ではなく、仮設住宅内のみんなの家で開催することになり、約20人の参加者が手づくりのおかずを分け合い朝食を楽しんだ。

　このように公民館は、交流の場を提供することで、人と人がつながる仕組みをつくりだし、自治活動を促進する。被災者の心の復興に公民館が果たす役割は大きい。

3. 2度の震度7に見舞われた益城町の公民館の実相

（1）益城町の被災状況と自治公民館避難所

　益城町は、今回の熊本地震で2度の震度7を観測し、甚大な被害を受けた。人的被害は死者40人、重傷者134人、住宅被害は全壊3,026棟、半壊3,233棟、一部損壊4,325棟、罹災者数は1万8,399人にものぼる[11]。最大避難者は、4月17日朝、町内10カ所で1万6,050人を数え、延べ避難者数は36万8,876

第6章　熊本地震と公民館　*119*

人となった。

　本震で町役場庁舎が大きく損傷し、機能不全に陥ったため、災害対策本部を町保健福祉センター（広安分館）に移転したが、高齢者や障害者のための福祉避難所に指定されていたため、すでに多くの避難者が押し寄せ混乱をきたした。一方、中央公民館は、建物の被害は免れたものの、発災以降、被災した役場の窓口業務・防災士の活動拠点として使用された。6月からは役場組織を改編し、中央公民館を仮庁舎とし、罹災証明書の発行など通常業務を再開したが、学習施設として再開することはなかった。町教育委員会生涯学習課および交流情報センターの職員は、課長はじめすべての職員が避難所勤務や対策本部勤務へ配置換えになり、災害対応に追われた。6月の組織改編以降は、職員の地震対策関係部署への異動により人員削減となり、社会教育の業務、公民館の主催講座13講座、28の自主講座、図書館業務は中止となった[12]。

　益城町には、中央公民館のほかに、校区ごとに設置された4つの分館、そして68の行政区に63自治公民館が設置されている。分館は、発災の段階で安全確認ができなかったため、前述の広安分館のみが避難所となったが、各館の耐震性に問題がないことがわかった後、飯野分館・津森分館・福田分館（畑中自治公民館と共用）が避難所に指定された。6月までの各分館および体育館・図書館（交流情報センター）の避難者数の推移は、表6-2の通りである。

　益城町の避難所は、6月10日時点で学校や社会教育施設を含む18カ所に

表6-2　各分館および社会教育施設の避難者数の推移

（人）

月日 施設	4月			5月						6月				
	21	25	30	5	10	15	20	25	30	5	10	15	20	24
公民館分館飯野分館	0	0	0	24	41	41	46	46	46	45	45	45	46	46
保健福祉センター（広安分館）	600	613	485	280	275	244	310	229	225	192	208	200	179	178
公民館福田分館	0	0	0	0	33	34	31	29	29	32	32	32	32	29
公民館津森分館	0	0	0	5	9	28	34	36	36	36	37	37	37	33
益城町総合体育館	850	850	850	1,283	1,313	1,337	1,293	1,218	1,200	785	751	750	757	757
交流情報センター	160	300	300	210	171	164	159	153	160	155	156	152	150	146

出典：益城町教育委員会生涯学習課

120　第2部　自治体と公民館

2,122人が避難していたが、8月18日、2学期の開始を前に、町内の広安小学校、広安西小学校、益城中央小学校の避難所を閉鎖し7カ所に集約し、最終的には町総合体育館と町交流情報センターの2カ所に集約された。そして、地震から半年後の10月31日に町内の避難所は閉鎖され、新たに1,562戸の応急仮設住宅18団地が設営されている。

　公助による避難所の様子は、日々の報道の中で取り上げられたが、町民のすべてが公助に頼って避難生活を送っていたわけではない。自治公民館への聞き取り調査のなかで、全壊・大規模半壊の11館を除く46館のうち、表6-3に示すように、全館の32.6％にあたる15館で自主避難所を開設していたことがわかった[13]。最も短いところで2日、最長で9月8日まで、避難所を共助により運営していたのである。避難者数は、5人から最大40人ほどで、小さな公民館に大勢が身を寄せ合って避難生活を送った。なお、甚大な被害が出た木

表6-3　益城町の自治公民館避難所の状況

No.	校区	行政区	被災状況	避難者数	開設日	閉鎖日	開設日数
1	飯野	中尾	半壊	5	4月20日	5月7日	18
2		東無田	一部損壊	3～30	4月15日	4月16日	2
3	広安	広崎一町内	一部損壊	5～25	4月14日	5月中旬	32
4		広崎三町内	一部損壊	40	4月14日	6月30日	78
5		広崎四町内	一部損壊	30	4月15日	4月30日	16
6		広崎五町内	一部損壊	27	4月14日	4月27日	13
7	福田	馬水南	一部損壊	27	4月17日	8月31日	137
8		畑中（福田分館）	一部損壊	50	4月18日	9月8日	150
9		南	一部損壊	6	4月14日	5月17日	29
10		柳水	半壊	6	4月14日	6月1日	49
11		平田上	半壊	6～7	4月14日	8月31日	137
12		平田西	一部損壊	20～40	4月14日	6月中旬	60
13	津森	上小谷	一部損壊	15	4月14日	5月9日	26
14		田原	一部損壊	15～20	4月14日	4月19日	4
15		北向	半壊	0	4月14日	4月20日	7

出典：熊本大学教育学部社会教育研究室

山校区では、8公民館のうち全壊が3館、半壊2館、一部損壊3館となり、公民館自体が機能不全となり、避難所として使用されなかった。

　益城町の自治公民館は、町内会が管理運営しており、行政区嘱託員を兼ねる区長を中心に自治活動が行われている。益城町行政区嘱託員設置要綱によると、嘱託員の職務の一つに「(4) 災害情報の提供及び応急対策に関すること」が含まれる。今回の災害で、いち早く公民館を避難所として開設したのも、各区長の判断であった。

　益城町の各地域は、自治公民館を中心に、婦人会や老人会、消防団といった地域団体が組織され、高齢者の福祉サロンや清掃活動など日常的なつながりが見て取れる。公民館の周辺には、広場と防災無線、消防分団があり、地域の防災拠点としても重要な役割を担っている。公民館の施設としては、畳間に台所、冷蔵庫、トイレなどがあり、一時的な避難であれば十分対応できるが、防災倉庫や備蓄物資、シャワー、洗濯機などは備わっておらず、長期避難用の設備は未整備である。

　以下では、益城町の自治公民館が、未曽有の大災害に見舞われたとき、公助の届かない自主避難所を長期間にわたり運営してきた、自治公民館の日常・非日常の共助の内実に学び、そして、住民の命と安全を守る消防団の役割について考えたい。

(2) 災害と自治公民館避難所

　「共助」とは、町内会などの地域単位で、防災としての助け合い体制を構築し、発災時に実際に助け合うことをいう。では、益城町の住民たちは、日ごろの自治公民館活動を通して、どのような共助を行ったのか。益城町の2つの公民館避難所から考える。

　まず、広安校区の馬水南公民館は、老人クラブ、婦人会、消防団、評議員会、PTA、自主防災組織、民生委員、福祉サロンといった住民組織があり、日ごろから年中行事や活動を介して住民が集まる機会が多い。発災当初、公民館は避難所として開けることは想定していなかったが、住民からの要望があり、17日から避難所として開放することになった。公民館では、畳間に雑魚寝する形

で避難生活が始まり、最大27名の避難者が身を寄せた。食料などの物資は、18日頃から評議員を中心に、指定避難所から1日2回、朝・夕に食料や物資を取りに行っていたが、発災後2週間たってから、自衛隊による支援が得られるようになった。ライフラインの復旧には、電気が5〜6日、ガスが約1週間、上水道は約2カ月を要した。防災無線も機能不全に陥ったが、復旧は発災から2カ月後だった。

　避難生活当初、トイレは水を流すことができなかったが、住民より農業用ポリタンクを提供してもらい、農業用地下水を運搬して、水を使用することができた。6月には、住民の個人的つながりにより、仮設シャワーも設置された。このような住民による共助は、物資の提供だけでなく、日常的な食事も公民館で調達し、自炊するようになった。ボランティアによる炊き出しも週に2、3回は行われた。こうしたボランティアとの交流は、避難者や住民から非常に喜ばれ、避難所で暮らす子どもたちの遊び相手になってもらうなど、避難生活を支えるうえで欠かせない存在であった。5人の消防団は、主に地区内のパトロールを行い、防犯面での役割を担った。8月末には、3世帯7名の避難者がいたが、全員がみなし仮設住宅や応急仮設住宅へ移れることとなり、公民館は最後まで避難者のセーフティネットとしての役割を全うした。

　福田校区の平田上公民館は、震災前の世帯数が41戸で、住民の多くが高齢者である。区の組織としては、消防団が平田全区合わせて8名、評議員会13名、民生委員1名、福祉サロンには10名ほどが所属している。前震発生時は、地区内の建物や道路への大きな影響はなかったが、停電があり、車中泊をする人たちや公民館に避難する人たちがいた。15日の19時頃には電気が回復したため、車中泊から家の中に戻られた住民もいた。しかし本震により、建物の倒壊や道路の寸断など深刻な被害を受け、家屋の倒壊によって3名が犠牲となった。平田上公民館にも、本震発生時に避難者がいたが、公民館も危険と判断し、移動もしくは車中泊を強いられることとなった。公民館の周辺は車中泊に利用されていた。

　その後、豪雨による土砂災害の危険区域に住む住民が一時避難所として利用したが、5月10日頃からは、長期的な避難所として避難者を支えた。地区内

では、住民たちによる炊き出しが行われ、公民館の敷地も利用された。食料などの物資の運搬も、消防団や住民組織、個人的な付き合いを介して行われたため、物資不足に陥ることはなかった。8月末の閉鎖時には2名が公民館に避難していたが、応急仮設住宅に入居が可能となったため、公民館避難所は閉鎖となった。

　益城町の公助による指定避難所では、自衛隊や行政による炊き出しや食事の提供、トイレ・風呂の整備、ごみの処理、情報の提供、ボランティアによる福祉・生活支援も十分に整えられていた。一方の共助による公民館避難所は、日常の地縁的紐帯により避難所全体の運営が円滑に行われ、遠方の避難所に行くことのできない高齢者や子どもたちも関わることで、誰もが避難生活を送ることができる場をつくった。また、最後の1人の行き場所が決まるまで、避難所は閉鎖されることはなかったのである。

　災害時における行政の役割が重要なのは言うまでもない。しかし、避難住民がユーザーとして行政に依存することになると、行政職員が本来の業務に戻ることができず、復興の足かせとなる。居心地のよい避難所は、時に被災者の自立を阻む。避難住民の自治と参画によって運営される自治公民館の避難所は、公立・民間という隔てを超えて、今後の防災上、重要な役割を担っていると評価できよう。

（3）　公民館と消防団の連携

　消防団は、消防組織法に基づき市町村に設置される消防機関で、平常時・非常時を問わず地域の防災と住民の安全・安心を守るという重要な役割を担っている。益城町消防団は、地域の一組織として認知されており、公民館併設の消防団詰め所も多い。2016年4月1日現在の団員数は、表6-4に示す通り618人が所属しており、年齢別構成は、

表6-4　益城町消防団団員数

分団名		班数	団員数
第1分団	飯野校区	7	151人
第2分団	広安校区	7	147人
第3分団	木山校区	4	60人
第4分団	福田校区	5	63人
第5分団	津森校区	9	177人
役場待機班			20人
合　計			618人

出典：益城町消防団

20 歳未満が 7 人、20 代が 197 人、30 代 275 人、40 代以上 139 人となっている。就業形態は、被雇用者 330 人、自営業 70 人、家族従業者 59 人、その他 159 人となっており、そのうち地方公務員は 62 人である。在職年数は、5 年以上 10 年未満が 152 人と最も多く、次いで 5 年未満が 145 人、10 年以上 15 年未満と 15 年以上 20 年未満がそれぞれ 115 人となっている。女子団員はいないものの、30 代の男性で 5 年以上 10 年未満の団歴が主力となっている[14]。

　平常時は、消火栓や器材器具の点検、消火と人捜しが主な活動である。分団の下部組織である各班の活動費は、運営交付金と地域からの寄付で成り立っており、地域住民の消防団に対する期待と評価は高い。

　発災後、各分団の消防団員は、消防職員や自衛隊が到着する以前から、人命救助や道路復旧、治安維持等にあたった。まず前震時は、地域住民の安否確認と、避難の呼びかけや救急搬送の誘導など、現場で判断し行動した。倒壊家屋等の救助活動は、11 件、19 人を救助した。翌日は、地域内の巡回パトロールによる危険箇所の確認作業、ガスの元栓や電気のブレーカー遮断確認や広報活動、24 時間態勢による交通誘導、物資搬送の誘導など、多岐にわたる活動を行っている。

　本震時は、倒壊家屋等の救助活動が 16 件で 32 名を救助した。前震では見られなかった橋梁や道路の損壊への対応、信号の停電による交通整理、がれき等の撤去により交通ルートを確保するなど、各班においてさまざまな救助活動を行った。踏査によるガス漏れやガスの元栓のチェック、消火栓等の確認のほかにも、避難所の運営や住民の要望への対応などにも追われた。本震からしばらくたつと、空き巣被害が発生し、7 月上旬まで夜間における管区域内の巡回パトロールを実施し、治安維持にも貢献した。益城町消防団では、倒壊家屋等の救助活動 16 件、32 人を救出し、出動延べ人数は 5,746 人にも及んだ。

　益城町消防団長を務める本田寛氏によると、活動を振り返って「団員に 1 人の負傷者も出さなかったこと」が一番の誇りであると述べている[15]。また、平常時より消防団員の連絡手段として、無料通話とメッセージが送信できる SNS を活用していたことが、発災後の救助活動にも役立ったという。電話が不通になったが、SNS を使って団員と連絡が取れ、道路の段差や陥没など危

険箇所の画像を共有することで、災害対策本部への画像による連絡が可能となり、迅速な救助活動につながったという。

一方で、消防団とは、普段は生業をもちながら、災害発生時や訓練時に出動して活動する非常勤特別職の地方公務員という身分である。つまり、「自分の町を何とかしたい」というボランティア精神でなりたっているが、今回の長期化する消防団の活動と、仕事との両立に誰もが苦慮したという。また、消防団はボランティアであるにもかかわらず、避難所で食事をもらうことを遠慮したり、住民の見えないところで24時間態勢の交通整理や夜間パトロールに従事するなど、同じ被災者でありながら献身的に活動を継続していた人々である。

本田氏は「消防団のみながんばってるけん、自分も最後までがんばれた」と言う。日常において消防団の活動を可視化することは難しい。しかし、公民館に隣接する分団の詰め所では、常に地域のために災害に備えている人がいることを忘れずにいたい。

おわりに

熊本地震では、熊本市民の心のシンボルである熊本城も甚大な被害を受けた。完全修復までには、20年以上はかかるという。筆者の退職までに見られるかどうか微妙であるが、もう一度かつてのような雄姿が見られるまで、少しずつ時間をかけて復旧・復興していくさまを見守っていきたい。

熊本地震の発生から2年がたち、県内の被災地では復興に向けての動きが顕著になってきた。その一つに「震災の経験を伝える」取り組みがある。

益城町の東無田公民館は、集落の8割以上の家屋が全半壊した地区にある。避難生活を共助で乗り越えた経験を生かし、地元の女性らでつくる地域復興サークル「絆」が結成され、また地震の教訓を伝える「災害スタディツアー」を住民主導で開催し、参加者の防災意識を高める取り組みに力を入れている。

熊本市国際交流振興事業団は、熊本地震の際に言葉が通じず、外国人が孤立した事態を受けて、外国人と地域住民の交流と地域づくりを目的に、2017年6月から東区の東部公民館で日本語教室を開設した。この取り組みは、外国人

126　第2部　自治体と公民館

と地域住民が日常的に交流することで、日本語の習得だけでなく、公民館と連携することで地域の防災力を高めることが期待されている。災害弱者を出さないためには、「一番の防災は、普段のつながり」であることを強調したい。

　記録誌の作成も進んでいる。熊本市中央区の一新小学校で避難所運営にあたった校区の自主防災クラブと自治協議会では、避難所の様子や課題などをまとめた冊子を作成し、日頃から学校と連携できていたことが、迅速な避難所運営体制づくりにつながったことが詳細に記録されている。また、北区の武蔵校区自治協議会では、発災時の住民の行動や避難所の様子などを綴った記録誌を作成した。記憶は時とともに薄れていくが、記録を見てあの地震を思い出し、忘れないことが大切である。

　最後に、武蔵小学校4年生の男子生徒の手記を紹介し、本章のおわりとしたい[16]。

　　4月14日と4月16日、熊本にとても大きな地震が起こりました。
　　ぼくの校区でもだん水が起こりガスは止まってしまいました。あやうく電気は大じょうぶ。ただ、水もこないので、食べたり飲んだりできませんでした。
　　すると、武蔵小学校に、食事をていきょうしてくれる方。水をくれる給水車の方。支援物資（救援物資）をとどけてくれる方のおかげで水、ガスの来なかった大変な時期をこえることが出来ました。このやさしい人たちの心にはげまされたぼく。そして武蔵。
　　ぼくの家も、ぐちゃぐちゃ。たなはたおれ、お皿はわれ、テレビはこわれ。ただ、やっぱり力になったのは、ボランティアの方が言う「支えあおう熊本」それをわすれないようにしたいです。

注
1)　佐藤一子『現代社会教育学 ― 生涯学習社会への道程 ― 』東洋館出版社、2006年参照。
2)　小林文人「戦後社会教育の地域的形成過程 ― とくに沖縄社会教育史研究に関連して ― 」日本社会教育学会『地方社会教育史の研究 ― 日本の社会教育第25集』東洋館出版社、1981年参照。
3)　野元弘幸「大船渡市赤崎地区公民館の避難・復旧経験に学ぶ」石井山竜平編『東日本大震災と社会教育 ― 3.11後の世界にむきあう学習を拓く』国土社、2012年参照。
4)　千葉大学教育学部社会教育研究室『千葉市町内会自治会調査報告書』2015年3月、1頁。

5) 上田幸夫『公民館を創る ── 地域に民主主義を紡ぐ学び』国土社、2017 年参照。

6) 熊本市立公民館の各館の災害対応と復興については、熊本大学教育学部社会教育研究室『熊本地震と熊本市の公民館に関する社会教育調査』(2018 年) に詳しい。

7) 熊本市市民局地域活動推進課が実施した「平成 28 年熊本地震に関するアンケート」結果による。本アンケートは、2018 年 3 月下旬に実施し、対象は地域公民館 628 館で、回答数413 館、回答率 65.8%である。

8) 仁尾昭「公民館活動と地域防災組織へのかかわり方」『平成 28 年度第 38 回全国公民館研究集会・第 67 回九州地区公民館研究大会宮崎大会報告書』2016 年、32 頁。

9) 東部公民館自主講座自治会ふれあい編集委員会『ふれあい ── 平成 28 年度熊本地震体験記特集』第 46 号、2017 年 2 月、16 頁。

10) 熊本県危機管理防災課「熊本地震等に係る被害状況について【第 256 報】」2016 年 10 月13 日発表による。

11) 熊本県危機管理防災課、前出による。

12) 町立図書館の再開は、2016 年 10 月となっているが、実際には休館中も司書を中心に、避難所への図書の貸し出しや、ミニ図書館の開設などを行っている。詳しくは、拙稿「熊本地震からの復興を支える益城町の社会教育施設」『月刊　社会教育』国土社、2018 年 3 月号を参照のこと。

13) 熊本大学教育学部社会教育研究室『熊本地震と益城町の公民館に関する社会教育調査』2018 年、参照。

14) 益城町役場総務課の資料による。いずれのデータも 2016 年 4 月 1 日付け。

15) 本節は、益城町消防団長の本田寛氏への聞き取り (2016 年 12 月 27 日) によるものと、提供資料「平成 28 年度熊本地震による益城町消防団の災害対応について」を参考にした。

16) 美川敬「熊本地震、そしてボランティア」武蔵校区熊本地震記録誌編集委員会『熊本地震武蔵校区震災記録誌 前進武蔵』2017 年 4 月、40 頁。

第3部

地域と学校の連携

第7章

三者協議会を基盤とした防災教育の可能性と課題
― 高知県・奈半利中学校における三者会の取り組みから学ぶ ―

は じ め に

　防災教育の実質的な効果を左右する要素は、お互いの顔が見える生活圏域内での、恒常的な連携の取り組みの有無であろう。「地域での自治的な防災が決定的に重要となる。隣近所の人たちとの関係こそが明暗を分ける」ことは、本科研費研究活動のなかで、繰り返し指摘されてきた要点の一つである。

　そのように考えたとき、学校区を基本的な単位とした、学校と地域の連携のあり方に注目しないわけにはいかない。本章では、生徒会、保護者、教職員の3者による話し合いの取り組みを「三者会」として20年以上続けている高知県奈半利町立奈半利中学校の取り組みに注目しながら、三者協議会を基盤とした防災教育の可能性と課題について検討してみたい。

1. 奈半利中学校における防災教育プログラム

（1） 被害想定地域に立地している学校

　　東日本大震災の教訓に基づく新たな南海トラフ地震の想定では、発生頻度は極めて低いものの、最大クラスの地震が発生すると、高知県では、体に感じる揺れが3分を超えて続く地域があるとともに、震度7になる地域も想定されています。さらに、地震の発生から、早い地域では3分程度で、海岸線に1メートルの高さの津波が押し寄せ、その最大の高さは、ほとんどの海岸線で10メートルを超え

132 第3部 地域と学校の連携

ると想定されています。

　これは、「高知県南海トラフ地震による災害に強い地域社会づくり条例」
（2008年、条例名一部改正2014年）の前文より引用したものである。この記
述にもあるように、高知県から発表されたシミュレーション「高知県版第2
弾南海トラフ巨大地震による震度分布・津波浸水予測（2012年12月10日）」
（高知県HP　http://www.pref.kochi.lg.jp/sonae-portal/prediction/seismic.
html、2017年9月7日閲覧）によれば、学校が立地する奈半利町の予想最大
震度は7であり、高知県で最も大きい震度が予想される地域に含まれている
（資料「5-2 震度分布図（最大クラス重ね合わせ）」）。

　奈半利中学校が作成した、2016年度学校安全計画に掲載されている防災マ
ニュアルによれば、同学校は海岸から約600mの距離、標高6.1mの地点に立
地しており、地震発生時に想定される災害は以下の通りとされている。

　　・校舎が約21分で30cmの津波浸水、最大12.6m津波が地震発生後50分で到達
　　　（2012年6月26日高知県が発表した想定）。
　　・校舎付近が40～60分で30cmの津波浸水、津波浸水最大深2～3m（2012年
　　　12月10日高知県が発表した想定）。

　想定する震度によって、予想される津波の高さに大きな開きがあるが、2級
河川の奈半利川に隣接し、かつ海岸近くに立地している同校にとって、防災教
育は不可欠のものとなっている。

（2）　奈半利中学校における防災教育プログラムの概要

　先に見た、「高知県南海トラフ地震による災害に強い地域社会づくり条例」
では、学校などの設置者に対して防災教育の実施が努力義務化され（同条例第
40条）、津波からの避難については次のように規定されている。

　　　津波浸水予想区域の居住者等は、地震による強い揺れを長い時間感じたときは、
　　　（略）津波警報（略）又は津波注意報（略）の発表を待つことなく、自らの判断
　　　で高台等の津波による浸水のおそれがない場所に、（略）直ちに避難しなければ

いけません。（略）　　　　　　　　　　　　（同条例第 14 条（津波からの避難等））

　そして高知県教育委員会も防災教育を推進するために、2014 年度から 2015 年度にかけて「実践的防災教育推進事業」を行ったが、奈半利中学校はその指定校の一つとなった。

　実践的防災教育推進事業が行われた学校は、以下の通りであった。

　　香南市：吉川小学校　　　　　　宿毛市：小筑紫小学校
　　南国市：奈路小学校　　　　　　奈半利町：奈半利中学校
　　佐川町：黒岩小学校　　　　　　高知市：三里中学校
　　黒潮町：田ノ口小学校　　　　　四万十市：下田中学校
　　土佐清水市：下ノ加江小学校　　高知県：清水高等学校

　（高知県 HP　http://www.pref.kochi.lg.jp/soshiki/312301/2016061400190.html
　　2017 年 9 月 8 日閲覧）

　奈半利町立奈半利中学校『平成 26・27 年度　高知県実践的防災教育推進事業　防災教育自主発表会　資料』（2015 年 12 月 11 日）によれば、奈半利中学校で取り組まれた 2 年間の防災教育プログラム概要は、以下の通りとなっている。

- ・防災環境の整備（避難時確認カード、防災ヘルメットの整備など）。
- ・地震、津波を中心にした防災に関する研究授業（公開授業、研究授業、模擬授業などの実施）。
- ・生徒による防災キャラクター作成（2014 年度）。
- ・教員視察研修（2014 年度）、スマイルとうほくプロジェクトへの参加（2014 年度）、ふくしま未来応援団への参加（2015 年度）。
- ・総合的な学習の時間での取り組み（1 年生生防災マップづくり、2 年生奈半利小学校、加領郷小学校への出前授業、3 年生自主防災組織について知る取り組み）。
- ・避難訓練の実施（年度に 5 回）。
- ・専門家による助言、講演（文科省調査官、高知大学教員、NPO 小さな命の意味を考える会）。
- ・防災訓練（救助の方法、炊き出し訓練。心肺蘇生、AED。自主防災組織と協

134　第3部　地域と学校の連携

同した炊き出し訓練）。

　これらの取り組みを通して奈半利中学校では、防災教育全体計画が策定され、系統的な防災学習計画が作られるとともに学校防災マニュアル（震災編）も作られた。

　奈半利中学校の2016年度学校安全計画（教育計画Ⅳ　別冊）によれば、防災訓練がこの年度も年5回（5月：避難所への避難、12月：保幼小中5校合同津波避難訓練、2学期：屋上避難、2学期：休み時間避難、3学期：部活中避難）計画されていた。
　なお避難所（愛光園）への避難訓練結果は、以下のように推移していることが同計画に示されていた。

　　・2014年度　17分30秒で、避難所まで全校生徒が、幼児を助けながら避難完了。
　　・2015年度　18分27秒で、避難所まで全校生徒が、けが人役、高齢者役、幼児
　　　　　を助けながら完了。

　奈半利中学校が行った2年間の防災教育推進事業に関する、生徒と保護者に対するアンケート結果の分析によれば、生徒には取り組みの成果が表れているのに対して、保護者の防災意識には変化が少ないことが、今後の課題として次のように指摘されていた。

　　　南海地震や起こりうる被害等についての知識面を問う項目に関してはいずれも、保護者の肯定的回答は増加していない。講演会等に保護者の参加が少なく、新しい知識を得られる機会となっていないことが考えられる。──今後家庭へのさらなる発信や連携が課題である。
　　（「平成26年度　高知県実践的防災教育推進事業」『防災教育研究発表会研究紀要』）

　避難訓練の呼びかけを町内に放送してもらったにもかかわらず、保護者や地域住民の方の参加者がいなかったことも、2014年4月1日付けで奈半利町教育委員会教育長から高知県教育長宛てに提出された実践的防災教育推進事業計画書には記されており、この事業を始める当初から、町民に対する防災意識の

啓発には課題が意識されていたが、2年間の取り組みによってもなお課題は残されたようである。

2. 奈半利中学校における三者会の再建

　ところで、県の防災教育推進事業を受け入れた時期に奈半利中学校の校長を務めていたのは、仙頭浩氏であった。そしてこの防災教育推進事業の受け入れは、仙頭校長による奈半利中学校における三者会再建のための取り組みとして行われた側面をもつものでもあった。そこで本節では、防災教育に不可欠となる生活圏域内での恒常的な取り組みの基盤づくりにつながる、この仙頭校長による三者会再建の取り組みに注目してみたい。

　なお、仙頭浩氏と奈半利中学校との関わりは、1993年4月から始まっていた。すなわち、1996年3月までは奈半利町教育委員会研修指導員として3年間、奈半利中学校で国語科とバスケットボール部を担当されていた。小松芳夫校長が着任した1996年4月からは、学級担任として学級集団づくりに取り組み、共和制部会の部員としても三者会による学校運営に関わった。その後、奈半利中学校を離れて2004年4月から2008年3月までは芸西村立中学校教頭、2008年4月から2011年3月までは高知県教育委員会管理主事、2011年4月から2013年3月までは東洋町立中学校長を務め、そして2013年4月から2016年3月までの3年間、奈半利中学校長を担われた。2016年4月からは室戸市立中学校長をされている。

（1）　仙頭校長による三者会再建

　奈半利中学校における三者会の取り組みは、1998年度から始まったものであったが、仙頭氏が校長として着任した時点では形骸化していたという。すなわち、三者会が教職員と生徒会、PTAによる共同の取り組みとしてではなく、教頭の校務分掌となり、開催の時期も年度の締めくくりと次年度に向けた課題を話し合うために開催されてきた2月ではなく、6月に開催されるようになっていた。またその三者会での様子も、「生徒が決められた答弁を読むだけ

136 第3部 地域と学校の連携

になっていて、会議が形骸化していた」（高知新聞、2016年2月16日）という。

　三者会が教頭の校務分掌となり、開催が2月ではなく6月に移った背景には、2011年の東日本大震災を理由に、生徒会が中心となった教職員、PTAが協力して実施してきた学校での夏祭りの取り組み「夏の陣」を中止したことも挙げられるが、生徒会役員自身が「夏の陣」を担うことが難しくなるほど、生徒指導上での教師の困難も大きくなる事態が学校に生じていたことが挙げられる。そのために、仙頭校長が着任した時点の奈半利中学校には、三者会と「夏の陣」の取り組みを経験している教師はほとんどいなくなっていた。そして、生徒会活動、部活動などへの取り組みも低迷し、教室からは、生徒を叱る教員の声とそれに反抗する生徒の声や笑い声が響いていたという。

　筆者の聞き取りによれば、校長として仙頭氏が取り組んだことは、校内委員会に「奈半利中学校を元気にする会」を立ち上げて、三者会を教頭の校務分掌としてではなく、教職員が集団として、生徒会、そしてPTAと協力して学校づくりを行っていく仕組みをつくったことであった（この取り組みは、後に検討する、三者会を最初に立ち上げた小松芳夫校長による「共和制推進部会」の取り組みをモデルにしていると思われる）。そして、この「元気にする会」が取り組んだのは、三者会の要項を再作成して、三者会を原点にもどしていくことであった（再作成された三者会の要項については、次項参照）。

　着任した2013年10月からは、奈半利町教育委員会が高知県教育委員会と連携して県内で初めて土曜授業を実施したこともあり、奈半利中学校では月1回、午前中に3時限の授業を行うようになった。仙頭校長は、この土曜授業を使って、防災教育についての講演会や避難訓練などを実施すると同時に、授業参観やマラソン大会などの行事を土曜に実施するようにした。このことにより、一定の時間が確保できた平日の授業では、勉強することの意味について生徒と共に考える取り組みを進め、奈半利中学校区の地域性に即した学力向上の取り組みを進めていった。ただし、教育委員会が行ったアンケート調査では、土曜授業の取り組みを保護者は歓迎する一方で、教員には消極的な声も上がっていたことが報道されている（高知新聞、2014年10月27日）。

　そして翌2014年度からは、三者会の開催時期を2月にもどすと同時に、生

徒同士で討論をする時間を設けることによって、自主的に発言できるように三者会の運営方法を変えていった。

　これらの取り組みの結果、2015年度に開催された三者会には、全校生徒61人中51人、保護者5人、教職員13人が出席して討議が行われたことが、地元の新聞でも大きく報道されることとなった。なかでも、3者が議論をすることにより、生徒側から要望の上がった自転車通学に関して、許可申請をすれば全区域で認められることが合意に達し、実施されることとなったことが注目された。

　さらに、このときに議題の一つとしてPTA側から問いかけのあった「スマートフォン利用のあり方」については、三者会での議論を踏まえながらその後に、奈半利町教育委員会から2017年1月に「奈半利町ネットルール3カ条（午後9時以降は原則使用しない、フィルタリング機能を設定する、悪口を書き込まないなどマナーを守る）」が発表される動きをつくりだした。このルールに関して、前生徒会長が「自分たちの話し合いから生まれたルールなので生徒同士で声を掛け合って守りたい」と発言したことが報道されている（高知新聞、2017年1月13日）。

（2）奈半利中学校三者会要項の再作成

　奈半利中学校における防災教育の取り組みは、以上のように、学校で学ぶことの意味を改めて考える取り組みや、土曜日授業の導入などと一体のものとして進められていたものであり、その基盤となったのが三者会再建の取り組みであった。

　仙頭校長から資料提供していただいた「学校経営理念」のなかには、以下の記述があった。

　　本校には、生徒・保護者・教職員が学校運営に参加をし、話し合いによってすすめていく「参加と共同」の学校づくりの伝統がある。その根幹をなす三者会は平成10年度に第1回が開催されてから16年が経過したものの、教職員の人事異動や費やす時間や労力の課題もあり、いつしか時の流れに風化している。本校の現状である学習や学校生活への意欲のなさ、リーダーの不在、生徒会活動や専

138　第3部　地域と学校の連携

門部活動、部活動等の低迷をみると、今一度学校に活気を取り戻し、生徒たちにとって楽しく夢をはぐくめる学校にしていきたい。

　奈半利中学校が直面していた着任当時の厳しい現状を変えていくために、仙頭校長は形骸化している三者会の意義を再確認し、原点に立ち返ってそれを再建していく必要を述べていたのである。そして、この三者会再建の指針となったのが、奈半利中学校三者会要項であった。以下が2014年度の奈半利中学校三者会要項である。

○2014年度　奈半利中学校三者会要項
1　目的
　お互いに要求や要望を出し合い、そのことの実現をめざし活動する。しかしそれだけに留まらず、様々な問題に対して共通理解を深め奈半利中学校の「生徒、保護者、教職員」としての連携の質を向上させ、三者がそれぞれの立場で責任と権利に基づき、学校生活を活性化するための主体者意識を持ち、めざす学校像に近づく。
(1)　三者会は、要求を実現するための会ではなく、その活動を通して、学校運営に参加する意義を理解させ、意欲を掻き立てるとともに、責任と権利について深く学ばせ、主体者意識と愛校心を培う。
(2)　学校運営について、話し合い関わり合うことによって、言語活動やコミュニケーション能力を高めるとともに豊かな社会性を培う。また、他者の意見に耳を傾け、自らをふり返る機会を設けることにより、社会での常識や広い見識を身につける。
2　共通認識
(1)　人は共通の目標に向かい、共に活動することによって勇気と感動を持つ。
(2)　人はその集団の形成に、自分が役立っていると実感したとき、その集団に愛着を感じ、認められているという安心感と充実感により、さらなる行動力と意欲を持つ。
(3)　生徒は要求（権利）、実現、責任、このサイクルをきちんと保障したとき、失敗はあっても決して無責任な考え方や行動はしない。
(4)　学校は教職員としての責任上、断固拒否をする場合がある。その時はそれ相応の説明ができるよう三者の立場に立った職員会の討議が必要である。ただし、それを乱用してはならない。
3　何をするか
(1)　生徒、保護者、教職員の意見や要望を掘りおこし、集約したものを三者で話しあうことによって共通理解を深め、共に問題解決の方法を見いだし、具

体的な実績を積み上げる。またその過程の中で生じる様々な課題に対しては、それぞれの立場に応じた権利と責任を尊重し合って進める。

(2)　学校は必要な情報を、個人のプライバシーに配慮し、積極的に公開する。

4　方法

(1)　三者がそれぞれの立場で年一回、改善要求書を作成する。（内容については、直接学校に関することについては制限をしない）

(2)　出された要求書に三者がそれぞれの立場で質疑をし、理解を深める。

(3)　合意されたことは、次年度の学校運営で実施する。（確認されたもので必要なことは、即刻実施する。年度途中の合意も可能）

※前年度の三者会の確認事項を、4月に新入生と家庭に配布する。

5　組織や運営の実施

(1)　昨年度まで、教頭が主体となって進めていた三者会への取組を、本年度に組織した教員組織の「奈半利中学校を元気にする会」が担当し、年間計画を立て活動する。

(2)　「奈半利中学校を元気にする会」が、PTA組織、及び生徒会と連携して、調整と推進に当たる。

6　要求書の項目

〈生徒用〉

(1)　学校に対して

①　授業、学習、生活について質問や要求。

　②　施設や設備について質問や要求。

　③　部活や服装、生活規定について質問や要求。

　④　何か新たにしてほしいことや配慮してほしいことの質問や要求、その理由。

(2)　保護者に対して（各家庭での個人的なことではない）

　①　何か新たにしてほしいことや配慮してほしいことの質問や要求、その理由。

(3)　自分たちが生徒会活動として、何か取り組むことや気をつけることの意見。

(4)　その他（ここには、対応可能かどうかは別として、どのような内容でも書いてください）

〈保護者用〉

(1)　生徒たちの日常の学習や生活態度を見ていて、学校と生徒に対して。

　①　学習などに関して、質問や要求。

　②　生活などに関して、質問や要求。

　③　何か新たな取り組みや配慮などの、質問や要求。

(2)　PTA活動として、何か自分たちで取り組んだらよいと思うことの意見。

（3） その他（ここには、対応可能かどうかは別として、どのような内容でも書いてください）

〈教職員用〉

（1） 教職員としての取り組みは、生徒と保護者そして地域からの要求に教職員としての専門性を生かしながら可能なかぎり応えていくことが、その趣旨につながるものと考え、その上でさらに取り組みを効果的に進める上で必要と思われることを、生徒と保護者に要求する。

〈その他〉

　上記は別に、取組を進める上で必要なことがあれば、適切な方法と手段を実施する。

　こうした三者会再建の取り組みは、奈半利町教育委員会の支援を受けたものでもあった。すなわち、奈半利町の齋藤一孝町長（2006年6月の選挙で町長に当選して、現在3期目）は元教育長でもあったことから学校に対する理解があり、教育長の竹崎和伸氏も、三者会に参加するなど学校を支援する取り組みを続けているとの学校側の声を、筆者の聞き取り調査でも聞いている。

　教育行政による支援を受けながら、仙頭校長を中心とした教職員と生徒会、PTAによる取り組みによって、途絶えそうになっていた奈半利中学校三者会は息を吹き返し、この三者会の取り組みを基盤としながら、防災教育も取り組まれていたのである。

（3） 仙頭校長の教育方針

　仙頭校長が学校づくりの取り組みに、三者会の再建を通して向き合った理由は、何よりも生徒の自尊感情を高める手立てとしての三者会の取り組みに、意義を見いだしていたからだと筆者には思われた。

　三者会の取り組みは、①生徒が主体的に活動し、関わりあい学びあう学校、②教師がベクトルをあわせ協働し、組織的に取り組める学校、③保護者、地域とのつながりを深め、信頼される学校、の3つの方針を具体化させる要の取り組みとして、仙頭校長によって学校再建の柱として示されたものである。そこには、生徒・教師・保護者の3者それぞれが、その役割と責任をもって学校に

関わることこそが、生徒の自尊感情を高め、防災教育を含む学校の取り組みを生き生きとしたものにしていくことができるのだという、仙頭校長の信念と展望があったものと思われる。

この教育信念は、奈半利の地域性を理解しないままに「学力向上」を目指すことは、生活に困難を抱えることの少なくない生徒と保護者を励ますことにはならずに、かえって学校に対する生徒と保護者からの信頼をなくしていくことにつながりかねないことを意識したものでもあったと言えよう。「こころを耕してこそ学力も向上する」という仙頭校長の教育信念は、「生徒理解を深め、自尊感情を高めることにより、生徒の秘められた良さや可能性を導き出す」ことができるという、これまでの経験の積み重ねの中からつかみだされたものであり、それは奈半利中学校に初めて三者会を導入した小松芳夫校長から学んだことでもあると、筆者の聞き取りに対して仙頭校長は応えておられた。

3. 三者会を支える共和制の思想

（1）　小松校長による三者会の立ち上げ

奈半利中学校で第1回三者会が開催されたのは1999年2月14日であり、この三者会立ち上げに奈半利中学校で取り組んだときの校長が小松芳夫氏であった（先にもふれた通り、小松氏が1996年4月に校長として着任したとき、仙頭氏は奈半利中学校に学級担任として勤務を始めており、三者会立ち上げに関わっていた）。

「多少の波はありながらも常に荒れの状態が長く続いた学校である」（小松芳夫「触れ合う中に学び育ちあう学校づくり — 高知県奈半利町立奈半利中学校 —」浦野東洋一編『学校評議員制度の新たな展開』学事出版、2001年、121頁）と、小松校長は後に論文で書いているが、筆者の聞き取りからも、奈半利中学校は「荒れ」の状態が続いていた学校として認識されていることがうかがわれた。当時の学校では、授業中は私語がつきず、雑誌を読んだり、立ち歩きする生徒もあったとのことであった。また、喫煙、お菓子やジュースなどの飲食、器物破損などなども絶えなかったようで、地区での陸上大会では、奈半利中学校の応援席だけ

が、他の中学校とトラブルが起きないようにと、離されて設置されたこともあったとのことであった。まさに「エネルギーの発散場所を理解していない生徒集団そのもの」という状況であった。

奈半利中学校が置かれたこうした状況の背景には、経済的な困難を抱える生徒とその家族が常に学区に一定数存在してきた地域性があることも、教職員のあいだでは認識されていたようである。

小松校長は、このような状況に置かれていた奈半利中学校に、1996年4月から校長として着任した。そして転任する2002年度までの7年間に、以下のような取り組みを行った。小松校長の取り組みは、1996年度から始まった「土佐の教育改革」の動きとも重なり、マスコミなどでも注目されるものとなった。

小松校長は着任した1996年度に、まず保護者アンケートを実施した。そして1997年度からは、保護者だけではなく、あわせて生徒にもアンケートを実施した。これらのアンケートによって、生徒からも保護者からも学校に対してこれまで言えなかった要求があることが把握された（例えば、授業に関しては「楽しくわかる授業、興味の持てる授業」を求める声が、生徒と保護者の双方から多く出された）。

これらのアンケート結果も踏まえながら、1998年度からは、土佐の教育改革とも連動させて、小松校長は「開かれた学校」づくりを本格的に開始する。それを奈半利中学校では「奈半利中学校、共和制推進要項」として定めた。そして、1999年2月14日に、第1回三者会が開催された。以下が、「奈半利中学校、共和制推進要項」である（小松芳夫「触れ合う中に学び育ちあう学校づくり─高知県奈半利町立奈半利中学校─」浦野東洋一編『学校評議員制度の新たな展開』学事出版、2001年、122-124頁より引用。資料上の制約から、以下は2001年度のものとなっている）。

○ 2001年度「奈半利中学校、共和制推進要項」
　我々はこの奈半利中を、目指す学校像「仲よく楽しさに満ち、一人ひとりが夢を育める学校」に近づけるために、生徒と教職員そして保護者の三者による協調の新たな方法や考え方を工夫しなければならないと考えた。それはあたかも、地域に支えられた三者が共和制をとり共に悩み考え、目指す学校像に至る道を模索している姿である。

またこの取り組みは、将来的には生徒や保護者も可能なかぎり学校経営や運営にまで参画し、それぞれの立場に応じた権利と責任を自覚し合い、三者にとって魅力的な学校を創造することを目指している。そのため以下に示す各項目はその進展状況により、その都度改善するものとする。

(1) 目的

お互いに要求や要望を出し合い、そのための実現を目指し活動する。しかしそれだけにとどまらずさまざまな課題に対して共通理解を深め、奈半利中の「生徒、保護者、教職員」として連携の質の向上を図る。そして学校生活を活性化するため、三者がそれぞれの立場で責任と権利に基づき、主体者意識を持って、目指す学校像に近づく。

(2) 方法

① 三者がそれぞれの立場で要求を出し、それを二学期末までに集約する。
（要求内容は教育計画から始まりできるだけ広い内容とする）

② 出された要求書に三者がそれぞれの立場で質疑をし理解を深める。これを三者会と称する。
（1月下旬の日曜日に、全生徒と教職員、全保護者に呼び掛け体育館で全体討論）

③ 合意されたことは次年度の学校運営において実施する。
（確認されたもので、必要がある場合は即刻実行をする。年度途中の合意も可能）

(3) 共通認識

① 人は共通の目標に向かい共に活動することによって、勇気と感動を持つ。

② 人はその集団の形成に自分が役立っていると実感したとき、その集団に愛着を持ち認められているという安心感と充実感により、さらなる行動力と意欲を持つ。

③ 生徒は要求（権利）、実現、責任、このサイクルをきちんと保障したとき、失敗はあっても決して無責任な考え方や行動はしない。

(4) 組織や会の持ち方

① 新たな組織をつくると仕事が煩雑になり長続きしないので、既存の組織である生徒会とPTA組織を活用し、年間計画を立て活動する。

② 推進と調整は教職員組織の「共和制推進部会」が、PTA、生徒会組織と連携してすすめる。

そして1999年度からは、三者会における間接討議から直接討議への転換が図られた。すなわち、この年度から3者の代表による間接討議ではなく、全

144　第3部　地域と学校の連携

生徒と教職員、そして可能なかぎりの保護者による直接討議への転換が図られ
たのである。さらに、教育委員会や地域の希望者も参考意見を出せるようにし
て、参加を求めるようになったのである。

（2）共和制の思想

　この三者会推進要項で注目すべき点は、生徒と保護者それぞれに、学校経営
への可能なかぎりの参画を将来的には求めていたことである。そのためにも、
3者それぞれの立場に応じた権利と責任の自覚を、それぞれが担い合っていく
ことを求めるものとなっていた。このことは、「生徒は要求（権利）、実現、責
任、このサイクルをきちんと保障したとき、失敗はあっても決して無責任な考
え方や行動はしない」という信念に支えられたものであった。

　7年間務めた小松校長は2003年3月に転勤し、4月からは新しく森尾昭博
校長が着任するが、森尾校長のもとでも「よってたかって奈半利中をつくる」
という方針が示されて、三者会が引き継がれていった（濱田郁夫「子どもたち
は学校をつくる立場に立つ ― 奈半利中学校の共和制の学校づくり」宮下与兵
衛、濱田郁夫、草川剛人著『参加と共同の学校づくり ― 「開かれた学校づく
り」と授業改革の取り組み』2008年、草土文化、40頁）。そして、小松校長
によって奈半利中学校に導入された三者会は、紆余曲折をしながらも今日まで
引き継がれてきたのである。

　三者会を支えた共和制の思想とは、教師である前に人間として生徒たち、そ
して保護者たちに向き合いながら、学校を創っていこうとするものであったと
言えるだろう。この時期に教員として三者会などに関わった濱田郁夫氏は、筆
者の聞き取りに対して、「人間同士の向き合い方を具体化させたものが奈半利
中学校の三者会であり、三者会と夏の陣は、共和制を支える両輪となってい
た」と発言されていた。

　ただし、小松芳夫氏は次のようにも述べて、三者会が常に形骸化と隣り合わ
せの取り組みであることを指摘していた。

　　共和制の「要求、合意、活動、実現、そして新たな要求と実現」このサイクル

の創造により、生徒と教職員の意識が高まり学校が活性化し、さまざまな課題の解決につながると思い進めてきた。しかし、足掛け四年間の実践での実感は「そんな旨い話はない」であった。このサイクルは、要求には責任が伴うことを知り警戒をする生徒や保護者、指導に新たな考え方や方法を必要とし、その模索に苦しむ教職員によって、要求の減少と質の低下を招き形骸化していく可能性がある。一方、要求と実現が生徒や教職員の意欲に火をつけ、さらに高いレベルの要求とその実現に発展し、さまざまな課題を解決する中に、個人や集団としてのその質を高める可能性もあり、二面性を持っている。本校の職員はよく頑張っているが、前者となる危うさは大いに持っている。

（同上、『学校評議員制度の新たな展開』141 頁）

　実際に小松氏は校長在任中の 2000 年度から、三者会を形骸化させないで持続させるために、職場と職員の意識改革に取り組むことを目的として、授業評価表（「ふりかえり表」）を導入した。授業評価表とは、授業についての評価項目を 4 段階で評価する授業アンケートを年間 6 回行い、その結果をもとに各教員が授業のあり方について考察を加えたものを学内研修担当が集約をして、学校として必要な取り組みを教職員で議論していく取り組みであった（同上、136 頁など）。この取り組みには、教員からの抵抗する動きも生まれたようであった。

おわりに

　最後に、三者会（三者協議会）による学校運営の取り組みが引き出す、防災教育の可能性と課題について、考察をまとめておきたい。

（1）　三者協議会を通して形成される力
　生徒会、PTA、教職員の 3 者連携による学校運営が目指されて、奈半利中学校で三者会の取り組みが積み重ねられていることは、生徒や保護者、教職員に避難訓練を経験できる機会をつくりだすだけではなく、実際の災害時においても、学校が避難所として機能する可能性を高めることにつながる。

146　第3部　地域と学校の連携

　毎年度の三者会の取り組みや、学校祭りとしての「夏の陣」開催、あるいは避難訓練の実施は、生徒と教職員のあいだに信頼関係を形成する可能性を広げるだけではなく、保護者・地域住民と学校の信頼関係をも形成する機会をつくりだしている。筆者の聞き取りでも、夏の陣のチケット販売を通して、生徒たちは、学校周辺の公営住宅に住む高齢者住民とつながる事例も生まれたとのことであった。

　三者会はもともと、信頼関係による自尊感情を構築することによって、奈半利中学校の生徒たちの能動性を引き出そうとする校長、教職員の働きかけによって始まったものであり、「こころを耕してこそ、ほんとうの学力も上がる」という信念に基づいた取り組みとなっているが、その機能は生徒たちだけではなく、教職員自身、あるいは保護者・地域住民にも及んでいく「共和制の思想」として設計されたものである。

　東日本大震災に対する取り組みについてお聞きする本科研費研究の過程では、防災に関する一番の財産は「人脈」であるとの発言も聞かれた。実際に、生活圏域（中学校区や小学校区）における重層的なつながり合いが重要であることは繰り返し確認されており、三者協議会の取り組みは、まさにこうした力を形成していく基盤となり得るものとなっている。

（2）教職員の多忙問題

　ただし、残される課題も多い。その一つは、教職員の多忙問題である。

　学校に求められている役割は現在、防災教育だけではなく多分野にわたっている。多くの分野にわたるこれらの諸課題に対応するための校務分掌も、生徒指導主事、研究主任、教務主任、生徒会担当、各教科主任、人権教育主任、道徳教育推進教師、特別支援教育学校コーディネーター、保健主事、進路指導主事、情報担当、教育相談担当、防災教育担当、キャリア教育推進教師など、奈半利中学校では主なものだけでも 14 の職務にわたっている。

　高知県教育委員会による実践的防災教育事業を、奈半利中学校が引き受けて研究指定校となったことも、他の仕事を減らしにくい状況の中では、見方によっては教職員の多忙化要因を増大させることにもなり得る。防災教育事業は

重要であるとしても、その条件整備がなければその持続はむずかしくなる。

こうした事態は奈半利中学校に限ったことではなく、学校を拠点とした防災教育を推進するためには、解決する必要のある課題となっている。

（3）校長、教職員の異動

もう一つの課題は、校長、教職員の異動である。

現状では公立学校の場合、校長、教職員の定期的な異動がある。実際に奈半利中学校でも、小松氏は奈半利中学校に校長としては7年間勤務したが、仙頭校長は3年で他校に転任している。教育委員会規則などの法律によってではなく、学校固有の運営方式として取り組まれている三者会は、校長、教職員の異動によって常に形骸化されるリスクを負っている。

特に、短期間で校長、教職員が異動してしまい、奈半利町の地域性を理解しようとしないままに「学力向上」を目的とした授業と学校運営を行おうとすれば、学校の「荒れ」が再び起こることになるだろう。これらは、小松校長、そして仙頭校長がすでに指摘されていることである。

ただし、教育委員会規則などによって三者会を法規定したとしても、形骸化するリスクがなくなるわけでもない。また、校長、教職員の異動をより長くすることが必要であるとしても、それだけでは三者会を形骸化させない取り組みとしては不十分であろう。意味のある取り組みとして今後も三者会を持続させていくためには、教職員、生徒、保護者、そしてそれらを支える行政それぞれが、常に"改革"を持続させていくエネルギーを保ち続けることができるか否かにかかっている。この点は、小松校長がすでに指摘していることでもある。

（4）持続可能な地域の経済と文化の形成

最後に、持続可能な地域の経済と文化をさぐることの意味についてもふれておきたい。

今回、学校が行った防災教育についてのアンケートからは、保護者の防災意識は生徒と比べて変化が少ないことが指摘されていた。また、「夏の陣」を保護者や地域住民の方々は楽しみにしているが、三者会への保護者の参加は現在

もとても少ないことが指摘されている。このように、保護者、地域住民の参加がなかなか広がらない理由は意識の低さというよりも、地域での就労形態や高齢化などの社会的要因が影響していることが検討されるべきであろう。

　防災教育を学んだ奈半利中学校の生徒たちにとっても、地元に残ることのできる職場は少なくなっている。安定した職を得て地元に残ることができるのは、公務員になるなど一部の生徒だけであり、それ以外は、他自治体に出ていくか、地元に滞留する他はない状況であるという。

　防災の主体は地域住民である。また国や都道府県の役割もさることながら、基礎的自治体の役割は非常に大きい。生活圏域ごとに自治的な防災の取り組みを構築していくためにも、持続可能な地域の経済と文化の形成が求められる。実際にこれらの取り組みは、東日本大震災後に生まれ始めているものでもあろう。地方自治に基づいた、奈半利町のまちづくりの取り組みが引き続き重要となる。

第8章

防災・復興教育から始まる持続可能な地域づくり教育における農業高校の可能性
－2013年豪雨災害後の都立大島高等学校農林科の「ツバキ」学習実践を踏まえて－

1. 農業高校における持続可能な地域づくり教育としての防災教育研究の目的・方法

　農業高校とは、「農業に関する学科」や「農業の課程」が設置されている高等学校をいう。例えば、都立農業高等学校（全日制：都市園芸科・緑地計画科・食品科学科・服飾科・食物科、定時制：普通科・食品科学科）や都立瑞穂農芸高等学校（全日制：畜産科学科・園芸科学科・食品科・生活デザイン科、定時制：普通科・農業科）、都立大島高等学校（全日制：普通科・併合科（農林・家政）、定時制：普通科）のように、農業科と普通科が併設されている学校と都立青梅総合高校のように総合学科の中の1つの系列（生命・環境系列）として「農業の課程」が設置されている学校がある。

　2012（平成24）年6月に開催された「国際連合 持続可能な開発会議」の成果文書「The future we want（我々の求める未来）」（United Nations 2012）では、グリーン経済に向けた取り組みの推進、持続可能な開発を推進するための制度的枠組みなどとともに、「持続可能な開発のための教育を促進すること、そして、教育へ持続可能な開発をより積極的に統合すること」が示された。この方針を引き継ぐ形で2030年に向けた持続可能な開発目標（SDGs/2015）では、「目標4.すべての人に包摂的かつ公正な質の高い教育を確保し、生涯学習の機会を促進する（外務省仮訳）」ことが示されている。

　国内においても、「環境教育促進法基本方針」（2012）において、「未来を創

150 第3部　地域と学校の連携

る力」と「環境保全のための力」が示され、学校における環境教育として「自然体験、社会体験、生活体験など実体験を通じた様々な経験をする機会を設けること。地域を教材とし、より実践的に実感をもって学ぶこと」が求められている。

　一方、「第二期教育基本振興計画」（2013）においては、「（東日本大震災などの）危機を乗り越え、持続可能な社会を実現するための一律の正解は存在しない。社会を構成する全ての者が、当事者として危機感を共有し、自ら課題探求に取り組むなど、それぞれの現場で行動することが求められている。何もしないことが最大のリスクである。（前文）」と「現場での行動」が明確に求められ、今日の教育の方向性として、「①社会を生き抜く力の養成」「②未来への飛躍を実現する人材の養成」「③学びのセーフティネットの構築」「④絆づくりと活力あるコミュニティの形成」といった基本的方向性が求められている。さらに地域における学習活動を、活力あるコミュニティ形成と絆づくりをはじめとする課題に、より積極的に貢献できるものとして、地域住民も一体となって協働して取り組みを進めていく「社会教育行政の再構築」の重要性も指摘されている。

　このような持続可能な社会に向けた教育の今日的あり方を考えるうえで、防災・復興教育の視点から自然との共生に向けた生き方を教える農業高校は、重要な役割を担う可能性があるというのが本章で問いたい基本的課題である。

　ところで防災教育をどう定義し、その出発点をどの時点と見るべきかは、それ自体が1つの研究課題となり得る。仮に、防災教育を「災害への身の処し方の教育」と捉えるなら、1937（昭和12）年、教材「稲むらの火」が『小学国語読本』（小学校5年生後期用）に載せられて、国定教科書の教材になったことは、日本で組織的になされた初の防災教育といえるのだろうか。これは災害への身の処し方であると同時に、自己犠牲を奨励することを目的としており、聖戦の完遂の奨励、国家総動員体制の宣揚を目的としたものであったというべきだろう。一方、戦後最初の学習指導要領1947（昭和22）年にも「自然の災害をできるだけ軽減するにはどうすればよいか」という「災害への身の処し方」に関する内容が中学校社会科の一単元となっていることなど、防災教育の

第8章　防災・復興教育から始まる持続可能な地域づくり教育における農業高校の可能性　*151*

機会を確保するような内容が盛り込まれていた。また理科や保健体育科でもそれぞれ「自然をどう見るか」や「安全確保」の視点から防災教育が扱われてきた。

　学校教育や学習指導要領における防災教育については一定の研究蓄積があるものの、社会教育・生涯学習に関わる防災教育史については十分な研究がなされているとは言い難い。『公民館図説』（小和田武紀　編、岩崎書店、1954年）には、1947（昭和22）年の文部次官通牒による公民館の設置提唱以降の公民館の活動状況が示されているが、この中で公民館設置において高潮、出水、はんらん、がけ崩れ等の天災を受けやすい場所は避けるべきこと、また構造として火災予防、洪水などに対する防止設備、あるいは暴風、地震などにも十分耐え得る構造が求められることが示されているものの、事業や組織において防災教育を意識したとみられる記述は見当たらない。

　戦後社会教育・生涯学習史において自然災害が全国規模の学習課題として初めて明確に意識されたのは、1995（平成7）年の阪神・淡路大震災ではないだろうか。この震災翌年（1996（平成8））年の第36回社会教育研究全国集会基調提案では、一人ひとりのいのちの尊さがおびやかされている現状認識に対して、いのちを守り、暮らしを支え合うネットワークを地域にどう築いていくのかという課題や、阪神・淡路大震災における救援や支援活動の輪の広がりを踏まえたボランティア活動の必要性とその意義への再認識が示された。また震災後の混乱の中で、社会教育が何をどうなし得たかについて、阪神・淡路社会教育研究会から、震災からの復興をめぐる現代社会の厳しい現実や地域の連帯の必要性が報告された。

　阪神・淡路大震災や東日本大震災ほどの規模ではないものの、自然災害は日本各地で毎年発生している。そうした被災地域では、災害に関わる伝承が伝統的な地域共同体において担われてきた。これは災害体験を子孫に伝えることであり、地域の防災教育として機能してきた。具体的には、水神の石祠の分布地点が河川の堤防の過去における破堤地点と一致する例や、津波記念碑が過去の津波の浸水限界点に立地していることは、災害伝承の一形態といえる。過去に災害が発生したことを暗示させる地名もまた、災害伝承の一形態として防災教

152　第3部　地域と学校の連携

育的な機能を果たしている。地域の防災教育のもう一つの形態として、消防団や自主防災組織といった防災教育組織の整備、さらに学校との連携による防災・避難訓練も進められてきた。

　2011（平成23）年3月11日に発生した東日本大震災・福島原発事故は、津波による死者1万5,880人、行方不明者2,694人という甚大な被害をもたらした（朝日新聞、2013年3月11日）。さらに福島原発事故により、震災後約5年9カ月が経過した時点でなお、福島県だけでも4万59名（2016（平成28）年12月9日時点、福島県避難者支援課発表）が県外への避難生活を強いられている。原発事故により全村避難を強いられた福島県飯舘村では、2012（平成24）年から「低線量下における生き抜く力の育成」をねらいとした「放射線教育」が行われている。「災害への身の処し方」としての防災教育は、今日、災害を未然に防ぐだけでなく、災害の中で災害とともに生きる教育、災害により顕著になった脆弱性から新たな地域の力を取り戻していく、跳ね返す力（レジリエンス）の教育としての新たな課題に直面しているといえるだろう。

　以上を踏まえ、本章では、防災・復興教育から始まる持続可能な地域づくり教育における農業高校の可能性を示すための方法として、2013（平成25）年豪雨災害後の都立大島高等学校農林科の「ツバキ」学習実践に注目する。2013年台風26号により甚大な被害を受けた東京都伊豆大島の復興の課題を整理（2節）したうえで、都立大島高等学校農林科の「ツバキ」学習実践（3節）を踏まえ、防災・復興教育の視点から自然との共生に向けた生き方を教える都立農業高校の意義と課題を示す（4節）。

2.「平成25年台風26号災害」と復興の課題

　本節では、伊豆大島に未曽有の土砂災害をひき起こした、「平成25年台風26号災害」の概要と、直後の復旧および避難所運営について、そして現在までの復興の様子と課題を、高校教員（農林科主任）の立場から考察を加えながら報告する。

（1） 2013（平成25）年台風26号による伊豆大島土砂災害について

　伊豆大島は東京竹芝港から約120km、高速ジェット船でおよそ1時間45分の位置にある東京都の離島で、人口は約8,000人の伊豆諸島最大の島である。日本の同緯度地域と比べ、黒潮の影響で冬は温暖で夏は涼しいが、日最大風速10m以上の日の年平均日数が122日に及ぶ。また、年平均降水量は約2,800mmで東京の倍近く、台風も年平均2～3個が接近する。冬は季節風の影響で海が荒れることが多い。伊豆大島の気象環境は生活の恵みである一方、ときに暴風、大雨、高波などの災害をもたらすことがある。

　伊豆大島の地形は、北北西から南南東に伸びた紡錘形をしており、長径15km、短径8km、最高点は三原新山の標高758mである。山頂部には直径約3kmのカルデラがあり、その中央南西寄りに中央火口丘の三原山が位置する。島の北西部と南東部には比較的緩やかな斜面が広がっており、東海岸は侵食が激しく海蝕崖が発達している。2013（平成25）年、台風26号による土砂災害の発生個所である元町地区に面した三原山外輪山斜面は、谷が未発達の凹地形で、1958（昭和33）年の狩野川台風による土砂災害など、過去にも大規模崩落と土石流が発生している。

　2013年台風26号は、10月15日から16日にかけて大型で強い勢力を保って伊豆諸島北部に接近・通過し、16日未明に1時間当たり122.5mm、総雨量824mmを観測した。これは、大島で観測史上1位の記録である。この結果、外輪山北西斜面が崩落し、土石流が発生した。元町地区上流域の大金沢を中心として渓流で生じた土石流は、流木を伴いながら元町神達地区や元町3丁目などの集落に流入し、海岸まで達した。死者・行方不明者は39名、住家被害は385棟に及んだ。関東一帯から警察・消防・自衛隊や海上保安庁などが駆けつけ、捜索・復旧活動が行われた。国は10月16日に災害救助法を適用、11月5日に大島を局地激甚災害

写真8-1　2013年土砂災害被災地

154　第3部　地域と学校の連携

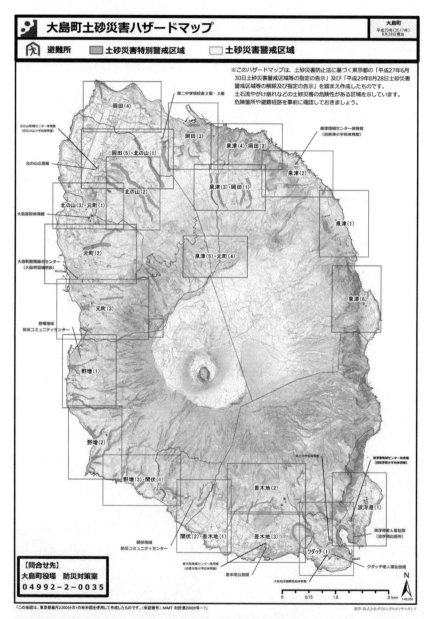

図8-1　伊豆大島ハザードマップ
出典：東京都大島町役場 HP より。https://www.town.oshima.tokyo.jp/soshiki/bousai/hazardmap.html

指定とすることを閣議決定した。

大島高校も16日は通常授業日であったが、道路は島内各地で遮断され、電気・水道などライフラインもほとんど通じない状況となり（停電戸数909軒、断水戸数約3,000戸）、生徒全員自宅待機の指示が出された。出勤できる教員で生徒の安否確認後、個別に自宅待機を伝えた後に、校内の復旧作業と避難所開設の準備にあたった。伊豆大島の中心部である元町地区の被害が最も大きく、元町の中心部から外れた位置にある大島高校体育館に避難所が開設されたからである。全島で避難所への避難者は1,000名以上になり、大島高校にも最大で524名の島民が避難した。一部島民は島外避難も実施され、東海汽船のチャーター便により高齢者や障害者、妊産婦などは国立オリンピック記念青少年総合センター（東京都渋谷区）や島嶼会館等に避難した。

写真8-2　避難所となった体育館

災害直後から、自主的にボランティア活動に参加する生徒や教員もいた。生活再建のための土砂のかき出しや、建物の掃除などで苦労している住民の方が多数いたためである。授業再開は10月30日であったが、その前から生徒有志や教員で活動し、授業再開後も放課後にボランティア活動を行った。直接身体に被害を受けた生徒はいなかったが、近親者や知人に犠牲者がいたり、自宅を失った生徒もいたので、そういった生徒たちに最大限に配慮しながら、授業再開と復旧・復興活動に取り組んだ。

（2）復旧・復興活動と避難所運営

大島高校は、地震や噴火、土砂災害等の災害時に備え、大島町との間に「避難所施設利用に関する協定書」を締結している。避難所の設置主体は大島町であるため、管理運営は大島町が行うが、教職員は「学校施設利用計画」および「避難所支援に関する運営計画」に基づき、避難所の開設や運営に協力および支援するという内容である。とはいえ、2013（平成25）年台風26号による伊

156　第3部　地域と学校の連携

図8-2　自校で避難所運営マニュアルを作成
出典：東京新聞、2014年1月16日（夕刊）

豆大島土砂災害は、まったく想定外の出来事であり、避難所開設が決まったものの、避難者をどう受け入れたらよいか、誰もその答えをもっていなかった。急きょ生活指導部の教員を中心に、他県での災害の事例を参考にして、避難所運営マニュアル「避難所開設　簡易マニュアル」を作成した。受け入れの際の避難者名簿の作成や、介助が必要な人の確認、体育館への誘導方法、駐車場の案内、避難所での生活ルールなどをまとめ、運営スタッフで共有した。

　大島町が運営するとはいえ、学校の資源（ヒト、モノ、インフラ、場所）については学校教職員や生徒しかわからない。案内や物資の準備、炊き出し等、最大500名を超える避難者を受け入れる中、やるべきことは限りなくあり、24時間態勢で運営にあたった。台風26号に続いて、低気圧や台風の接近が相次ぎ、何度も避難勧告、避難指示が出された。いつになれば避難解除になるのか、そんな不安ばかりで、新聞記事では「災害が起きた時にどうしたら人の役に立てるかを、自分たちの姿を見て感じ取ってほしかった」と話した教員がいたとされたが、目の前にあるやらなくてはいけないことをやるという意識で、筆者自身は目いっぱいであった。

　避難所で最も問題になるのは、避難者の生活上のトラブルである。災害の緊張感の中、限られた空間で、他人と過ごすストレスは計り知れない。あらかじめルールを決めておくことは重要である。例えば、「物資が不足する場合は子ども、妊婦、高齢者、障害者、大人の順に配布する」「ペットは原則、飼育者の自家用車内とする」「飲酒は禁止」「喫煙は所定の場所で」など一つひと

第8章　防災・復興教育から始まる持続可能な地域づくり教育における農業高校の可能性　*157*

つは小さなことであるが、明確にすることで不要なトラブルを回避することができる。これを明示するとともに、運営スタッフの指示に従うことをお願いし、可能な方にはボランティアをお願いした。それでも細かいトラブルは避けられないが、丁寧に応対して理解していただくように努めていった。とはいえ、最も苦労したのはマスコミ対応であった。「避難者にインタビューしたい」「避難所を撮影したい」といった要望があったが、それに対しては報道規制を行い、取材エリアを設け、そこでだけ取材してよいことにした。それ以外は立ち入りや撮影をお断りし、取材班の一部からは非難する声もあったが、避難者からは感謝の声があった。

●数量が不足する物資などは、子ども→妊婦→高齢者→障害者→大人の順に配布します。
●犬・猫などの小動物は、原則「飼育者の車内」でお願いします。
●居住スペースは土足禁止とし、脱いだ靴は各自で保管するようお願いします。
●町役場、大島高校教職員の指示に従って頂きますようお願いします。
●ボランティアが可能な方は、お手伝いをお願いします（出来る範囲で結構です）。
●喫煙は、校内では一切できません（正門、裏門の外での喫煙をお願いします）。
●飲酒は、原則禁止でお願いします。
●粉ミルク・お粥・紙おむつなどの要望は、個別に対応させていただきます。（対応できない場合もございます）
●体育館内で取材に応じることは、ご遠慮いただきますようお願いします（今回は報道関係者が体育館内に入ることを禁止しています）。

図8-3　避難所ルール（抜粋）

写真8-3　報道規制

避難所が開設されたことで、大島高校は当面休校となり、10月15日から始まっていた中間考査は中止となった。各家庭には自宅待機と伝え、学級担任は避難所運営をしながら日々電話で生徒の様子を確認した。その間、ボランティア活動として被災現場で土砂や流木の撤去作業にあたる生徒がいるという話を聞き、大島高校も学校として組織的に取り組む判断をした。授業のない間、参加可能な生徒をまとめ、休校期間中も教職員・

写真 8-4　生徒のボランティア活動

生徒共にボランティア活動を行った。授業再開は 10 月 30 日であったが、その後も放課後などを利用してボランティア活動に参加した。大島高校および大島海洋国際高校のボランティア活動は、「自発的に全校一丸となって、民家敷地に流入した土砂の撤去作業など支援活動を行ったものであり、被災者支援活動に多大な貢献をした」として、2014（平成 26）年に国土交通大臣より「平成 26 年度土砂災害防止功労者表彰」を受けた。

（3）復興の課題

　大島町では 2014 年に「大島町復興計画」を策定した。この復興計画では、復興理念に「協働と連携による島の地域力と安全、安心なまちの再生」を掲げ、「被災者の生活再建支援」「地域基盤・インフラの復旧」「産業・観光復興支援」「防災まちづくりの強化」の 4 つを施策の柱として、2023 年まで 10 年間の目標と施策を定めた。道路工事や住宅の再建など、ハード面の復興はかなり進んでいる印象がある。例えば、災害時に最も大きな被害を受け、通行止めとなっていた御神火スカイラインは 2016（平成 28）年 9 月に開通した。特に甚大な被害が発生した元町地区大金沢では、東京都は対策期間を応急対策、短期対策、中長期対策の 3 つに区分し、土砂災害対策を段階的に施工し、応急対策から短期対策までは 2016 年度末までに完了している。現在は山腹工事や砂防堰堤の設置など、近い将来に生起する可能性の高い火山噴火への対応も考慮したハード対策に着手している。

　一方で、災害からの復興は、道路工事や住宅の再建などハード面の町づくりはもちろんであるが、インフラや住まいだけでなく、福祉、健康、保健、教育、環境、雇用、産業などさまざまな問題を克服していかなくてはならない。そこには「大島町復興計画」にも掲げられている、「地域力を活かした協働復

興」を進めることが重要であるとされる。

　伊豆大島にはジオパークや三原山、マリンスポーツ、サイクリングといった観光資源が多くある。農業・漁業といった特色ある伝統産業も残っている。これらこそ地域力であり、それを生かしたソフト面での復興が今後の課題である。大島高校では地域と連携した防災教育、そしてツバキの学びを中心に、農業教育・環境教育を通じた、地域振興の取り組みを実施している。

3. 都立大島高等学校農林科の防災教育と「ツバキ」学習実践

（1）伊豆大島の防災体制

　大島町地域防災計画（以下「地域防災計画」）は、災害対策基本法に基づいて、大島町防災会議が策定するものである。この計画では、防災関係機関、公共的団体、住民等がその全機能を発揮して、住民の生命、身体および財産を災害から守り、安心して暮らせる大島町をつくることを目的としている。基本的な考え方は、「災害教訓、社会環境、提言の反映」「減災の視点、要配慮者や男女共同参画の視点」「復興計画との連動」を柱として、震災・津波・風水害・火山・大規模事故の5つの災害および災害共通の復興計画、資料編の7編で構成されている。その中で、防災訓練や指定緊急避難場所、災害時協力協定といった大島高校が大きく関わる内容にもふれている。大島町では1986（昭和61）年11月の三原山噴火以来、

写真8-5　大島町合同防災訓練

写真8-6　生徒の炊き出し訓練

毎年11月に防災訓練を行っており、噴火から30年を迎えた2016（平成28）年は、東京都・大島町・利島村合同総合防災訓練として実施した。島内の9カ所で、島外避難訓練、住民共助訓練、部隊投入訓練、物質輸送訓練、救出救助訓練、応急復旧訓練、医療救護訓練、炊き出し訓練などが行われ、地域防災計画の検証と、住民の自助・共助体制や防災意識の向上を図った。

　地域防災計画には、災害に備える活動に加え、災害発生時の活動から、二次災害防止や緊急輸送、被災者の生活支援、災害ボランティア、そして災害からの復興まで事細かに盛り込まれている。なお、「平成25年台風26号災害」からの復興については、「大島町復興計画」を2014（平成26）年9月に策定し、計画的な復興を推進している。

（2）　農業科の特性を生かした大島高校の防災教育

　大島高校の防災体制は「学校危機管理計画」に則り、生徒の生命、身体の安全を確保することを方針の第一としている。その中で、災害に対する事前対策として、平常時における防災対策、防災教育を実施している。防災教育・防災（避難）訓練については、「学校危機管理計画」第2章第5節に「防災教育は、生徒が災害時に適切な行動ができる安全対応能力を身に付けられるよう、まず、自らを守り、次に身近な人を助け、さらに地域に貢献できる人材を育てるため、学校安全計画全体計画及び年間指導計画を作成し、教科、特別活動等、学校教育全体を通して実施する。避難訓練は、年間を通して教育課程に位置付けて計画的に実施する。具体的には登下校中や放課後など多様な場面や状況を想定するとともに、地域住民、大島町消防本部等の関係機関との連携を密にして実施する」と定めている。

1）　伊豆大島の象徴としてのツバキ

　伊豆大島には約300万本のヤブツバキが自生しており、その種から作られる椿油は、戦前から戦後にかけて全国的に有名になった特産品である。また、都はるみさんの『あんこ椿は恋の花』の大ヒットにより、あんこ娘とツバキの花は、伊豆大島の象徴となった。

　伊豆大島では縄文時代のものとされるヤブツバキの化石が見つかっており、

古くからヤブツバキが自生していたことが推察されている。残念ながら文献資料が少ないため、どのような利用がされてきたか、近世以前の島民とツバキの関わりはほとんどわかっていない。『伊豆大島旧六ケ村誌』（旧誌）には「大島の椿油のごときも、はじめは灯油として用い、また髪にぬり、搾糟は煮返して食用に供したとあるから…製油の初めは精々江戸期上代」とあり、また『野増村誌』に「果

写真8-7　ヤブツバキ戦略

実は八、九月頃に至って成熟…種子の採取は、時々地上に落下したものを、集め拾うこともあるけれども…腐敗する慮があり…普通…樹上に登って未だ落下せざるものを採取…」とある。こうして採取した種実を、馬車や大八車、背負子で自宅の庭まで運び皮をむいたそうで、これは大島の秋の風物詩であり、種実は1週間ほど干されたのち、業者に搾油を依頼、または販売したという。

　伝統的な搾油方法は、種子を粉砕したのちに、蒸して熱を加えることで水分と油分を分離させ、搾油しやすくする方法である。実に対する油の割合は2割程度になり、大正時代の物産統計（1916年）によれば、1位　牛酪、2位　薪、3位　炭、4位　椿油と、この時代における主要な産業であった。もともとは防風林として家や畑の周囲に植えられていたヤブツバキであるが、近代においては、産業資源として積極的に活用されるようになる。

　伊豆大島北部に位置する岡田地区は、良港をもち、江戸や東京など外部と折衝する機会が多く、取引で損をしない、だまされないためにも教育が重要視されていた。そのために、移動が自由になった大正から昭和の時代にかけて、多くの子弟を都内の師範学校に送り出し、戦前から戦後にかけて多数の教員を輩出している。その学費や仕送りにする現金収入を得るために、人々は椿林を守り育ててきたという。なぜなら、種子を搾油業者が買い取ってくれるからである。現在もその事業形態は継承されている。

　戦後まもなく、大島椿の宣伝カーが椿油を全国に宣伝したことが話題にな

り、椿油の生産量はピークを迎えるが、高度経済成長期に入ると他の安価な油脂におされ、生産量は減少、それにともなって椿林にも手が入らないようになっていった。椿油製造業も斜陽産業となり、工場の数も減少の一途をたどる。

　潮目が変わるのは、環境や健康志向に対する意識の高まりをみせる、いわゆる戦後バブル崩壊後である。オリーブオイルに匹敵するオレイン酸含有量があり、リノール酸は少なく酸化しにくい、不乾性油なので長持ちする、そして国産である「椿油」は次第に見直されるようになるとともに、新たな可能性も模索されている。収量の安定化や、収穫方法の合理化などが課題であるが、現在生産量日本一である東京都利島村のヤブツバキの数が約40万本であることを考えれば、伊豆大島に約300万本ものヤブツバキが自生している点は、産業振興に向けた大きな武器・資源になるであろう。また薪炭も江戸時代から伊豆大島の重要な生産品であった。これはオオシマザクラなども同様であるが、椿炭は火持ちが良く、灰も立ちにくい高級な炭として重宝されていたという。しかし、現在は伊豆大島の里山は、過疎化と高齢化で手が入らなくなり、多くの放置林が存在している。

2）里山の保全と防災教育

　農業科の学習指導要領には、科目「農業と環境」では「2　内容」の「(3) 環境の調査・保全・創造」に「イ　環境の保全」として、また「森林科学」では「2　内容」の「(4) 山地の保全」に「ア　治山治水」とあるように、森林の国土保全機能、防災としての治山治水について基本的な内容を扱うことを定めている。まして火山噴火、土砂災害の2つの自然災害の現場である伊豆大島において、森林の国土保全機能や防災機能を防災教育に生かしていくことの意義は大きいと考える。

写真8-8　野地のツバキ林

伊豆大島の里山はヤブツバキの里山といえる。防風林として植えられてきたことは、それだけでもヤブツバキの防災効果を認めていたことにほかならない。しかし、放置林化すれば光があたらなくなり収穫は見込めなくなるばかりか、害獣害虫の生息地になる。密植したままでは、傾斜地では地滑りのおそれがある。

今回の土砂災害の崩壊地の、崩壊発生前の主な植生はオオシマザクラ−オオバエゴノキ群集で樹齢40年程度であった。伊豆大島では1960年代まで薪炭用にこれらを伐採し、萌芽更新を行ってきた歴史がある。萌芽更新は樹木を伐採し新たに芽を吹かせるものであるが、伐採後10年程度は過去の根系が腐朽委縮し、直根が失われて側根が発達する。これにより表層土層と下部土層の根系による緊縛効果が失われてしまったと考えられている（曽根ら、2015）。直根と側根の違いが、防災上も影響があることを学ぶと、日頃の栽培実習や里山保全の活動に、生徒たちは新しい知識をもって取り組める。このような切り口で、伊豆大島ジオパークや防災関係諸機関と連携した防災教育の実施が期待されている。

（3）復興に向けた、「ツバキ」を生かした観光振興と持続可能な地域づくり
1）伊豆大島における「国際優秀つばき園」認定と観光振興への効果

伊豆大島は大正末期から昭和初期にかけて多くの文人墨客が来島したことや、定期便の就航、歌曲『波浮の港』のヒットにより日本中に知られるようになり、戦前から三原山観光を中心に多くの観光客でにぎわっていた。大島高校も日産の保養地であった土地を移管したもので、校内にいまだ熱帯性植物が残っているのはその名残である。

戦後高度経済成長期の離島ブームの頃は、さらに多くの観光客が訪れるようになり、観光産業もその頃が全盛期であった。年間の来島客数は80万人

写真8-9　大島高校椿園

写真8-10　黄色の「キンカチャ」

写真8-11　小池都知事を案内

に及び、これは現在の約4倍にあたる数字である。

　その後は国内の多くの都市近郊の保養地と同じように観光客数は減少の一途をたどり、産業の衰退と過疎化・高齢化の振興は、伊豆大島の大きな課題になっている。ワイドショーを賑わせた2016（平成28）年末の「新ゴジラ像」騒動は記憶に新しいところと思われるが、これも地域振興のための取り組みの現れであり、官民問わず何とかしないといけないという機運は高まっている。近年は、ジオパークや自転車競技、ロケットなど、島の環境を生かすさまざまな事業を呼び込み、新たな観光振興を目指している。大島高校椿園を含む、島内の椿園3園の「国際優秀つばき園」認定も、観光振興の起爆剤とするために取り組んだものである。

　ただ、ツバキもサクラも産業利用はされていても「花」の鑑賞は、伊豆大島においては第一義的な目的とはされていなかった。ツバキの園芸の歴史は古く、徳川二代将軍徳川秀忠公がツバキを大変好んだと言われるように、我が国においては江戸時代初期から多くの園芸品種が作出されてきた。幕末にヨーロッパに伝わり、オペラ『椿姫』が作られるなど、冬のバラとして貴族階級に大人気になったという。その後何度かのブームがあり、現在我が国においてはやや下火であるが、海外では黄色い椿「キンカチャ」や四季咲きの「アザレアツバキ」「香りツバキ」など、研究が盛んに行われており、現在、国内に約3,000、海外のものを合わせれば1万を超える品種があるとされている。これはバラやランに次ぐものであり、いかにツバキが世界中で愛好されてきたかが

わかる。ツバキとはツバキ科ツバキ属の植物の総称で、原種は東アジアを中心に約250種存在する。しかし、園芸ツバキの9割は、日本原産のヤブツバキがもとになっている。ゆえにツバキのルーツとして日本は世界から認知されており、ヤブツバキが300万本といわれる信じられない密度で存在しているツバキの島、伊豆大島は、愛好家からしたらツバキの聖地といえるのである。園芸ツバキの充実を図る意味でも、「国際優秀つばき園」の認定は価値があったといえる。

観光復興を打ち出した2017（平成29）年の椿まつり期間中の来島者数は、前年比約140％を達成することができた。大島町、大島支庁、観光協会、商工会、東海汽船など関係機関が、「国際優秀つばき園」認定を大いにPRしたキャンペーンを打ち出し、大島高校も椿ガイドやスタンプラリーの実施、小池都知事への案内などを通じて、これに貢献することができたと考えている。

2）ツバキを守り、持続可能な地域づくりを

RHS（王立園芸協会）の『The Garden』2017年10月号に、伊豆大島のツバキについての特集記事が掲載された。これは「国際優秀つばき園」を認定する国際ツバキ協会の関係者による推薦があったことによる。伊豆大島のツバキは、世界の中で確実に認知されるようになってきている。今後は、世界を相手に観光客を招致することを考えていくべきであろう。

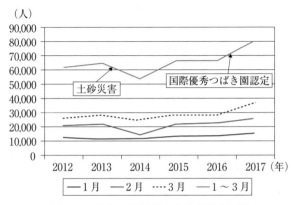

図8-4　椿まつり期間中の来島者の変遷

ただ、観光産業は伊豆大島の主幹産業であるが、これは水ものである。それに頼るだけでは一過性のもので終わってしまう可能性もあるので、地域資源「ツバキ」を生かした観光以外の産業も再興・発展させて、充実していくことが重要である。例えば大島高校では、地域の業者と連携して伊豆大島の特産品である椿油づくりに取り組んでいる。

伊豆大島にヤブツバキが多い理由は、椿油の原料にするためにこれを植え、守ってきたことも一因である。生徒たちが収穫、調整したヤブツバ

図8-5　ツバキで学ぶ地域活性化
出典：日本教育新聞、2017年1月30日

キの種子を、業者の工場で搾油・充填し、これにオリジナルラベルを貼り島外で販売することで、伊豆大島のPRにつなげている。派生商品である「椿油入り島高ラー油」も製造し、これらは全国農業高校収穫祭で、最優秀賞にあたる「お客さま賞」を受賞した。その他にも、椿炭、陶芸、木工、染め物など、ヤブツバキを活用した特産品は数多くあり、島内にはそれぞれのスペシャリストがいる。放置林化している椿の里山を再生し、そこから得られる材や花、種、これらを活用することは資源の有効利用であり、そして里山の保全は防災効果もある。

大島高校の椿林の保全ボランティアは、地域のNPOと岡田地区の「仙寿椿」（町の「保存樹木」、日本ツバキ協会の「優秀古木」に認定）の保全にも取り組むほか、野増地区では大島椿の里山再生プロジェクト「つばき座」に

協力している。また高齢者が保有する椿林の管理も行っている。花の観賞や収穫、森林浴など、いろいろな人たちと関わりながら、ヤブツバキに親しめる里山を島内に作っている。

　このように、ツバキを守っていくことが、経済面でも環境保全や防災面でも持続可能な地域づくりを実現することになり、同時に伊豆大島でしかできないオンリーワンの教育実践の実現につながるといえる。

（4）　学社融合型の地域づくり教育における農業高校の可能性と課題

　社会教育・生涯学習の研究蓄積において、1960年代に「地域と青年期教育」を論じた教育学者・宮原誠一は、「地域が個性をうしない、地域としての意思をもてなくなった過程」の直接の始まりは1888（明治21）年の市制・町村制の制定と、1890（明治23）年の府県制・郡制の制定であり、それ以来、地域は形式的な地方自治の名目を与えられ、（中略）国家の下部機構に織り込まれ、次第にその個性を失い、その意思を封じられてきた」と指摘する。そして「工業化の進行にともなって、地域が破壊され、日本全体が（中略）全国平均的にアメリカ化されていく」という「現実」に対して、「うしなわれていく旧い地域をよびもどすのではなく、新しい地域が、地域大衆の手によってつくりだされていかなくてはならない。（中略）そのための基礎的な教授と学習を組織していくことが、今日国民の立場に立つ教育の任務である」として、その先駆的実践例として、千葉県立銚子高校の「銚子地域における婦人労働の歴史と現状」、長野県立茅野高校定時制分校の「観光開発計画」、静岡県立沼津工業高校の「石油コンビナート進出計画」に関する3つの高校生の研究実践を紹介している（宮原誠一『青年期の教育』岩波新書、1966年）。

　東日本大震災・福島原発事故後の対応をめぐる防潮堤建設や原発政策の動向から、今日なお我々は、国家（あるいはグローバリゼーションというさらに大きな構造）の下部機構に織り込まれ、次第にその個性を失い、その意思を封じられつつあることを認識しなければならない。このような国家と地域をめぐる構造、そしてその構造と向き合う教育的営みの発火点として、自然との共生に向けた生き方を教える農業高校は重要な役割を担う可能性がある。

168　第3部　地域と学校の連携

　今日の学校と地域をめぐる現状の課題と解決へのアプローチについて降旗（2017）は、①「持続不可能な地域と学校」という現状への理解、②続いてその現状の課題を打破するための手がかりとしての「学びと教育の革新」、③そして従来の「学校」への見方を変革する「地域支援学校」という新たな視点、④さらにそうした変化に向けての重要な役割を担う「ファシリテーター」という4つの課題として示し、10の地域と学校の実践事例をもとに、災害、環境、地域経済などのそれぞれの視点からその実践的課題と可能性を探っている。

　この中で災害を扱った高田（2017）では、東日本大震災の直後の復興支援を行った教職履修学生たちが何を学んだのか、さらに、その大学生たちがその数年後、現場教員となって沿岸地域の小学校に赴任し、そこで自らの被災地体験を原動力に地域の津波防災に取り組む姿が報告された。この実践報告は、被災地外の大学の教職課程に在籍する学生に、さまざまなリスクを抱えつつも被災地でのボランティア活動という体験の場を提供しようとする大学教員の立場からの報告であった。

　防災教育に限らず災害をめぐる教育には、「子どもたちに大きな不安や絶望を与えかねないリスクを負いつつも、そのギリギリのところで彼らの保護を試みて主題を希望へと、あるいは人生の意味へと接続する極めて高度な課題を引き受けている」（『災害と厄災の記録を伝える ― 教育学は何ができるのか ―』山名淳・矢野智司）という今日的課題が立ちはだかる。学校を地域に開こうとすればするほど、地域の固有の問題、直面する課題に学校は無関心ではいられなくなる。そのような「主題を希望へ接続する」役割がこれからの学校に求められるのであり、学校における教育のあり方に第一義的に責任を有している教師一人ひとりにその期待が寄せられているといえよう。

参考・引用文献

東京都大島町『平成25年伊豆大島土砂災害記録誌』東京都大島町、2017年。

高瀬康生ら「伊豆大島の土砂災害とその後の復興」東京都、2017年。

大島町防災対策室『大島町地域防災計画』東京都大島町、2017年。

東京都立大島高等学校『学校危機管理計画』2017年。

第8章　防災・復興教育から始まる持続可能な地域づくり教育における農業高校の可能性　*169*

大島町史編さん委員会『東京都　大島町史　通史編』東京都大島町、2000 年。

曽根好徳・飛田健二・寺田悠祐・上野将司・浅見和弘・野並賢・沖津二朗・矢部満「平成 25 年
　台風 26 号による伊豆大島火山山麓における表層崩壊の発生機構」『応用地質技術年報』2015
　年、1-22 頁。

金子雄「地域資源を活用したオンリーワンの地域活性化の取り組み」『棚田学会誌』No.18、
　2017 年、102-109 頁。

降旗信一「持続可能な地域と学校のための学習社会へ」『持続可能な地域と学校のための学習社
　会文化論』学文社、2017 年。

高田研「災害支援で育つ若者たち ― 東北から広島、そして熊本へ」『持続可能な地域と学校の
　ための学習社会文化論』学文社、2017 年。

第**9**章

北海道浜中町のチリ地震津波の歴史を
記憶として取り戻す
── 浜中町立霧多布高等学校の取り組み ──

はじめに

　日本は古来より多くの自然災害に晒されてきました。これら自然災害に対して日本人は、対抗するということよりも、受容し、そこに生ずる悲しみを人間修養の機会に転化させ、自然と共に生きる姿勢として捉えてきたのではないか。その中で、個人に対して、辛い記憶を忘れ、新たな第一歩を踏み出すことを、暗黙的にも、顕在的にも強要してこなかっただろうか。せめて、これら悲しみを和らげるために、子や孫の世代に石碑や伝承を残し伝えて、自身の思いを納得させてきたのではないか。それは、次世代が自身の記憶として継承させることにどのような役割を果たしてきたのだろうか。

　東日本大震災や熊本地震など、自然災害発生後になって、これまでに被災した先祖の大津波や地震の遺跡などが取り上げられ、先人が警告していたと話題になる。被災した当事者は、その過酷なまでの経験を、次世代に伝えようとし、記録を残し、碑などを設置して災害の爪痕を残してきた。これは現在の我々も同じであり、被災地の多くで、記録をとどめ、伝える活動が行われている。しかし、問題は、次世代が、いや現世代でも被災していない地域の住民は、被災者の体験に恐れながらも、いつしか忘れ去っていくことである。いや積極的に忘れ、次に進もうとする暗黙の力が加わっていないか。これら思考は自然災害のみならず、戦争体験、公害体験など、さまざまな被害においても生じていることではないか。

第 9 章　北海道浜中町のチリ地震津波の歴史を記憶として取り戻す　*171*

となれば、自然災害を一時的、一過的な事象として捉え、歴史として捉えていく姿勢に対応する、次世代の記憶に捉えなおす実践の再評価が問われるのではないだろうか。これら一連の過程を、公害教育で実践されてきた "忘却 ―歴史化 ― 記憶化" の過程に注目して、北海道東地域を襲ったチリ地震津波の継承事例から読み解き、可能性と課題を明らかにしてみたい。

1.　北海道東地域沿岸部を襲ったチリ地震津波

　ここで取り上げるチリ地震津波は、1960（昭和 35）年 5 月に、北海道東地域沿岸を襲った津波である。このチリ地震津波に襲われた沿岸部の中で、特に被害の大きかった浜中町の事例を通して、整理を進める。

　1960 年に、直接地震に被災することなく、突如襲った津波。それがチリ地震津波である。被災 50 年の記念として 2010（平成 22）年 12 月に浜中町赤十字奉仕団の企画として、被災経験者の対談が企画され、取りまとめられたのが『あれから 50 年』である。まさに東日本大震災の前年である。この記録に、チリ地震の概要を、こう記している。

　　1960 年（昭和 35 年）5 月 22 日 15 時 11 分 14 秒（現地時間、日本時間では 5 月 23 日 4 時 11 分 14 秒）、南米チリ共和国でマグニチュード 9.5 という地震が発生します。この地震直前にマグニチュード 7 ～ 7.5 の前震と思われる地震が 5、6 回続き、その後本震が発生しています。この地震により首都サンティエゴ・デ・チレをはじめ、チリ全土で死者 1,743 名、負傷者 667 名の大きな被害となります。震源地はチリ南西沖バルディビア近海で震源の深さは、約 33km と言われております。地震発生 15 分後に約 18m の津波がチリ沿岸部を襲い、約 17 時間後にはハワイ諸島を、22.5 時間後に日本を襲いました。ハワイ・ヒロ市では約 10.7m の津波が押し寄せ、日本でも北海道から沖縄までの広い範囲で 2 ～ 6m の津波に襲われ多くの犠牲者を出すことになります。

　当時、チリ地震発生に伴い全国的な津波調査が実施されることになり、北海道を担当したのが三好寿氏である。三好は北海道調査の前に青森県八戸を視察後、北海道入りする。調査地域は函館から根室までの沿岸部であり、途中、浜

172　第3部　地域と学校の連携

中村霧多布にも立ち寄っている。

これら調査結果は1960（昭和35）年8月に『自然』に掲載されている（三好寿、1960）。ここで5月24日の状況について、三好は「チリからやって来た津波が、途中ハワイを襲ったとき、関係者は警報を出すのをちゅうちょした。そのために、この5月24日は歴史に残る日になってしまった」と指摘する。そして警報を出した場合、出さない場合の経済的損失を提示したうえで、警報は出すべきだったと断言する。

そのうえで、チリ地震津波の特徴を以下のように整理している。

①　押しに比べて、引きが強烈だったこと。

　　津波の引きが強烈だったことにより、奔流となり土木関係の被害を大きくした。

②　沿岸部の津波被害の差は海底地形によること。

　　遠方からの津波であったが、次第にならされたことによりほぼ一様の強さで沿岸部を襲うも、場所の違いによる津波の強弱は沿岸部の海底地形に影響を受けた。

③　東日本沿岸部の方が幾分強い津波が来た。

　　伊豆諸島とそれをつなぐ浅瀬が天然の防波堤となり、一様な強さにならされていたが、西日本で弱められた。

　　しかし、浅瀬のなくなる鹿児島では強くなっていた。

④　津波の継続時間が長かったこと。

　　1昼夜継続したのは津波が方々の海岸で反射されたためである。

⑤　霧多布に襲来した津波は、副振動の影響で増幅されたものである。

　　浜中湾と琵琶瀬湾によりそれぞれの津波の振動幅が違い、霧多布の岬により落差を生じたことから互いに助長され、大きくなったと考えられる。

2.　浜中町におけるチリ地震津波

浜中町史によれば、戦後浜中の発展過程を問うとき、戦前、戦中、そして戦後の混乱期に浜中村を牽引した千葉吉治村長から、1947（昭和22）年に新地方自治法の制定によって誕生した坂田重蔵村長への継承は、北海道が本州（内地）と同等の自治権を有するようになったと捉えられる転換期である。まさに

第9章　北海道浜中町のチリ地震津波の歴史を記憶として取り戻す　173

（霧多布市街鳥かん）

（津波直後の中学校）

（現在の中学校）

図9-1　チリ地震津波の被害の状況
出典:『あれから一年』より、チリ地震津波被害写真

住民による直接選挙によって選出されたのが坂田重蔵村長であった。坂田重蔵村長誕生には、浜中町史において、以下のような逸話がある。

　　坂田はもと霧多布小学校校長、当時十勝芽室に在住していたが、人柄を買われて教え子たちに引っ張り出され、地元の草分け候補を押さえて当選した。2度目は独走で、3期12年在職した。

　浜中町史には、坂田村長在任期間中の困難が記載されている。経済不安定の時期に、新学制が発布され、霧多布港修築が始まり、自治制度、経済制度、社会制度が改革される。そして、これらに対応しながらも、道東は冷害・凶作に襲われるという多難な時期であった。このような時期に、地震や津波が襲いかかるのである。

　坂田重蔵村長の下で大きな地震と津波に被害を経験するわけだが、チリ地震津波を語るとき、十勝沖地震の経験は良くも悪くも無視するわけにはいかない。「良くも悪くも」と記したのは、この経験により迅速に避難行動が行われ、避難所運営、支援活動のノウハウを蓄積できたという評価の一方、地震と津波がセットになって襲いかかると認識されたことにより、津波だけ来襲するという事態に混乱と疑心暗鬼が生じ、避難が遅くなった例が散見されるからである。これらは文集等にも散見されることから、次節で詳細に整理していくこと

図9-2　十勝沖地震津波の被害
出典：『浜中町史』より十勝沖地震津波被害の様子

第9章　北海道浜中町のチリ地震津波の歴史を記憶として取り戻す　175

にする。改めて、チリ地震津波の前に被災した十勝沖地震から整理していくことにしよう。

（1）十勝沖地震（1952年3月4日）の経験

浜中町史によれば、坂田村長2期目の1952（昭和27）年3月4日午前10時に十勝沖でマグニチュード8.3という強さで地震が発生した。これに伴い、北海道東沿岸部に津波が来襲した。この地震と津波により北海道で死者28人、行方不明者5人、家屋全壊815戸の被害が発生した。十勝沖地震被害状況一覧によれば、浜中村の被害は、死者3人、行方不明者0人、家屋全壊18戸であった。しかし詳細を見ると、重傷者1人、軽傷者9人であり、家屋流失44戸、中破95戸、小破149戸の総計306戸、非住家被害を合わせると被害総額2億6,394万9千円という甚大なものであった。特に、被害種別に見ても、水産関係被害が1億4,516万2千円と被害総額の55%を占めるような事態になったのである。浜中村沿岸部の津波被害の実態としては、3月ということもあり、流氷を伴ってなだれ込み、特に霧多布は琵琶瀬、浜中の両湾から津波が押し寄せ、市街戸数の11%が流出・全壊し、その他の被害戸数の57%を占めるほどであった。

十勝沖地震被害に対する支援等については、3月7日（3日後）には臨時の村議会が召集、災害復旧対策本部が

表9-1　十勝沖地震の被害状況

十勝沖地震被害状況（昭和二十七年三月四日発生）

被災戸数	被災人員	死　死亡者	重傷	軽傷者	計
三〇六戸	一、八五六人	三人	一人	九人	一三人

住宅被害　被害種別	被害額（千円）
流失　四四戸	二、一二四二
全壊　一八	一五、九六七
中破　九五	一五、五〇一
小破　一四九	二、七二九
小計　三〇六戸	三三、四六九

非住家被害　被害種別	被害額（千円）
流失　三三棟	二、七一五
全壊　一二	九六一
中破　六一	三、四四一
小破　三三	二二六
小計　一三九戸	七、三三八

被害種別	被害額（千円）
通信施設被害	九三七
土木関係被害	一八、五六八
農業関係被害	六、八二六
水産関係被害	一四五、一六二
商工業関係被害	二〇、九〇〇
文教施設被害	一五、二三五
その他	一四、九七四
被害総額	二六三、九四九千円

出典：『浜中町史』より十勝沖地震被害状況一覧

設置され、見舞金、仮小屋建設、生活資金配布、住宅建設などの対策の取り決めが行われた。復興に対する村の努力のほどが窺い知れる。これらの経験がチリ地震津波に生きてくるのである。

(2) チリ地震津波の実態（1960年5月24日）

　1959（昭和34）年には坂田重蔵氏から鳥居巳三氏が村長になった。鳥居村長は3期、浜中の首長を担うわけだが、この時期は浜中村から浜中町へ切り替わる時期でもある。しかし、坂田村長、鳥居村長の2人の事例だけを見ると、首長が交代する時期に、浜中に災害が降りかかるという不運が続くことになる。

図9-3　第一被害の様子
出典：『赤いまり』より抜粋

図9-4　孤島となった様子
出典：『赤いまり』より抜粋

　1960（昭和35）年5月24日、チリ沖で発生した巨大な地震により津波が来襲した。十勝沖地震から8年しかたっていない時期に、津波が浜中のみならず、北海道東沿岸部に来襲するのである。24日午前3時頃、鮭鱒漁などの準備を行っていた漁師が異変に気づき、役場へ連絡が入った。役場は釧路気象台に問い合わせるも、回答は「不明」とされた。

　しかし、沿岸部住民は、潮の満ち引きの異常さから自主的に避難を開始する人たちが出始める。十勝沖地震の経験が生きた例といえる。北海道東地域では午前3時から4時にかけて、夜が明け始める時間帯になるが、本州以南ではまだまだ夜半とい

うことになろう。浜中でも寝静まっている家庭も多くあった。これら家庭は気づくのが遅れ、避難が遅れた例も多く散見されるのである。

　そのような海の異常に際し、午前4時30分、鳥居村長は津波が来襲すると判断し、消防団により半鐘を鳴らし、住民に対して避難命令を出す決断をする。この半鐘だが、沿岸部すべての住民に聞こえていたわけではないことが文集や対談、聞き取り調査で明らかになっている。現在のような放送設備のない時代である。半鐘を聞きつけ、人づてに情報が回るのに大分時間を要することになるのである。しかし、4時40分頃には3.8mの津波の第1波が浜中湾から侵入し、霧多布市街、新川、暮帰別、榊町に襲いかかった。この第1波により通信網は途絶する。この後、津波は第2波、第3波と浜中湾、琵琶瀬湾双方から交互に来襲し、最終的には第12波まで来襲し、収束することになる。この過程で、10時45分頃には霧多布大橋が流出、霧多布と新川の海岸土砂がえぐり取られ、霧多布が孤島になってしまう。

　12回に及ぶ津波の来襲が終わってみると、琵琶瀬湾沿岸で約2,000m、浜中湾沿岸で1,500mにわたって、海岸から200〜300mまで土砂が削られた。これにより昆布の干場として造成していた約6万9,000坪が消失したことになる。これら津波によって、北海道東地域の被害は、死者・行方不明者52人、被害総額18億3,800万円に上った。浜中の被害状況は、被災戸数534戸、被

表9-2　チリ地震の被害状況

チリ沖地震津波被害状況（昭和三十五年五月二十四日発生）

被災戸数	被災人員	死亡者
五三四戸	二、九三四人	一一人

住宅被害

被害種別	被害額　千円
流失	一五一戸　三三、七〇〇
全壊	五六　八、二〇〇
半壊	一〇九　一九、二五〇
浸水	二一八　六、二五七
小計	六七、四〇七

非住家被害

被害種別	被害額　千円
流失	一二〇棟　一三、八二五
全壊	二八　七、四〇〇
半壊	四三　九、八四〇
浸水	七五　四八三
小計	二六六　三一、三九〇

被害種別	被害額　千円
電気通信施設被害	一六、六四〇
土木港湾関係被害	一、七二六、五五〇
農林関係被害	一五
水産関係被害	二〇〇
商工業関係被害	四五
文教施設被害	二、九六五〇
公共施設被害	一〇二、四二九
その他	

被害総額　二、一一二、九二三千円

津波の規模　最大三一・八一尺　平均三・七〇尺（霧多布港修築事務所調べ）

出典：『浜中町史』より抜粋

災人員 2,934 人、死者 11 人であった。住宅被害としては、流失 151 戸、全壊 56 戸、半壊 109 戸、浸水 218 戸であった。被害総額は 21 億 1,192 万 3 千円に上った。これらは十勝沖地震に比べて、流失家屋、全壊家屋ともに 3 倍、被害総額 8 倍という状況であった。被害総額が 8 倍に跳ね上がっている主な要因は、最も被害が大きかった種別として土木港湾関係被害が 17 億 2,655 万円と飛び抜けて多いためである。これらは 12 回に及ぶ津波によって沿岸部が削り取られ、霧多布港も甚大な被害を受けたことなどが挙げられる。

釧路支庁は 24 日 8 時には災害救助法を発動。海上保安庁、自衛隊、保健所、警察、日本赤十字などが復興支援活動を開始する。27 日に臨時村議会が召集され、6 月下旬には霧多布、新川、暮帰別、榊町に仮設住宅 55 棟 110 戸が完成し、避難民を収容した。全国から寄せられた見舞金が 2,986 万円を超え、食料、衣料品は 2 万 5,000 梱包に達した。

次節で取り上げる北海道厚岸郡浜中村被災学校編『赤いまり』にも「津波の状況について」という記載がある。これによれば、津波の兆候を察知し、避難へと導いた要因は 2 つあることがわかる。

① 1952（昭和 27）年 3 月 4 日に十勝沖地震による津波を経験していたこと。
② 時期的に昆布漁や鮭鱒漁の時期で、早朝から船で出漁していた漁師がいたこと。

補足としては、北海道東地域は、日本で最も早く日の出を迎えることから、『赤いまり』には「おばあさんが午前 3 時には畑作業に行っていた」との記述もあり、早朝すでにだいぶ明るくなっていたことが想定される。また、「津波の状況について」には、霧の多い地域であるにもかかわらず、「珍しく快晴の夜明けであった」との記載があり、津波襲来の様子が克明に記載されているのは、状況が視認できたためと考えられる。

一方、十勝沖地震の経験から、地震と津波がつながって認識される傾向があったため、引き潮の異変に気づくも、避難が遅れた事例が散見されている。引き潮でのエピソードとしては、次節に取り上げる記録にも見られるが、鰈や氷下魚、北寄貝を拾って歩いた記録も散見される。

結果として、津波は 8 回ほど襲来したわけだが、その様子が「津波の状況に

第9章　北海道浜中町のチリ地震津波の歴史を記憶として取り戻す　179

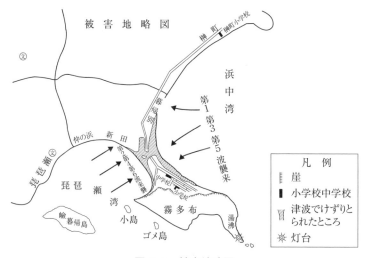

図9-5　被害地略図
出典：『浜中町史』『赤いまり』をもとに作成

図9-6　チリ地震の被害
出典：『浜中町史』より抜粋

ついて」には下記のように記されている。

　四時過ぎには、海水が沖合遙かに引潮の現象が起り、平素の引潮で見ることのできない海底が露出しておりました。榊町方面の漁師の中には、その間に鰈やこまいを拾って歩いた人もあるということです。

180　第3部　地域と学校の連携

　それからほんの少しずつ悠々と潮込みが始まり、それから数分後にあのような惨害が起るなど想像もできなかった状態でありました。潮の高さが平常になったかと思うと、今までの静けさを忘れたように、急に海水が小波ざわめき立って急激に水面がふくれあがったと見る間に陸上に向かって奔流し始めました。この時、すでに暮帰別新川方面の家屋、電柱は一瞬水面から没し去り、浜中湾より襲った第一波の津波として陸のあらゆるものに対して猛烈な惨劇の拳を振り下すことになりました。

　そのあとは第二波が琵琶瀬湾、第三波浜中湾からと交互に、凡そ十分位の間距をおいて、高さ四〜五米に及ぶ、津波によって霧多布の市街の八割近くは甚大な被害を受け、尊い人命も失ないました。(原文のまま)

3. チリ地震津波の被災記録

（1）『赤いまり』北海道厚岸郡浜中村被災学校編

　『赤いまり』は、チリ地震津波が浜中町霧多布を襲い、沿岸部の小学校、中学校、高等学校の7校が被災し、一時避難所となりながらも1カ月後には、避難されていた方々が親類や他の空き家などに退去し、6月13日前後には、ほぼ平常学習に戻ったのを機に文集としてまとめたものである。

　具体的に被災した学校は、以下の学校である。

　　　小学校：霧多布小学校、榊町小学校、琵琶瀬小学校
　　　中学校：霧多布中学校、浜中中学校、奔幌戸小中学校
　　　高等学校：霧多布高等学校

　被災児童生徒609名、うち学童の犠牲者は1名であった。この唯一の犠牲者が“鈴木あけみちゃん”という女児であり、この鈴木あけみちゃんの赤い手毬が、被災翌日霧多布の浜に打ち上げられていたことから、悲しみと苦痛の象徴として表題に選定されたのである。改めて文集を見ると、文章が掲載された児童生徒は62名であり、これに霧多布短歌同人会の短歌が掲載されている。児童生徒の内訳は小学生41名、中学生21名であり、男子児童生徒23名、女子児童生徒39名である。この文集を刊行した理由は何か。この手がかりは編集後記にある。

災害復興の慌ただしい中で、子どもたちの生活のあらゆる傷手を、教育の場に於いて解決していくことの困難さを痛切に感じながらも、それらの具体的な抑え方を、この文集に求めていこうとした。

しかし、結果として津波の経過を、それぞれの児童生徒によって記す形式になったことが編集後記に記載されている。それだけ強烈なインパクトがあり、強いストレスにさらされていたことを物語っている。被災後2カ月程度で児童生徒が受けた衝撃を乗り越えたり、抑え込もうとするのは、そもそも困難であったろう。しかし、何らかの対応を取らねばならない教育現場は、児童生徒がいかに津波被害を受け、それをかいくぐり乗り越えたかを吐露させ、これを教師や大人が聞き届ける必要があったのではないかと推察する。

図9-7 『赤いまり』表紙
出典:『赤いまり』から抜粋

では、改めて『赤いまり』に記載された内容について、整理してみる。記載された内容は大きく分けて、①津波や避難のこと、②避難所生活のこと、③復興、支援のこと、④亡くなった人のことに分けられる。この中には復興激励のための東京の小学生との往復書簡も含まれる。この分類では内容が複数の事項にわたる。

そのうえで整理してみると、①に関するもの38編（41%）、②に関するもの19編（20%）、③に関するもの24編（26%）、④に関するもの10編（11%）、落丁等により不明なもの2編（2%、ただし製本時の落丁ではなく、複製時落丁していたもの）の延べ93編であった。

次節で避難所生活のことを取り扱うことから、ここでは①および④の事項を中心に、具体的な記載内容を見ていくことにする。また、被災学校に霧多布高等学校が含まれているが、文集には高校生の記載はない。よって、文集は小学生、中学生で構成されている。高校は別途文集もしくは記録を生徒から集めて

図9-8 戸外授業の様子
出典:『赤いまり』から抜粋

いたかもしれない。しかし、現時点では不明で、実態については今後聞き取りを進めていくことにする。

被災時の様子だが、小・中学生ということもあり、いくつかの傾向や様子が窺い知れる。ここで紹介するにあたり、文集では実名表記されているが、ここではイニシャル表記とする。

1) 津波の気づき方

早朝寝ているところを起こされたという記述が多く散見される。津波の来襲を身内（親、兄弟）から知らされて起きた例や近所の人から知らされた例、従業員から知らされた例、消防半鐘で気づいた例などである。

　　「E子、津波だよ、早く起きなさい」という母の言葉に、私はびっくりしておきあがった。　　　　　　　　　　　　　　（霧多布小学校5年生のKさん）

　　「おくさんいるかい。あけて。」と寝ているところを起こされて、びっくりしてあけてみると「つなみだよ」といいました。となりのおばさんです。
　　　　　　　　　　　　　　　　　　　　　　（霧多布小学校3年生のHさん）

2） 経験に基づく混乱の様子

　津波に気づき逃げる準備に追われる様子が記載されながらも、地震のない津波に戸惑う様子も記載されている。特に、十勝沖地震の時の経験から、混乱する様子が記述されている。

　　　前の津波の時は琵琶瀬湾の方から来たので今度も同じ方だろうと思ってその方ばかりに注意していた。　　　　　　　　　　　　（霧多布中学校３年生のＴさん）

　　　四時四十分ごろ、ふと浜を見ると、なんと潮がずんずん引いて、今まで見えもしなかった島々が見え始めた。大人の人たちは、「いまごろ大潮でもないのに。」「いやいくら大潮でもあんなに潮が引くはずがない」などと話し始めた。そのうち、人々は急に騒ぎ出した。ついに、「津波だ」と云ふ人も出て来た。しかし、津波にしては地震がないのである。大半の人は、あまりのおそろしさに逃げじたくを始めた。すると海の様子が急に変わり始めた。海の色が変り波が沖の方から降り始めた、人々は家財道具を馬車やリヤカーなどにつんで、山の小高い方に逃げ始めた。　　　　　　　　　　　　　　　（浜中中学校２年生のＳさん）

3） 避難時の対応

　避難する人の様子、津波の様子は最も多い記載事項である。児童にしても最もショッキングで記憶に残る様子の一つである。家族・親類・知人・友人が津波にさらわれた様子や本人が津波にのまれそうになった経験など、PTSD につながる経験であり、これらをどのように支援するかが、当時の学校教員に問われていたともいえる。このため、まずは児童生徒が抱えているものを把握する意味でも文集発行の意義は大きかったと推察される。

　　　山へ登って町を見ると、たくさんの家が波のために流されていくのです。両方の海から押し寄せる波のために家や船やその他のもの全てが木の葉のように左右におし流され、沈んだり、ひっくり返ってしまうのです。

　　　　　　　　　　　　　　　　　　　　　（霧多布小学校５年生のＫさん）

　　　私は病気の妹をおぶって教科書も何も持たずに逃げました。母は、体が弱いので自分だけ逃げるのがやっとでした。避難所に行かない内に波がよせてきまし

た。私達は死の寸前だったのです。私達のすぐ目の前をごうごうとうなるだく流
につぶされた家が流れていく、人が波にのまれていく、何というむざんな、ざんこ
くな光景でしょう。　　　　　　　　　　　　　　（霧多布中学校２年生のＮさん）

避難が間に合わず、家の２階や屋根に登って難を逃れようとする様子や家
ごと流されている様子も記載されている。

　母にきっと津波が来るかもしれないから布団や畳を押し入れに上げておけと云
うので、僕は母と二人でこの仕事をした。それから自分の勉強道具もカバンに入
れて、高い所に上げておいた。…父が家の中に入った時には波がゴーと音をたて
て押し寄せて来た。波はどんどん家にぶつかり、めりめりばりばりと音をたてな
がらこわれはじめました。　　　　　　　　　　（霧多布小学校６年生のＮさん）

　父達は船の方の仕事、私達は衣類の方の仕事、かたずけた物を山に運ぼうと
もせず、父が高潮位だろうと言うので私達もその言葉通り蔵の二階に荷物を上げ
た。　　　　　　　　　　　　　　　　　　　　（霧多布中学校３年生のＴさん）

　みんな、にげてしまったあとだった朝、三時頃からみんな津波がくるとさわい
でいたのに、私の家では、みんなねていた。父が沖に出ていなかったが、私たち
が気づいて、にげようとしたときはもうおそかった。

　　　　　　　　　　　　　　　　　　　　　　（霧多布小学校６年生のＮさん）

４）亡くなった人のこと

　浜中町では11名の方が亡くなっている。身内や親類、友達で亡くなった人
を改めて整理しておきたい。

　あけみちゃんがつなみでながされてしにました。ほんとうにかわいそうでし
た。わたしたちもつなみでしんでしまうとおもいました。

　　　　　　　　　　　　　　　　　　　　　　（霧多布小学校１年生のＫさん）

　今でも僕の気持ちの中に複雑に残っている。おばあさんの悲しい死の知らせで
した。あんなに僕たちを優しくしてくれて、又、かわいがってくださったおばあ
さん、そのおばあさんを死なせたのはだれだ‼　津波の、津波の為におばあさん
が死んだのです。津波ほどにくいものはない。しかし自然をにくむ前に、科学の

時代から原子力時代の今日、その対策を考えられないものだろうか。

(霧多布中学校1年生のUさん)

　母さんは、仕事のことで霧多布に行って別々だったのです。父さんに話すと「よし、霧多布に行ってみる。」といって、母さんの着物を二三枚持って出かけました。父さんが母さんをさがしている時、灯台か、どっかの島で見つかったとさわいでいるので行ってみると、それは、母さんの死体だったのだそうです。

(榊町小学校5年生のTさん)

　亡くなった人のことは『赤いまり』には10本ほど掲載されている。最初に児童で唯一亡くなった鈴木あけみちゃんに関係する文章を紹介した。前項3）で鈴木あけみちゃんが津波にさらわれた様子を記したと思われる文章を紹介した。
　あけみちゃん以外に亡くなった人の記載を見ると、児童生徒の親（父親、母親）が亡くなった悲しみが子どもたちの心に強烈に突き刺さっていることが見て取れる。文集全体の1割程度の数ではあるが、心の傷の深さが容易に推察できる。

(2)『あれから一年』北海道厚岸郡浜中村立霧多布中学校編

　『赤いまり』に記された児童生徒の悲惨な体験や声が、その後どのように変化を遂げていくのか。学校現場での記録を『あれから一年』を通して読み解いていきたい。

　『あれから一年』は、1961（昭和36）年に5月24日を迎えるにあたり、霧多布中学校が編集し、18名の生徒の思いを表した文集である。当時の生徒数は、男子生徒123名、女子生徒128名の251名であった。このうち、文集に掲載されているのは女子中学生15名、男子中学生3名であり、女子中学生の執筆が多いのが特徴である。これには2編の詩も含まれて

図9-9 『あれから一年』
出典：『あれから一年』から抜粋

いる。また、最後2編の文は、『赤いまり』の表題になった亡くなった女の子の姉に対する見舞いと激励が掲載されていることも特徴的である。

当時、霧多布中学校長だった今川勝雄は文集発刊にあたり、復興が進む学校の様子を「本然の学校の姿に立ち戻りつつある」としながらも、「グランドのあの角、校地のこのすみと、未だに半ば土に埋ったへさきの破片や、どろまみれの主なき漁網の一片が魔の爪の跡の如く、痛く目にうつる」と1年前に回帰する。そして、全国の支援と地域の様子について、「然し、いち早く続々と全国から寄せられた心温い数々の救援の手、見舞いの品、慰問の便り、激励の言葉が、如何に我々に生気を取り戻させてくれた」と支援に対する善意に感謝しつつ、それが「卑屈と殺気にバラバラになり勝ちだった私たちを団結へと支えてくれた」と地域の状況へと目を向けるのである。

また、全国からの善意と友情に感謝し、何とか前に進もうとする生徒たちの姿を「ことに乏しい苦しい中にも敢然と立ち上がって、明るく学校生活を続けている生徒の様子の一端を綴り、この文集にして贈る」とまとめるのである。

ここから、この文集が全国の支援者を意識して編集されたものであり、これらの意図に対して、生徒は気丈に応える。しかし、その文章の中に辛さや不安をのぞかせる。やはり、生徒は表面的には元気な様子で学校生活を送っていても、何かの機会に回帰する様子が見られることから、学校として何らかの対応を取らねばならなかったのではないかと推察できる。当時としては前を向くことを鼓舞し、あえて津波被害を振り返らせながら、復興の様子から希望を認識させたかったのではないだろうか。

改めて津波から1年、『赤いまり』から10カ月がたち、生徒たちが、文集刊行の意図をどのように受け止め、執筆したのか。我々も、その姿勢に向き合ってみることにしよう。

文集は詩2編、文章16編の計18編で構成されている。内容を分類すると、①当時の津波襲来の様子を記載したもの5編、②復興の様子を記載したもの9編、③見舞いに対する感謝を記載したもの12編、④希望を語ったもの9編、⑤亡くなった人への回想を記載したもの7編あり、延べ42の項目がある。

『赤いまり』と比較して、避難所生活に関する記載がほぼなく、被災以降進

んでいる復興の様子と全国からの見舞いに対する感謝、そして希望への記載が主要な掲載内容になっているのが特徴である。そのような中で、津波襲来時の様子や亡くなった人への回想を整理してみる。

1）　当時の津波襲来時の様子

　　昨年のあの突然おそってきた恐ろしい津波から、早くも一年の月日が流れてしまいました。一年間と云うものをこれほど短く感じたのは初めてです。私は山の上から、あの狂った海水がこの村へなだれ込むのを見ていました。それは悪魔の毒牙にも似ていました。私は頭がボーとして目の前がかすんできて、夢を見ているのではないかと思って、自分の頭をたたいたりしました。でも津波の残して行った無惨な醜くなったこの村を眺めて、ああ夢ではなかったのだと気がつきました。…これから先の霧多布の事を考えると、いても立ってもいられない失望にかられました。私はもう霧多布はこれで終わりだと思いました。

（霧多布中学校３年生のＮさん）

　　あのおそろしい、悲しい、思い出は今でもわすれません。それは、去年の五月二十四日でした。その日は、私達の植林の次の日だったのでぐっすりねていると、外がさわがしいので、おきてみると、津波だとさわいでいました。私はいそいで山の上から水取場の方をみると、波がみんなの家をさらっていきました。私のとなりにいたおばさんは、ああ家が流されていくとなきながら叫んでいました。…そうして波がひけていったあと、みんなはただぼうぜんと津波のあとをみるだけでした。

（霧多布中学校１年生のＩさん）

　　あの大津波を目前にしながら、少しも、今、自分がどういう気持ちなのかけんとうがつかなかった。悲しくもならなかった。涙も出なかった。ただ、だまって目前の悲さんな有様を見ていなければならなかった。その時の事を考えると、人間の弱さというものが、痛烈に身にしみて悲しくなる。

（霧多布中学校３年生のＮさん）

　当時の津波の様子は『赤いまり』に比べると一歩引き、落ち着いた感じの表現になっている。そして、その時の感情を率直に表現するという手法が多くなる。執筆が中学生ということもあり、客観的に捉えられるようになっていると見る向きもあるが、そのような表現の文章が選択され、掲載されたことも考え

188　第3部　地域と学校の連携

られる。そのように考えた時、1年たっても、さまざまな困難を抱え込んでいたことが想定される。これらは、改めて聞き取り調査を行う必要がある。

2）亡くなった人への回想

　　Rちゃん、貴女は今何をしているのかしら、私はRちゃんがふとんの中で、さみしさに泣いているのではないかと思っております。…あのような恐ろしい事がなかったなら、貴女は、こんなことにならなかったでしょうし、又貴女の妹、アケミちゃんやほかの十名の方の命もうばわれずにすんだと思うと、その海がにくいと思うのです。
　　　　　　　　　　　　　　　　　　　（霧多布中学校3年生のMさん）

　　貴女は昨年のあの津波で生死をさまよい、そして血を分け合った、かわいい妹のアケミさんまでなくし、病気になりそしてすべてを失われ、不幸の谷へおとされました。
　　　　　　　　　　　　　　　　　　　（霧多布中学校3年生のNさん）

　これら亡くなった人への回想で特徴的なのは、亡くなった11名全体への哀悼であり、児童で唯一亡くなったアケミちゃんの姉を気遣う姿である。これらを踏まえて、文集の傾向としては1年前の津波被害に向き合いながらも、被災の様子を詳細に振り返った内容はほとんど見られず、概観する傾向になり、ほんの一部振り返るという文章が多くなる。

　これに対して全国からの見舞いに対する気丈なまでの感謝の念と自立している霧多布の様子が強調され、希望を切々と語るのである。読み進める我々の方が、逆にたじろいでしまうような意志表明である。一方で、霧多布中学校の生徒数から考えて、掲載されている本数の少なさを考えると、そこまで前向きに生きていこうと促さねばならない状況とはなんだったのかと考えてしまう。巻頭言とあとがきにも注目すると、学校の文集を発刊しなければならなかった意志のようなものを感じるのである。ここから見えてくるのは、チリ地震津波の記憶を引きずりながらも、被災後1年程度で忘却化 ― 歴史化へと仕向けられたのではないかということである。さらに、浜中町では5月に防災訓練を行い（現在は11月）、津波被害を歴史の教訓として位置づけ、町民に普及啓発する流れが形成されたことで、制度化（歴史化）が助長されたものと捉えることができるだろう。

4. チリ地震津波の歴史を記憶にとどめる霧多布高等学校の実践

　浜中町のチリ地震津波を被災した当時の児童生徒の記憶を1年程度で、被災支援を行ってくれた国民等に対して、自立的再建に踏み出す希望として語る方向性により忘却化が進められた。さらに、被災後10年を待たずして、行政主導の防災訓練による制度化が進められたことによる歴史化が進められた事例として捉えることができる。

　これら忘却化―歴史化が進められ、定着してきたチリ地震津波の体験を、次世代が自身の記憶として取り戻す実践として、浜中町の霧多布高等学校の事例をもとに、可能性と課題を整理していくことにしよう。

（1）　浜中町立霧多布高等学校の沿革

　霧多布高等学校は1951（昭和26）年厚岸高等学校霧多布分校（定時制普通科）として開校し、1952（昭和27）年には霧多布高等学校として独立した。1978（昭和53）年には全日制普通科1学年2クラスとして改編、現在に至る町立高等学校である。2017（平成29）年度時点で、6クラス91名の生徒が在籍している。町立高等学校として、浜中町の主要産業である漁業、酪農業、これら関連産業に貢献できる人材育成に取り組んでいる。この人材育成において郷土・環境学習で「浜中学」を地域と連携しながら実施しており、生徒が主体的な深い学びを体験できる機会が保障されている。

（2）　霧多布高等学校生徒会によるチリ地震津波の認識（生徒および保護者）の実態調査

　霧多布高等学校生徒会は、2016（平成28）年6月に社会教育における防災教育研究会が主催する「防災教育フォーラム in はまなか」に参加するにあたり、「霧多布高等学校生徒のチリ地震津波継承の実態」と題した報告を行った。事前に全校生徒や保護者向けにアンケートを実施した結果の報告であった。質問項目は表9-3に概要をまとめた。

190 第 3 部 地域と学校の連携

　表 9-4 に、霧多布高等学校生徒会が実施したアンケートにおいて本章に関連する結果の概要を提示した。これによると、前節でも指摘したが、浜中町の地震津波被害には十勝沖地震とチリ地震津波は切り離せない。これらの被害を知っていたのは生徒 86％、保護者 89％であり、多くの浜中町民が知っていることが明らかになった。続いて、津波被害を誰かから聞いたことがあるかを問うと、生徒 68％、保護者 87％となり、生徒が低くなる。話を聞いた具体的内容としては、以下のような回答があったと報告している。

　　・津波が来る前は、潮が引いてケンボッキ島までの道ができた。
　　・その時津波に関して何も聞いていなかったので、潮が引いて取り残された魚や
　　　北寄貝をとっていた人が流された。
　　・電信柱より高い津波だった。
　　・霧多布大橋が流され、孤立した。
　　・まだ小学生だった祖父が、巨大津波が押し寄せながら町を飲み込み、それ以来
　　　防波堤が作られたと言っていた。

　また、本や新聞などで津波被害のことを読んだことがあるかを問うと、保護者 79％に対して、生徒は 29％と著しく低くなり、文字媒体情報の格差が垣間見られた。さらに、チリ地震津波の様子は映像で記録されており、その映像を見たことがあるかを問うと、生徒 45％、保護者 36％と半数を割っている。50年前の映像ということもあり、存在自体もあまり周知されていない様子が窺えた。映像を見たと回答した生徒の中には、NHK などの特番で見たり、学校の授業で見たり、図書館で見たりしたとの回答があり、チリ地震津波の被害映像と共に他の地震津波被害の映像を見たりしたとの回答も含まれている。
　中には、俳優の水谷豊氏主演の浜中診療所のドラマで見たとの回答もあった。改めて学校や図書館で見る機会を保障することが重要なことも示唆された。
　一方、文集『赤いまり』を読んだことがあるかとの問いには、生徒 0％、保護者 13％と、読んだことのない人がほとんどであった。『あれから 50 年』を刊行した浜中町赤十字奉仕団には、児童生徒としてチリ地震津波を被災し、『赤

第 9 章　北海道浜中町のチリ地震津波の歴史を記憶として取り戻す　*191*

表 9-3　霧多布高等学校生徒会が実施した質問項目概要（全校生徒、保護者）

質問項目
(1) 浜中町民として他の地域の住民よりも防災意識は高いと思いますか
(2) 霧多布大橋のすぐ横にもう一つの橋がかけられているのがなぜか知っていますか
(3) 出身中学校はどこですか
(4) 十勝沖地震やチリ沖地震での浜中町への被害を知っていますか
(5) 津波被害を誰かから聞いたことがありますか
(6) 津波被害を本や新聞などで読んだことがありますか
(7) 津波被害の映像を見たことがありますか
(8) 文集『赤いまり』を読んだことがありますか

注：このアンケートは 2016（平成 28）年 6 月に実施された「防災教育フォーラム in はま
　　なか」で報告するために、霧多布高等学校生徒会が実施したものから抜粋したもので
　　あり、質問表現には筆者が修正を加えている。

表 9-4　チリ地震津波アンケートの生徒および保護者の集計結果

（人数：人、割合：%）

	生　徒				保護者				合　計			
	はい		いいえ		はい		いいえ		はい		いいえ	
	人数	割合	人数	割合	人数	割合	人数	割合	人数	割合	人数	割合
十勝沖地震やチリ沖地震での浜中町への被害を知っていますか	63	(86)	10	(14)	48	(89)	6	(11)	111	(87)	16	(13)
津波被害を誰かから聞いたことがありますか	50	(68)	23	(32)	41	(87)	6	(13)	91	(76)	29	(24)
津波被害を本や新聞などで読んだことがありますか	21	(29)	50	(71)	23	(79)	6	(21)	44	(44)	56	(56)
津波被害の映像を見たことがありますか	33	(45)	40	(55)	18	(36)	32	(64)	51	(41)	72	(59)
文集『赤いまり』を読んだことがありますか	0	(0)	73	(100)	6	(13)	42	(87)	6	(5)	115	(95)

注：生徒は霧多布高等学校全校生徒を対象に実施、保護者は回答者数のみ

出典：「『防災教育フォーラム in はまなか』成果報告書」(2016) の霧多布高校報告資料

いまり』に、その体験を寄稿した人たちが多くいるにもかかわらず、浜中町でその存在が忘れ去られている実態が明らかになった。

これらのアンケート結果から、霧多布高等学校生徒会は、自分事として記憶を共有するための対策として、以下のように報告した。

・町民は防災に対する意識は比較的高いと認識しているが、過去の経験を基にしたまちづくりが行われていることを認識していない。
　→ 伝承の機会（教育）が必要
・被災経験の伝承媒体は、保護者世代では口伝、生徒世代では視聴覚資料が多くなっている。
　→ 効果的な視聴覚資料の作成
　→ 生き証人となる世代の減少
　→ 若年層にお年寄り世代から直接聞く機会をつくる
・災害の記憶を伝えるために（提言）
　→ 校内に津波による被害を風化させないコーナーを設置する
　→ お年寄りから直接被害について聞くことができる機会をつくる
　→ 映像などの視聴覚資料を作成し、小中学校で防災授業を実施してもらう。

生徒会の提言は、行政などへの要望としてではなく、自分たちがどのように行動するかという、自身への提言にもなっている。その後、霧多布高等学校内でチリ地震津波被害のコーナーを開設し、地元小学校に対して霧多布高等学校と合同の防災教室を開催している。2017（平成29）年2月に実施された合同防災教室では、霧多布高等学校生徒が小学校において、高校生によるチリ津波被災体験紙芝居を発表し、文集『赤いまり』の朗読と津波到達時のスライドショーを実施した。これに浜中町赤十字奉仕団員でチリ地震津波被災者の語りを取り入れたプログラムであり、これは広く町民にも公開した防災教室として実施されたものであった。

これら高校生によるチリ地震津波の継承は、直接の被害者ではなく、自分事として記憶を継承する担い手の姿でもある。

5. 災害を継承する課題と可能性

　北海道浜中町のチリ地震津波被災の経験がどのように継承されてきたのか
を、被害実態、文集『赤いまり』の発刊、その後『あれから一年』を通じて整
理したわけだが、改めて、1年程度で被災の忘却化の流れが形成され、その後
の防災訓練などによって歴史化（制度化）の流れも形成され、50年が経過し
た様子が明らかになった。これら忘却化—歴史化の流れは、教育現場におい
ても前向きに生きていくために致し方なかったことかもしれない。しかし、霧
多布高等学校生徒会のアンケート調査からは、それによってチリ地震津波の記
憶が薄れ、文集『赤いまり』が生徒世代に継承されずに断絶する危機にあった
ことも明らかになった。霧多布高等学校が町立高等学校として、地元に根差し
た主体的人材養成を行ってきた蓄積・成果により、生徒自らがチリ地震津波を
掘り起こし、文集『赤いまり』を再評価し、被災経験をもつ高齢者と共に、次
なる世代への継承に取り組み始めていることは、記憶化を図る機会として、災
害継承において大きな可能性を有している。

　これらは浜中町や浜中町教育委員会が、地域の担い手としての生徒が地域や
学校の活動に主体的に参画する機会を保障してきた成果でもある。生徒への防
災教育として、被災の歴史を知識として詰め込むだけでは対応できない事項と
もいえる。同時に学校教育だけで対応できることでもなく、社会教育とも連携
した地域—学校の協働による若者の社会参画を通して、自然災害の記憶が継
承されることを念頭に置いておく必要があるだろう。

引用・参考文献
浜中町『浜中町史』1975年。
浜中町防災会議『浜中町地域防災計画』2017年。
北海道厚岸郡浜中村被災学校編『赤いまり』浜中村災害文集編集委員会、1960年。
北海道厚岸郡浜中村霧多布中学校編『あれから一年』霧多布中学校、1961年。
浜中町赤十字奉仕団『あれから50年』チリ沖地震津波50周年座談会、2011年。
三好寿『ビキニ・津波・うらみ』研文書院、1963年。

194 第3部 地域と学校の連携

社会教育における防災教育研究会編『防災教育フォーラム in はまなか―防災の青少年への継承と参画を支援する教育の役割―成果報告書』2016年。

浜中町『チリ沖地震津波を語る 漂流五時間の恐怖』浜中町チリ沖地震津波十周年座談会（1970年）録音 1990年。

わたすげ同人会『わたすげ』No12、2003年。

わたすげ同人会『わたすげ』No18、2010年。

安藤聡彦「公害教育と子ども・若者の社会参画」『北海道教育大学釧路校 ESD 推進センター公開シンポジウム報告資料』2018年。

関啓子・御代川貴久夫『環境教育を学ぶ人のために』世界書院、2010年。

鈴木敏正『将来社会への学び』筑波書房、2016年。

第4部

災害ボランティア活動

第 **10** 章

市民による災害救援活動の経験と今後の課題
― 阪神・淡路大震災から東日本大震災へ ―

は じ め に

　1995 年 1 月 17 日の阪神・淡路大震災の発災時、筆者は岡山市でその大きな揺れを感じた。神戸には大学や NGO での知り合いも多く、また岡山にも被災者が避難してきたので、さまざまな形で支援活動を行い、また今後に備えるための研究活動を始めた。2011 年 3 月 11 日の東日本大震災では、居住していた茨城県龍ケ崎市も被災し、数日間、給水車に頼る生活を余儀なくされた。また福島第一原発事故の余波により、家族で半月ほど避難生活を送った。そのため、一市民として参加可能な防災や救援活動には常々関心を寄せていた。

　災害に対して個人が直ちに起こし得る行動としては、物資救援、募金、ボランティア活動の 3 つがある。さらに民間団体である NGO ／ NPO を通した支援活動も可能である。本章では、これらの活動が阪神・淡路大震災から東日本大震災までの間に、いかに進展してきたか、そして現状でどのような課題があるのかを追究するものである。

　第 1 節で、個人の救援活動として上記の 3 活動に焦点を当てて、それらの歴史と現状を明らかにしたい。特に、「震災がつなぐ全国ネットワーク（略称：震つな）」の活動の中から、阪神・淡路大震災の経験がいかに東日本大震災に継承されたかを検証する。

　次に第 2 節で、国際協力 NGO に焦点を当てて、東日本大震災における救援活動の状況を明らかにする。海外での救援活動が豊富な国際協力 NGO は、東

198 第4部　災害ボランティア活動

日本大震災の際に国内活動をしていた NPO と比べても、初期の対応から出口戦略に至るまで、「一日の長」があったと評価されている。その活動の内実と課題について明らかにすることで、今後の救援活動への教訓としたい。

　最後に、第3節において、市民が行う災害時の救援活動に関する防災教育の内容と方法についてモデルを提示してみたい。

1.　市民が行う災害救援活動の現状と課題

　1995年1月17日に起きた阪神・淡路大震災は、日本社会にとっては久しく体験したことがない規模の大災害であったために、その救援活動は官民ともに混乱を極めた。全国各地から無造作に送られてくる救援物資の処理、寄付された義援金の分配、ボランティアの受け入れ体制など、前例のない事態に対して行政組織はさまざまな困難に直面した。現地入りしたボランティアたちも行政に頼ることができない中で、より効果的な活動を模索するほかなかった。

　これらの経験の中で、阪神・淡路大震災の経験を後世につなげるべく結成されたのが「震災がつなぐ全国ネットワーク」である。1997年11月に誕生した同ネットワークには、1年後の1998年11月の時点で43団体が加入している。北海道から九州まで全国各地の団体が入っているが、やはり近畿に拠点をもつ団体が25団体と最も多い。当初のメインの活動は「ひと」「モノ」「金」「情報」の4テーマについて、阪神・淡路大震災を教訓とした検証作業を行い、小冊子として発刊することであった。以下、これらの検証作業をもとに、モノ（救援物資）、金（寄付金）、ひと（ボランティア）の順に、その課題を検討していこう。

（1）　救援物資について

　「震つな」は『KOBE の検証シリーズ』として合計9冊のブックレットを発刊しているが、その第1作が『物資が来たぞう!!　考えたぞう!!』である[1]。なぜこの本が作られたかについては「発刊の主旨」の中で、「救援物資は人の善意から生まれるものだよね。でも『被災地を襲う第2の災害』と言われるほ

ど、人々を困らせたのよ。気持ちが込められたせっかくの物資を、今後はもっと生かしていくために、この本を作った」と述べられている（震災がつなぐ全国ネットワーク、1998、p.1）。

　同書では、救援物資について40の提言が掲載されている。その第1が「物資よりは、なるべくお金をおくりましょう」である。婉曲的な表現ではあるが、冒頭から救援物資を送る行為自体に否定的である。ここでは防災対策研究者からの手紙が紹介される。

　　　経験上から、衣類が概ね7割、その半分は使いものにならないと言われています。あれだけ多くの人が関わったのに、阪神・淡路大震災の救援物資は、発災後3年が経っても未だに処理されずに残っています。…かなりの自治体では、災害救援は福祉系の部署の仕事です。ですから、救援物資を送ることは、弱者対策など彼らしかできない仕事を妨げることになりかねません。…救援物資を送る時代は、もう終わりにしませんか？

　しかしながら、物資を支援するという善意を否定することは難しいため、その後はより効果的な物資援助の方法論について提言している。提言2は「現地が必要としている物を確かめてから送りましょう」である。実際、被災地にはありとあらゆる物が届けられたため、その量や種類の多さにパニック状態に陥ってしまった。提言3は「地域や学校・職場で集め、数量をまとめましょう」である。避難所には数十人から数百人が避難していて、物資も一定の数量が必要である。送る側で数量をまとめることにより、より効率的な支援が可能となる。

　以上3点は、救援物資に際して本質的に重要な点である。以下、具体的な提言が37項目にわたって述べられる。それらは救援物資を送る人に対する提言のみならず、受け取る人への提言や配布する人への提言、それに行政・報道・企業などへの提言も含まれている。これらの提言には、その後の救援活動に生かされた貴重なものが多い。例えば、送る人への提言として「提言8　電池等、交換の必要な物は予備もつけましょう」といった細かい配慮がある。さらに原則として送らないようにしたいものとして、なまもの、賞味期限の短い

食品（提言11）、ガラス容器など割れやすいもの（提言12）、使用法のない薬品類（提言13）などが挙げられている。特に古着については、「季節を考えましょう」など4項目にわたって注意が述べられている（提言17-20）。

行政に対しては「救援物資の収集・仕分け場所を被災地の外に設けましょう」（提言35）という提言があるが、これはその後の災害時に広く実施されるようになった。また企業に対して「自社製品の提供など一層推進しましょう」（提言40）が提案されているが、東日本大震災の際に企業の救援活動として行われ、その後も盛んに行われることになった。

2008年には本ブックレットの続編として『中越発　救援物資はもういらない！？』が発刊された。これは2004年の中越地震において依然として大量の救援物資が送られる事態となり、その後長岡市が「原則として個人からの救援物資を断る」とした地域防災計画を立てたことに触発されて発刊されたものである。前著『物資が来たぞう！！　考えたぞう！！』から一歩進めて、個人からの救援物資を完全否定するという大胆な提言となっている。その理由について同書は次の6点を挙げている。

①被災地は修羅場と化している。
②被災地は一時かつ大量の物資を受け取れない。
③送る側は被災地の状況を理解できていない。
④被災地はこれまで「いらない」と言えなかった。
⑤被災地内の商品が売れなくなる。
⑥被災地では「救援物資」より「お金」が必要。

(震災がつなぐ全国ネットワーク、2008、pp.5-59)

個人による救援物資でも、不特定多数に送るのではなく、特定の個人や集団が必要としている物を必要な量だけ送ることや、自身が運搬手段をもち、直接避難所などに必要なものを届けること、などは否定されていない。

災害時の救援物資については、阪神・淡路大震災や中越地震の経験から明快な方向性が示された、ということができる。一市民として行動する際に救援物資は手軽な活動として、直ちに取り組まれる可能性が高いだけに、今後の防災

教育において適切に伝達される必要があろう。

（2）募金について

　被災地では救援物資よりお金が必要とされていると言われるが、それではお金はどのように集められ、どのように活用されたのであろうか。阪神・淡路大震災は未曽有の災害であったため、過去最高額の1,789億円もの義援金が全国各地より寄せられた（1999年3月末まで）。しかしながら、この時の募金をめぐっては大きく2つの問題があった。第1は、被災者が多数に上ったことと、義援金の配分方法の決定が遅れたことにより、被災者に不公平感を残したり、実際の効果に疑問が残ったことである。第2は、義援金は原則として被災者に直接渡されるものであるため、救援活動をしているボランティア団体には資金が回らずに、それらの団体が深刻な資金不足に陥ったことである。

　震つなでは『KOBEの検証シリーズ』の3作目として『お金がいるぞう！！考えたぞう！！』を2000年に発刊した。この中で最も強調されているのが、ボランティア活動に伴う資金の問題である。「ボランティア活動のお金にまつわる『なぜ』『どうして』」と題する節では、「ボランティアって無償じゃないのか？」「『寄付をください』と言われますが、そんなに必要なのですか？ 手弁当が普通ではないのですか？」「ボランティアの人でお給料をもらっている人がいるってホント？」など、一般からよくある疑問が挙げられている。これに対して「ボランティアというと、『タダ』『無償』という印象が強い…阪神・淡路大震災で活動した団体の中には、一年間で数百万から数千万円の経費を必要としたところも少なくない…災害ボランティアのどこにどうしてお金がかかるのか。その活動を維持していくにはどんなしくみが必要なのか。これから一緒に考えていきたい」と説明している（震災がつなぐ全国ネットワーク、2000、p.22）。

　阪神・淡路大震災が起きた1995年は「ボランティア元年」と言われた。震災での救援活動で活躍するボランティアの姿がメディアによって伝えられて、ボランティアの存在とその意義が一般にも認識されるようになった。しかし、個人で活躍するボランティアと彼らの活動を支援するボランティア団体との区

別は明確には認識されていなかった。NPO（民間非営利団体）に法人格を付与する特定非営利活動促進法が施行されたのは、3年後の1998年のことである。

　同書は阪神・淡路大震災での反省をもとに、今後の災害に備えて「おたがいさま基金（仮称）」を提言している。この基金は、災害に備えた初動時の資金を準備する仕組みとして構想されている。災害が起きたとき、一刻も早く救援活動に取り組まねばならない反面、そのための資金はすぐには集まらないからである。当面は5,000万円の運用財産を目標とする全国規模の基金として提案されている。その後、「おたがいさま基金」が設立された形跡はない。しかしながら、災害時の初動資金の必要性については認識が広がり、以後官民においてさまざまな対応がなされることになる。

　緊急時の初動資金の構想については、国内の災害よりも国際協力の分野において先行した。1999年のコソボ難民の救援活動において、日本の国際協力NGOは資金不足から十分な活動を行うことができなかった。この反省からNGO、経済界、政府が対等なパートナーシップのもと、日本の緊急人道支援のスピーディかつ効果的な実施という目的に向かって連携する新しい仕組み「ジャパン・プラットフォーム（JPF）」が構想された。2000年8月にJPFが発足して、2001年5月には法人格（特定非営利活動法人）を取得した。JPFの定款には、海外での救援のみならず、国内の自然災害への対応も含まれていた。

　その後、中越地震や度重なる水害における災害救援団体の活躍が官民において認められるところとなり、災害ボランティアの活動支援金に対する理解が徐々に浸透していった。2011年の東日本大震災においては、NGO／NPOに直接集まった寄付金は約201億円、寄付を仲介した組織に集まった資金は約260億円とされている（図10-1）。被災者に直接渡される義援金の3,618億円と比べると一桁小さな額ではあるが、過去の災害で短期間にこれだけの金額が災害ボランティアの活動領域に流れ込んだ前例はない。寄付を集めた仲介組織の上位は、①ジャパン・プラットフォーム（東日本大震災支援金）約68億円、②日本財団（ROADプロジェクト）約49億円、③中央共同募金会（赤い

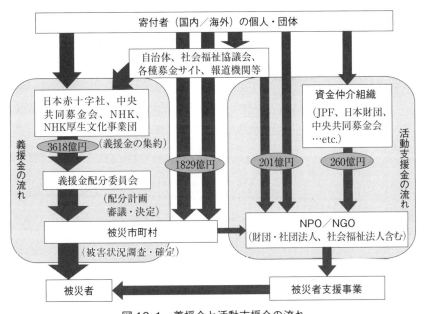

図 10-1 義援金と活動支援金の流れ
出典：関西大学社会安全学部編（2016）『東日本大震災　復興 5 年目の検証 — 復興の実態と防災・減災・縮災の展望』p.215

羽根「災害ボランティア・NPO サポート募金」）約 36 億円である（菅磨志保、2016、pp.214-215）。

　東日本大震災が未曽有の災害であったことを考慮しても、「おたがいさま基金」が当面 5,000 万円の運用財産を目指していたことを考えると、災害ボランティア活動の活動資金にこれだけの額が集まったことは特筆すべき事柄である。以後、災害ボランティア活動においては初動資金に悩まされることなく、発災時に現場に飛び込むことが可能となったのである。震つなが『KOBE の検証シリーズ』で行った「お金」に関するささやかな提言は、その後さまざまな経緯を経て成果を上げつつあるということができる。

（3）ボランティア活動について

　『KOBE の検証シリーズ』の第2作は『ボランティアが来たぞう！！　考えたぞう！！』である（震災がつなぐ全国ネットワーク、1999）。第1作の救援物資編では「物よりはお金」という方向を打ち出し、第3作のお金編では「おたがいさま基金」を提案した。それらに比べてボランティア編の結論は歯切れが悪い。阪神・淡路大震災では最初の2カ月間に延べ100万人のボランティアが活躍し、「ボランティア元年」と名づけられた。読者は、このような経験を経て『KOBE の検証シリーズ』には、災害時のボランティアとはいかにあるべきかについての明確な指針を期待したであろう。しかし、本書には物資救援編のような「40の提言」もなければ、災害ボランティアの仕組み作りのような具体的な提案も見られない。

　本書は個人ボランティアの「マッキー」とボランティア・コーディネーターの「ミッチー」の2人の物語として語られる。各2頁にまとめられた24の「story」はトラブルと悩みの連続である。例えば、マッキーの「story 6　被災者なんだから…」では、ある老婦人が「ボランティアさんて、気持ちがええんやろね」と話す。よく聞くと、「いつも同じこと話さなあかん。元気そうにしてたらがっかりされる。…被災者やったらもらうのが当たり前みたいにされる…」。この言葉にマッキーは「冷や水を浴びせられたような気になる」。コーディネーター・ミッチーの「story 5　ボランティアのボランティア」では、電話番や寄付のお礼状書きなど、被災者と直接ふれ合う機会がない仕事にボランティアがつきたがらないという悩みが語られる。

　それぞれの story には、震災のボランティア活動からの教訓が数多く含まれてはいるが、それらを一般化したり提言化したりすることはしていない。本書の第3部には、特別寄稿エッセイ「明日の災害ボランティアへ」と題して、ボランティア活動に長く携わった14名からの原稿が寄せられている。

　そもそも、災害時にボランティアとして赴くべきか、という根本的な命題についても異なった意見がある。大阪ボランティア協会事務局長の早瀬昇は「フットワークと自己責任」が大切であると述べて、頼まれるのを待たずに現地に飛び込む姿勢が必要であると強調する。一方、日本赤十字社の畑厚彦は

「行かないこともボランティア」という逆説的なメッセージを掲げている。両者は正反対なことを述べているように思えるが、これらのメッセージには「条件」が付いている。早瀬は「自己責任」を強調していて、「自分の行為に伴ってトラブルが起こっても、その責任は自分で負うんだという姿勢が大切」と言っている。すなわち自己責任を負えない人は、「フットワーク軽く」飛び込むことはやめた方がよいと暗に語っている。畑は「災害ボランティア活動の最終的な目的は、被災者の自立支援であるとおそらく言い切ってもいい」としていて、被災者の自立支援に自信がないのであれば、「活動しないこと」も場合によっては必要な視点である、と語っている。「自己責任」「自立の尊重」というキーワードを結びつければ、両者の言っていることは矛盾しているわけではない。

　このようにボランティア活動をめぐっては、さまざまな条件があり、一律に「答え」が出せないことが多い。それはボランティア活動が「助ける側」と「助けられる側」という2つの主体があり、その場その時の相互の関係性の中で生まれてくる営為だからである。「その場、その時」の状況と、両者の関係性によって、「助ける」行為の成否が左右される。

　それでは、ボランティア活動について、一般的な教訓や提言を整理して提示することは困難なのであろうか。2005年3月、政府は中越地震を経て民間との連携の必要性を認識し、内閣府に政府と民間との対話の場として「防災ボランティア活動検討会」を設置した。その成果物のひとつとして、災害ボランティアの活動の指針として同年6月に「災害ボランティアの『お作法』ガイド」を公表した（表10-1、内閣府、2005）。この中に、災害ボランティアの規範、工夫、べからず集が集められている。『KOBEの検証シリーズ』で示すことができなかったボランティアの活動の指針を「たたき台」とは言え、一応示したことになる。このガイドはその後の災害ボランティアのマニュアルとして発展していき、東日本大震災においては、各地の社会福祉協議会、大学、NPOによって災害ボランティア・マニュアルとしてまとめられ、提示されていくことになった。

　表10-1にあるガイドは、災害の現場で活動してきた人々の経験を集めたも

206 第4部　災害ボランティア活動

表10-1　災害ボランティアの「お作法」ガイド（仮称。たたき台）
― 規範、工夫、べからず集 ―

内閣府（防災担当）防災ボランティア活動検討会（第3回）
平成17年6月10日

　内閣府では、新潟県中越地震での災害ボランティア活動の調査を踏まえてたたき台を作成しました。今後、検討会参加者をはじめとした防災ボランティアの方々の意見を踏まえて充実していきます。
　なお、特定のグループや個人が提案する類似目的の文書の投稿・提供も歓迎し、提案者名を明示した並行掲載も行うものとします。

1. 規範集
A) 災害ボランティア活動は、被災者・被災地のためのものです。被災者の自立や地域の復興をサポートするという原則を忘れないよう心がけましょう。
B) 災害ボランティアは、水・食料・常備薬・適切な服装・保険等、必要な備えをして自己完結を原則に被災地に入りましょう。被災者・被災地や現地ボランティアセンターに迷惑・心配をかけないようにしましょう。
C) 仕事がなくても、被災者が困っていないことを喜ぶ気持ちを持つようにしましょう。
D) 睡眠時間や疲労などに留意し、健康の事前チェックに努め、不調になったら早めに活動をやめる勇気を持ちましょう。
E) 災害ボランティア活動への参加に際しては、家族・知人にも行き先・行動計画を事前に伝え、心配をかけないようにしましょう。

2. 活動ルールの工夫集（略）

3. べからず集
A) 被災地で仕事が見つからないといって危険な仕事や自分の能力を超える仕事をしない。ボランティアの事故は、自分、周囲そしてボランティア活動全体に大きな迷惑をかける。
B) 災害ボランティアは、自分の正しさを押し付ける行為はしてはならない。
C) 夜遅くまで酒を飲んで騒ぐなど、マナーの悪い行いをしない。被災地や被災者に現状以上のストレスを与えないようにする。
D) ボランティア保険に加入しないまま活動をしない。被災者や他のボランティアに損害を与えた場面でも保険は不可欠である。

出典：http://www.bousai.go.jp/kyoiku/volunteer/vol/pdf/03kento_shiryou3.pdf
　　　（2017年9月1日最終閲覧）

のであり、それぞれは貴重な提言である。『KOBE の検証シリーズ』の中にも同様の教訓が随所に出てくる。しかしながら、ボランティア活動のマニュアル化については、被災地 NGO 共同センター代表の村井雅清は批判的である。

　一体いつからボランティアはここまでマニュアルに縛られるようになってしまったのだろうかと思う。こんなふうに手とり足とり教えられたら、自分では何も考えられない、型にはまったボランティアが育ってしまうだけではないだろうかという危惧もおぼえる。

　言われたことはきっちりやるかもしれないが、ほかのことには目を向けない、困っていそうな人を自分から助けに行かない、そんなボランティアばかりになってしまいかねない気がする。

　それでは村井が考えるボランティアの心得とは何であろうか。「もし（心得が）必要だとしても、『命は大切にしましょう』と『自分でよく考えて行動しましょう』の二つがあれば、それで十分だろう」と主張する。

　ボランティアの意義について村井は「そうした（無縁）社会のあり方を問い直す…うっとうしさや煩わしさやしんどさを、みんなで共有し、分かち合うことで、人と人とのつながりの社会をもう一度築こうとする、そこに意味がある」と主張し、「マニュアル化は、このようなボランティアの本来のあり方とも相いれない。なぜなら、人と人との関係性はあまりに複雑で、その中では予期せぬことがいくらでも起きうるため、とてもマニュアル化はできないからだ」と述べる（村井雅清、2011、pp.104-105, 107）。

　それでは、ボランティアの養成や派遣においてマニュアルは不要なのであろうか。筆者は、初心者のボランティアに対しては本人の安全や被災者との関わり方について、一定のオリエンテーションは必要であり、その際にマニュアルも有効であると考える。そして、自身で行動に責任をとれるレベルのボランティアについてはマニュアルは必要なく、現地に赴く時期から現地での行動を含めて、その場その時に自身で判断するのがよいであろう。

2. 国際協力 NGO が行う救援活動

　本章で国際協力 NGO に注目する目的と理由は 2 つある。菅は東日本大震災において「広域的な資源動員において市民セクターの中で大きな存在感を示してきたのが、企業の社会貢献活動と、国際協力 NGO であった」と述べている。なぜ国際協力活動を専門としていた NGO が、国内の大規模災害救援において重要な役割を果たすことができたのかを明らかにしたい。そして、第 1 節で述べた物資救援、ボランティア、募金は市民が一個人として行える災害支援活動であるが、NGO ／ NPO はもともと市民によって公益的な活動を行う団体であり、市民参加の拠点となり得る。NGO ／ NPO を通して、物的、人的、資金的な貢献ができるのみならず、それらの団体の運営にも直接的・間接的に関わることが可能である。その意味で災害救援における市民参加の一形態ということができる。

　本節では、国際協力 NGO の連絡提携組織である国際協力 NGO センター（JANIC）の資料を通して、東日本大震災において国際協力 NGO が行った活動を概観したい。次に、IVY、ピースボート、シャンティ国際ボランティア会、シャプラニール＝市民による海外協力の会の 4 団体の救援活動を具体的に見ることで、国際協力 NGO の活動の特質と意義について考察していきたい。

（1）　東日本大震災における国際協力 NGO の活動

　特定非営利活動法人国際協力 NGO センター（JANIC）は、東日本大震災における会員団体の活動状況について 1 年後の 2012 年 3 月に報告書を出し、3 年後の 2014 年 5 月には救援活動についての検証結果報告書を刊行している（国際協力 NGO センター、2012 および 2014）。このことを見ても、国際協力 NGO がドナー（助成団体）や支援者に活動報告や評価を知らせて、説明責任を果たすことの重要性を認識していることがわかる。一方、阪神・淡路大震災時におけるボランティアや NGO ／ NPO の活動状況とその評価を調べるべく、神戸の「人と防災未来センター」資料室において調査を試みた[2)][3)]。しかしな

がら、阪神・淡路大震災のときのボランティアや NGO ／ NPO 活動報告や評価に関する文献は多くはなく、評価以前に救援活動の全体像をつかむことも困難であった（震災復興調査研究委員会編、1997、pp.317-338）。

　国際協力 NGO の救援活動の特徴の第 1 は、その初動の速さである。JANIC に加盟している 157 団体のうち、18 団体が東日本大震災発災 72 時間以内に救援活動を開始している。そして、2011 年 11 月までに 59 団体が震災に関する何らかの活動を行った。この 59 団体のうち、以前に別の国内災害の対応を行ったことがある団体は 40％で、残りの 60％は国内対応活動は初めてであった。もともと海外での協力活動を主たる目的としている NGO が、なぜ国内の災害の救援活動を手がけたのであろうか。一番大きかった理由は「被害規模が甚大で組織として支援するべきと判断したから」が 62％、次に「大規模国内災害では活動すると事前に決めていた」が 13％、「団体外の関係者や関係団体から強い要請があったから」が 9％であった（国際協力 NGO センター、2012、p.12）。東日本大震災の被害と規模が甚大であったことが、多くの国際協力 NGO が本来は対象としていない日本国内での災害救援活動を行う決断をした大きな理由であった。

　国際協力 NGO が迅速に救援活動を立ち上げられた理由について、JANIC 事務局長の山口誠史は 3 つの理由を挙げている。

　①海外で緊急救援の経験がある団体が多かった（スマトラ沖やハイチ地震など）。
　②緊急救援に限らず、プロジェクト運営のスキルがあった。
　③緊急救援を行うための初動資金があった。

（山口誠史、2014, p.18）

　海外での救援活動の経験がどのように生かされたかについて、以下、IVY、ピースボート、シャンティ国際ボランティア会、シャプラニール＝市民による海外協力の会の 4 団体について見ていきたい。

（2） IVY

認定NPO法人IVY（アイビー）は、1991年に山形県山形市に設立された国際協力団体である。設立当初は「国際ボランティアセンター山形」という名称であった。海外では、カンボジア、フィリピン、東ティモール、イラクでの活動経験をもつ。特にカンボジアでは1995年から今日まで、農村部の貧困削減に取り組んできた。国内では外国出身者、特に国際結婚で来日した女性や中国からの帰国者へのサポート、子どもたちへの国際理解教育ワークショップ、環境教育として「地球子どもキャンプ」を行っている。

東日本大震災においてIVYが行ったプロジェクトが、「キャッシュ・フォー・ワーク（CFW）」である。これは災害地において被災者を復興事業に雇用して賃金を支払う事業であり、IVYは1990年代にカンボジアにおいて実施した経験をもっていた。今回の震災にあたり、IVYは直後の3月14日には活動を開始し、救援物資の配達などを行ってきた。そこで聞こえてきたのは「物資もありがたいが、一番欲しいのは家、お金、そして仕事」という被災者からの声であった。IVYでは地域の中で「人とお金が回る」仕組みをつくることが地域経済にとっても、被災者の尊厳と自立にとっても重要なことと考え、仕事づくりの事業を開始した。

CFWでは被災地域で4月12日から350日の間に112名を雇用し、地域のための活動を展開した。仕事の内容は、がれき撤去・泥かき、家の解体、仮設住宅における朝市の開催、高齢者へのヘルパーなどである。CFWで一時雇用された人々はその後、65％が就職するという成果が上がっている。この事業の特徴は、被災者自身が復興に参加することでやりがいを感じて、将来への希望を回復したことであり、さらに少しでも収入を得ることができたことである。カンボジアでの国際協力の経験が、国内の災害復興に生かされた事例である（国際協力NGOセンター、2012、pp.50-54）。

（3） ピースボート

ピースボートは年に2回、地球一周の旅を主催している国際交流NGOである。1983年に早稲田大学の学生らによりアジアを巡るクルーズを実施した。

基本的にボランティアによって運営され、参加者が自発的に発案した事業を行っている。これまでに、ガラパゴスの森再生プロジェクト、野球用品を届けるプロジェクト、地雷廃絶キャンペーン、脱原発世界会議、グローバルスクールなど、国際協力、キャンペーン、平和教育などにまたがる幅広い活動を展開してきた。阪神・淡路大震災の際にも緊急救援活動を行っている。

　東日本大震災では6日後に現地入りしたスタッフは、支援の人手不足を痛感した。ボランティアの受け入れについては、各自治体の社会福祉協議会（社協）が一元的に災害ボランティアセンターを立ち上げて対応することになっていた。しかし、今回のような大規模災害においては社協やその職員が被災し、ボランティアセンターの運営が困難であった。ピースボートのスタッフは当面、石巻市社会福祉協議会に協力することとした。そして従来の社協システムの枠組みを超えた支援組織を模索し、石巻青年会議所など地元団体と外部の支援団体とともに「NGO／NPO支援連絡会」を発足させた。後に「石巻災害復興支援協議会」と改称されたこの組織は、社協ボランティアセンターと連携して迅速で的確なボランティア活動を行うことになり、「石巻モデル」と呼ばれるようになった。

　ピースボートから毎週派遣されるボランティアの中には必ず外国人がいた。約50カ国の人々が参加し、派遣したボランティア総数の1割を占めている。また、企業からボランティアの派遣についての要請にも応えて、最大となった2011年7月には毎日平均75人近い企業ボランティアが活動していた。ピースボートが派遣したボランティアは10月末までに約90回、9,500名以上に上った。ピースボートにとっても多種多様なボランティアを多数コーディネートする経験は初めてであった。それが可能になったのは、ピースボート自体がもともとボランティア・ベースでの活動であり、阪神・淡路大震災はじめ、さまざまな機会にボランティアを派遣した経験をもっていたからである。もともと日常活動でボランティア活動を実施していたNGO／NPOが、災害時においてもその力量を発揮した事例としては、阪神・淡路大震災の際の大阪ボランティア協会や、熊本地震での熊本YMCAなどの例がある（国際協力NGOセンター、2012、pp.30-33）。

（4） シャンティ国際ボランティア会

　1979年にカンボジアの内戦により、数十万人の難民がタイ・カンボジアの国境に逃れていた。シャンティ国際ボランティア会（以下、SVA）は、難民を救援するために1980年に活動を開始した。SVAは当初から子どもたちへの教育支援を目的として、移動図書館の活動を展開した。カンボジアでは内戦時代に教師の7割が殺され、またカンボジア語の図書の大半が失われていた。移動図書館は子どもの教育のみならず、クメール文化復興の拠点ともなった。

　移動図書館のアイデアとノウハウは、SVAが「おはなしきゃらばん」から得たものであった。「おはなしきゃらばん」は1970年に千葉県松戸で始められた運動で、大型バスを改造して図書室を備え、ストーリーテリング、人形劇、映画の上映などを保育園、幼稚園、公民館などに出向いて行うアウトリーチ活動である（シャンティ国際ボランティア会編、2011）。

　阪神・淡路大震災以来、国内の災害においても救援活動の実績を積み重ねてきたSVAは、東日本大震災においても2011年3月16日には気仙沼市に入り、地元社会福祉協議会を支援する形で援助活動を始めている。2012年には宮城県山元町に事務所を開設し、同町と福島県南相馬市で移動図書館プロジェクトを開始した。震災により東北3県では、多くの図書館が大きなダメージを受けた。公共図書館サービスを再開した市町村があるなかで、仮設団地から図書館へのアクセスの悪さなど、解決すべき課題は少なくなかった。図書館には読書施設だけでなく、集いの場、情報センター、アーカイブなど、さまざまな機能がある。SVAは国際協力を通じて、困窮地域において図書館が果たす役割の重要性を認識していた。

　移動図書館のバスには1,500〜2,000冊の本や雑誌を積み、1つの仮設団地を2週間に1度のペースで訪問した。本の貸し出しだけでなく、図書館車のそばにキャンプ用のタープ（広い布）を広げ、その下に机やいすを並べて、交流やくつろぎの場づくりを行う。蔵書の充実と地元の振興のため、定期的に必ず地元の書店から図書を購入するようにした。移動図書館事業はもともと日本で行われていたものであるが、それがタイやラオスなど海外において有効性が検証され、東日本大震災において再び日本でそのアイデアが活用された事例である。

（5） シャプラニール＝市民による海外協力の会

　1972 年創設のシャプラニール＝市民による海外協力の会は、35 年の長きにわたってバングラデシュとネパールの貧困問題の解決のために活動してきたNGO である。そのプロジェクトとしては、農村での収入向上、識字教育、衛生設備の普及、都市部でのストリート・チルドレンの支援など多岐にわたる。ただ、上記 3 団体が阪神・淡路大震災以来、国内での災害救援活動の経験をもっていたのに対して、シャプラニールは日本国内での災害時の活動実績はなかった。もっぱら海外での国際協力活動を行ってきたシャプラニールが、東日本大震災で救援活動に取り組むことになったのは、震災によってもたらされた被害の甚大さであった。

　シャプラニールでは、3 月 19 日には茨城県北茨城市に入り、その後いわき市を拠点に活動を開始することとした。福島第一原発事故の避難者らに生活支援物資を配達する中で、いくつか共通の課題に気づくことになる。それは、土地勘がないこと、元々の地域住民が分断されていること、交通手段がないこと、借り上げ住宅入居者には支援が届きにくく不公平感をもっていること、などである。そこで地元自治体の関係者と協議しながら、特に借り上げ住宅入居者を対象とした交流スペース「ぶらっと」を 10 月 9 日にいわき市の中心部に開設する。これにより、被災者が気軽に集まれる場所、相談を受ける場所を確保し、必要な情報を伝えるための拠点とすることが目的であった。いわき市と双葉郡各町の情報や被災者向けの支援情報を提供するために、4 頁の「ぶらっと通信」を毎月発行した。

　2014 年から、いわき市への避難者らは、いわき市公営災害住宅と福島県復興公営住宅に入居することとなった。これに伴い、シャプラニールは 2016 年 3 月に救援活動から撤退することとなる。「ぶらっと」はその後も趣味のサークルや生涯学習の拠点として地元の人々により運営されている。出身の町村を超えて交流が続いている同種の施設は、いわき市では「ぶらっと」のみである。行政や他の民間団体の目が届かない人々への支援を戦略的に推進したという点で、国際協力 NGO であるシャプラニールのユニークさを見ることができる（シャプラニール＝市民による海外協力の会、2016）。

（6）国際協力NGOによる震災救援活動の特徴と課題

　ここで、東日本大震災において国際協力系のNGOの活動が高く評価された背景と、NGOによる活動の特徴についてまとめたい。NGOが発災直後から活動できた第1の大きな理由は、初動資金が確保できる見通しがあったことである。先に述べたジャパン・プラットフォーム（JPF）は、震災直後に企業から寄せられた寄付金を活用して国際協力NGOに迅速に助成した。その後も内外から集めた総額約70億円を助成することで、多くのNGOは資金の心配なく活動を継続することができた。JPF以外にも、日本財団、中央共同募金会から、多額の資金が助成された。また各NGOにも支援者などからの寄付金が寄せられた。

　国際協力NGOによる救援活動の第2の特徴は、海外での緊急救援活動の経験を生かしていることである。IVYはかつてカンボジアで実施した「キャッシュ・フォー・ワーク」を被災地で実施し、SVAは難民キャンプで行った移動図書館を東北3県で実施した。NGOの特徴の第3点は、その戦略性と計画性にある。シャプラニールは過去「取り残された人々」への支援をモットーとしてきたことから、他の団体が入らない福島県いわき市を候補地として、孤立しがちな借り上げ住宅の避難者に対して事業を行った。IVYも避難所において炊き出しなど比較的役割がある女性ではなく、避難所でやることが少なくプライドを失いがちな男性のためにあえて仕事をつくる事業を展開した。また、NGOは事業を開始する際に必ず「出口」を考えて計画を練っている。国際協力の現場でも、事業を開始することよりも「撤退」することの困難さを経験しているからである。各団体とも、行った事業をいかに地元の人々の自主的な運営へとつなげていくかに腐心している。

　今後の課題として、個人ボランティアとNGO／NPOとの区別について挙げておきたい。今回取り上げた4団体に限らず、NGO／NPOには災害救援に長けている団体も多い。こと災害時の対応については被災自治体よりも知識も経験もある場合がある。しかしながら、行政との関係では「ボランティア」という括りで対応が行われていて、一般のボランティアとの区別がついておらず、対等な主体としては認められていない場合が多い。実際、災害対策基本法で

第 10 章　市民による災害救援活動の経験と今後の課題　*215*

は、阪神・淡路大震災直後の 1995 年 12 月に「ボランティア」の用語が登場し、その後の防災計画策定にあたっては必ずボランティアとの連携が盛り込まれることになった。しかしながら、法的にはボランティアと NGO ／ NPO の区別はなく、東日本大震災の際にも、このことが現場で NGO ／ NPO が行政と提携して活動する際の障害となった。今後、法改正も含めて、災害時における行政と NGO ／ NPO との役割と連携について考えていく必要があろう（国際協力 NGO センター、2012、pp.115-117）。

3.　災害時の市民の救援活動に関する防災教育

　最後に今後の防災教育において、市民が行う救援活動についてどのように学習するのがよいのかを考えよう。「物資よりお金」「災害ボランティアの窓口」「ボランティアと NGO ／ NPO の違い」など、本章で扱った基本的な知識と教訓を伝えることはもちろん必要なことである。一方で、災害時には各自にその場での判断が求められることが多く、災害の種類や場所、規模によって一律の対応をすることは困難である。したがって、各自の判断力を養うような学習が有効であり、そのための学習方法として参加体験型の学習がある。表 10-2 に参加体験型学習の一例を示した。今後の防災教育においては、救援活動における基本的な知識とともに、参加体験型のさまざまな教材が開発されることを期待したい[4]。

表 10-2　市民による救援活動ワークショップ（試案）

ねらい　災害発生時に一市民としてできる行動について考える。
所要時間　90-120 分
準備するもの　震災報道の新聞記事、模造紙、マジック、付箋
進行
1.　5-6 人のグループに分かれ、自己紹介する。
2.　震災報道の新聞記事（例えば、熊本地震の被害と避難の状況がわかる新聞記事）をグループに配布して、グループごとに読んでもらう。
3.　もし記事と同じような震災が近県で起きたと仮定して、自身でできる行動は何かをできるだけ多く出してもらう。（付箋と模造紙を使用）

216 第4部　災害ボランティア活動

4. 各グループから報告してもらい、分類する。その中から「募金」「ボランティア」「物資救援」「NGO／NPOへの参加」の4つのテーマに絞り、グループでひとつのテーマを選んでもらう。
5. 選んだテーマについてグループごとに、可能な行動と手順は何かについて話し合う。（適宜、付箋と模造紙を使用）
6. グループで話し合った内容を発表する。
7. ファシリテータが、本章の内容をもとにコメントを加える。
8. それらをもとに再度話し合い、できれば行動計画をつくる。その際の課題も出し合う。（付箋と模造紙を使用）
9. グループの話し合いの内容を全体に報告する。
10. ファシリテータがコメントを加え、全体の振り返りを行う。

注

1) 参考・引用文献に挙げた4冊の他、以下の5点がある。『水害発生！　どうつくる？　水害ボランティアセンター』(1999)『情報があるぞう!!　考えたぞう!!』(2002)、『法律って何だ？　考えたぞう!!』(2004)、『避難所のこと考えたぞう！』(2007)、『災害ボランティア文化：阪神・淡路大震災15年と震つな』(2010)。
2) 人と防災未来センターは兵庫県により2002年に開設された。阪神・淡路大震災の経験を語り継ぎ、その教訓を未来に生かすことを通じて、災害文化の形成、地域防災力の向上、防災政策の策定の支援を図ることを目的としている。資料室には震災資料（紙資料、モノ資料、写真資料、映像・音声資料）約18万8,000点が所蔵されている。
3) NGO (Non-governmental Organization) は民間で公益活動を行う団体を指すが、日本に導入された経緯から国際協力に関わる団体を表すことが多い。NPO (Non-profit organization) は、より広範な民間非営利団体を指すが、狭義には法人格をもった団体のみを指すことがある。
4) 参加体験型の防災教育教材としては『避難行動訓練EVAG（イーバッグ）』（国土防災技術株式会社）、『多文化防災ワークショップ』（仙台観光国際協会）などがある。

引用・参考文献

菅磨志保 (2016)「災害ボランティアをめぐる課題 — 東日本大震災から5年目を経て —」関西大学社会安全学部編『東日本大震災　復興5年目の検証 — 復興の実態と防災・減災・縮災の展望』ミネルヴァ書房。

国際協力NGOセンター (2012)『東日本大震災と国際協力NGO — 国内での新たな可能性と課題、そして提言』。

国際協力NGOセンター (2014)『東日本大震災　市民社会による支援活動　合同レビュー事業

検証結果報告書 ― 国際協力 NGO の視点から ―』。

シャプラニール＝市民による海外協力の会（2016）『いわき、1846 日 ― 海外協力 NGO による東日本大震災支援活動報告』。

シャンティ国際ボランティア会編（2011）『図書館は、国境をこえる ― 国際協力 NGO 30 年の軌跡』教育史料出版会。

シャンティ国際ボランティア会「走れ東北　移動図書館プロジェクト」。
http://sva.or.jp/tohoku/（2017 年 9 月 1 日最終閲覧）

震災がつなぐ全国ネットワーク（1998）『物資が来たぞう！！　考えたぞう！！』筒井書房。

震災がつなぐ全国ネットワーク（1999）『ボランティアが来たぞう！！　考えたぞう！！』筒井書房。

震災がつなぐ全国ネットワーク（2000）『お金がいるぞう！！　考えたぞう！！』筒井書房。

震災がつなぐ全国ネットワーク（2008）『中越発　救援物資はもういらない！？』震つな。

震災復興調査研究委員会編（1997）『阪神・淡路大震災復興誌』第 1 巻、兵庫県・（財）21 世紀ひょうご創造協会。

内閣府（2005）「災害ボランティアの『お作法』ガイド」。
http://www.bousai.go.jp/kyoiku/volunteer/vol/pdf/03kento_shiryou3.pdf（2017 年 9 月 1 日最終閲覧）

村井雅清（2011）『災害ボランティアの心構え』ソフトバンク クリエイティブ株式会社。

山口誠史（2014）「被災地支援で NGO が果たしてきた役割と今後の展開」「広がれボランティアの輪」連絡会議編『ボランティア白書　2014』筒井書房。

218　第4部　災害ボランティア活動

第11章

関東大震災とボーイスカウト日本連盟
「野外少国民学校」という独自の取り組み

は じ め に

　2016（平成28）年4月に熊本地震が発生した後、被災各地で子どもたちの心のケアや学習を支援する取り組みが広がっていることを、新聞各紙が報じた[1]。とりわけ、休校により通学できない児童生徒に学習の機会を設ける取り組みとして、学習塾の無料開放や、大学生による勉強の指導に関する報道もある[2]。このように、被災した子どもたちの心身のケアだけでなく、学校に通うことができないことを補完する取り組みも、各地で実施されていた。このような取り組みは東日本大震災後にも見られるものであり、関東大震災後にも行われていた。それが、本章で検討する「野外少国民学校」である。

　1923（大正12）年9月1日に発生した関東大震災の直後、少年団日本連盟は被災者の救護活動を行うとともに[3]、被災した子どもたちへの支援の一環として、「野外少国民学校」を開設した。これらのことは、ボーイスカウトの50周年記念誌において、「東京市内数カ所に野外小国民学校の開設、救援品の配給、被災少年少女の慰問または震災に関する教育資料の出版などを計画・実行し」たと記述され[4]、全国の少年団から被災児童に救援品、教科書、文房具や慰問文などが送られ、それらを野外少国民学校の子どもたちに配給したとしている。

　関東大震災の発生は、前年4月の少年団日本連盟（現在のボーイスカウト日本連盟）発足直後であった。連盟のトップ（総裁）は後藤新平が務めており、

第11章　関東大震災とボーイスカウト日本連盟「野外少国民学校」という独自の取り組み　*219*

後藤は総裁就任当時、東京市長（1923（大正12）年4月27日まで）の任にあった[5]。さらに彼は、震災発生直後の同年9月2日に発足した第2次山本権兵衛内閣で2度目の内務大臣に就任し、同月27日に設置された帝都復興院の総裁にもなった。

　関東大震災と阪神・淡路大震災を学校と教育の観点から比較研究した岸本肇は、関東大震災発生から小学校の再開までの間、本研究が扱う「野外小国民
学校」が6カ所で開設されたことを、内務省社会局による『大正震災志（下）』（1926年）に依拠して指摘している。ただ、岸本が震災後の教育改革や徳育に関心を寄せていたこともあってか、ここでは「被災直後の最長で20日間程度、罹災した複数校の子どもが、暫定的にそういう場所で授業を受けていた模様である」と指摘するにとどまり、その内実を検討するには至っていない[6]。また、関東大震災後の子どものストレスと文化活動の観点から、加藤理は「野外少国民学校の歌」に着目し、その歌詞を掲載しつつ、「少年団日本連盟主催の野外少国民学校の児童の意気を昂げるために作られた校歌である。次のような歌詞の歌を子どもたちは大歓迎したと記されている」（東京朝日新聞、9月28日）と紹介している[7]。

　先行研究では「野外少国民学校」に関する指摘はあるものの、具体的な活動については未知な部分が多い。このことから、大小さまざまな地震が発生した後の、子どもの支援のあり方を考えるうえで、本研究において、関東大震災後に少年団日本連盟が展開した「野外少国民学校」の実態と、被災児童に対する支援のあり方について解明することは、意義のあることと考える。

1.　文部省社会教育課長の想い

　野外少国民学校については、関東大震災発生翌年の1月に、文部省で社会教育を担当していた乗杉嘉壽が報告している[8]。乗杉は大震災後の学校教育について、「今回の災変に於ても学校方面の事は、只名ばかりの調査に恬然として何等事業開始の具体的方案をめぐらさず、公私共只困つたものとの一言に、あたら貴重の『教育的タイム』を空費した傾きがある。（中略）如何なる異変に

遭遇するも、一般教育、就中普通教育の一日も忽にすべからざるを信ずる吾人は、這般の光景を観てまことに傷心の情に堪へなかつたのである」と述べている。学校教育が動かないのであれば、それに変わって社会教育が動こうという意気込みを読み取ることができる。さらに乗杉は、「殊に一冊の教科書もなく、見るもの聞くもの凡てが只恐ろしき大惨禍に心の底まで異常の衝撃を受けた、あはれ数万の罹災児童の姿を観ては、そが心理的に道徳的に、はた教育的に将来する甚大の結果を思ふまでもなく、身苟も教職に在る人々が、晏閑として徒らなる一片同情の言葉に籍口して、あたら可憐の教へ子を具体的に救はんとせざるかを、むしろ聖代の一大恨事として、憤慨の情禁じ得なかつた」とまで述べ、学校教育現場の教員に対する非難の言葉を続けている。

　なお、被災した児童数について、震災発生当時、台東区浅草にあった富士小学校の教員は、震災の記録を残す中で、震災地には 196 の小学校があり、そこに 25 万人に近い児童が通っていたと言い、震災で 117 校が焼失し、被災児童数は約 15 万人だったと報告している [9]。これによると、隣接町村や他県へ避難した児童、死亡児童などの調査は困難を極めたようである。

　乗杉は震災から 1 週間、半月が過ぎてもこのような状況は変わらなかったと言い、「教育界は死んだ子の年を数へるばかりで何の企てもない。茲に於て我が文部省社会教育課は決然として奮起し、主催者少年団日本連盟を後援し、一面断たれたる勉学の途に応急的施設を行ふと共に、他面救護慰安の意を兼ねて、罹災少国民の臨機的教育に任ずる事となつた。名づけて『野外少国民学校』と云う」と、文部省内に事務所を置いていた少年団日本連盟の後援をするという形で、社会教育として「野外少国民学校」を開設すると宣言している。

2. 野外少国民学校の発案・運営者

　少年団日本連盟側の記録がほとんどないため、この野外少国民学校の発案者や、資金調達者、運営の中心人物が文部省側なのか、少年団側なのか、判然としない。ただ、震災直後で乗杉による上述の考えに対して、少年団側が実働部隊として援助していたというのが実際の構図であり、少年団日本連盟が主催

者で、文部省が後援するという役回りは、全国組織が発足直後の少年団を全国的にアピールする手段の一つだったと考えることもできる。実際に、乗杉が課長を務めていた社会教育課（当時は第四課）が新設された1919（大正8）年6月の時点で、課には課長の他に属官3名、嘱託数名が所属していたという[10]。その4年後の震災発生当時に、どれだけ課員が増えていたのか不明だが、乗杉たち計画者が、野外少国民学校の実働部隊として、身近な少年団に目を付けたと思われる。

少年団の資料によると、野外少国民学校を開設する目的が「多数罹災少年少女に対し救護慰安となし不安の念を去らしめ兼ねてその心身の修養をなさしめ社会奉仕の念を養はしむるため」となっている[11]。罹災児童の「救護慰安」だけでなく、心身の修養や社会奉仕の念を養うことまで含めていることが確認できる。

3. 野外少国民学校の場所

乗杉によると、野外少国民学校は「主として罹災民の集合せる場所を撰び」、下の表にまとめた6カ所に設置された。表11-1と表11-2の通りである[12]。なお、表11-1の児童数と教員数は、延べ数ではなく実数と思われる[13]。

日比谷野外少国民学校などの開校前日の9月18日、読売新聞が「罹災少国民を救ふ野外学校を設く」という記事を掲載した[14]。ここでは、10月上旬までの約20日間、「日比谷公園九段坂上上野公園浅草観音芝離宮本所（場所未定）等」（原文ママ）において、1組を50名として「若干組」作ること、生徒にはノートと鉛筆を与えること、「文部省社会教育課の人々少年団日本連盟の幹部及び各大学専門学校学生の特志者」（原文ママ）が指導者となること、その中に少年団の三島通陽や小柴（博のことか）、文部省の乗杉社会教育課長や片岡（重助のことか）が含まれていること、事務所は大塚高等師範学校内の文部省社会教育課に置くことなどを報じている[15]。実際に本来の学校が再開したのが、浅草区で10月1日、本所区で10月15日だったことから[16]、野外少国民学校を10月上旬で終了するという見込みは、大きく外れたものではなかった。

222 第4部　災害ボランティア活動

表11-1　野外少国民学校一覧

学校名	場所	開校日	閉校日	児童数	教員数
日比谷 　野外少国民学校	日比谷公園内	9月19日	10月10日	457	27
九段 　野外少国民学校	九段靖国神社境内	9月19日	10月 7日	283	26
浅草 　野外少国民学校	浅草観音付近	9月20日	10月12日	650	21
芝 　野外少国民学校	芝公園内	9月20日	10月14日	825	31
深川 　野外少国民学校	深川霊岸小学校跡	9月24日	10月11日	500	17
大塚 　野外少国民学校	大塚高等師範学校内	9月20日	10月 9日	55	5

表11-2　9月24日現在の野外少国民学校一覧

場所	主任の人数	指導者数	児童数
日比谷公園	1	12	350
芝公園	1	28	405
浅草公園	1	12	280
靖国神社	1	20	160
深川霊岸	1	12	400
高等師範内	1	1	40

4. 野外少国民学校の教科・講師

　前出の表11-1の期間、毎日午後1時から3時までの2時間を授業時間としていた。教科としては講話、国語、算術、体操、遊技、唱歌、童話等を設定し、他にも「児童にふさはしき簡易な社会奉仕的指導」に取り組んだ。5、6年生には、地理や歴史、理科の授業もしていたようである[17]。また、「野外少国民学校開設趣旨」によると、授業料などは一切必要なく、鉛筆、雑記帳、画

第11章 関東大震災とボーイスカウト日本連盟「野外少国民学校」という独自の取り組み　*223*

用紙などの学用品は少年団日本連盟が「贈呈」することになっていた[18]。

　乗杉の報告によると、実際に、各学校には文部省社会教育課の課員が主任として配置され[19]、少年団員や「男女各大学及専門学校学生生徒並有志等」が教師を務めた。例えば日比谷野外少国民学校では、「先生は女子師範の方や、一高（倉知氏）や慶大（木村氏）や高工（寺田氏）や早大（五十嵐氏）などの有志」が務めていた[20]。また、「中等学校、小学校教員篤志者」の活躍も期待された[21]。しかし、「教育専門家にて募集に応ずる者の比較的少数であった」ことに乗杉は、「今さらに怪訝の念に堪へぬと共に遺憾に思ふ」とする。

5. 九段野外少国民学校の1日目と2日目

　次に、乗杉の報告に基づき、九段野外少国民学校の初日（9月19日）と翌日のプログラム等を見ながら、実際の様子を把握したい。

　初日は場所の選定、児童召集、教場の設備、学級編成、始業、教員会議というプログラムが設定された。具体的には、以下のことに取り組んだ。

（イ）靖国神社境内能楽堂前広場樹陰を利用して校地と定む

（ロ）靖国神社々務所並東京府女子師範学校の好意により机、長腰掛、長茣蓙、小黒板、黒板拭、「オルガン」、「フットボール」、運動用小輪等を借用し急造教室場設備の資とす。

（ハ）教員各自手分けして罹災避難家屋「バラック」等を戸別訪問し「宣伝ビラ」を配布して児童を募集す。集るもの忽ちにして百余名。

（ニ）学級の編成、基本学科目、学科主任、各組担任等を定む

（ホ）午後二時半野外少国民学校開催の趣旨並今回の震災に対する詔勅、御沙汰書の大意を敷衍して、主任より一場の講話をなし後児童一同少年団の遊戯をなす

（ヘ）終業後教員会議開催。お互に第一日の予想以上の成功を祝ひつゝ、教材、教具、並に時間割等につきて協議し午後四時半閉会

(原文のまま)

　小石川区竹早町にあった東京府女子師範学校は、後述する野外少国民学校

224　第4部　災害ボランティア活動

表11-3　九段野外少国民学校2日目（9月20日）の時間割（原文のまま）

	第一時限 午後1時から 午後1時30分まで	第二時限 午後1時40分から 午後2時10分まで	第三時限 午後2時20分から 午後2時50分まで
松の組 （尋5、6以上、男）	葛原菡氏の童話	震災につきての綴方	衛生作業（作業は 境内の庭掃除）
桜の組 （尋5、6以上、女）	同	同	唱歌
杉の組 （尋3、4）	同	同	地震のお話
百合の組 （尋1、2）	同	同	図画

校歌を作曲した大和田愛羅の勤務校であるが、九段の靖国神社まで直線距離で
2km ほどであろう。

　さらに2日目（9月20日）の時間割を上の表11-3で確認する。2日目は1
時限目と2時限目が、各組共通して葛原の話を聴き、震災に関する綴方に取り
組んだ。葛原は野外少国民学校校歌の作詞を担当しており、大和田愛羅による
作曲と併せて、子どもたちが始業前や終業後に毎日、合唱していた[22]。また2
日目には、歯科医の教員による歯痛の児童の治療や、他の教員による児童の理
髪なども実施した。

　乗杉によると、児童に対する活動としては他にも、「蓄音機を聞かしめ、『タ
オル』其の他の日用必需品を与へ」た。また、彼岸の中日には、子どもたちに
「キャラメル」を配布したようである[23]。

6.　九段野外少国民学校の宣伝ビラ

　上述の九段野外少国民学校の初日に、九段の靖国神社付近の「罹災避難家屋」
を戸別訪問したとある。その時に配布したと思われる「宣伝ビラ」には、以下
の記述があった。長いが引用しよう。

第11章　関東大震災とボーイスカウト日本連盟「野外少国民学校」という独自の取り組み　*225*

　少国民諸子

　大地震から大火災で幾万といふ人がなくなりました。東京市の小学校の先生方でも百八十人もなくなられたさうです。また幾十万の人が命から〲（命からがら―筆者）漸く逃げのびました。皆さんもさぞびっくりされたことでせう。しかし決して落胆してはなりません。これから精一ぱい働けば食ふに困るやうなことはありません。更に又精を出せば家や財産はいくらでも出来ます。かけかへのない命を捨てた人々に比べて見ればこれからうんと働いて人の為世の為に尽さなければなりません。

　心を落ちつけてあの大地震以来の事を考へてごらんなさい。お米の飯のたき方がまずいと云つたり、おかずがおいしくないと云つてお母さんを苦しめはいたされますまい。そこです。人間はいつどんな事に逢はぬとも限りませんから平生からその心掛でゐなければなりません。

　学校もたくさん焼けました。皆さんはしばらく不自由をしのばねばなりません。学校が出来るまでは毎日この野外少国民学校で勉強しませう。この学校の先生方はみな親切な人ばかりですから、何でもわからぬことはどし〲（どしどし―筆者）ご相談なさい。

文部省内

少年団日本連盟

　野外少国民学校に子どもを募る文章であるが、3段落構成のうち、1段落目で震災の事実を述べたうえで、これから精一杯働くことを説いている。2段落目で震災以降の生活を振り返らせ、普段の生活における心構えを説いている。最後の3段落目でようやく、学校再開まで野外少国民学校に来ることを勧めている。

7.　児童中心主義と生活綴方

　この野外少国民学校に文部省社会教育課長として携わった乗杉嘉壽には、欧米視察の経験があった。松田武雄によると、乗杉は、米国の小学校における「児童中心主義」の教育に着目して、日本の学校教育に対して「教育の実際化」論を提唱していた[24]。乗杉の主張する「教育の実際化」論は、いくつかの論点を含んでいるが、第1の論点が「学校教育それ自体の実際化」であり、そこ

には、学校教育が社会の実生活と密接な関係をもつこと、そのために教育の内容・方法を実生活に合わせて改革すること、実際的な教育内容にするために教師の自由裁量の余地を増やすことなどを提案していた[25]。

その乗杉が野外少国民学校において、「切れた下駄の鼻緒は自分で繕ひ、嬉々として教室に当てられた莫蓙を運び、楽しんで庭を掃くなど、児童各自の自律自制の精神に、幾度か快心の微笑が教師其の人の顔に浮かんだであらう。画帳なき図画教授には自由画の神髄が発揮せられ、教科書なき算術教授には、実際的応用問題の活用が遺憾なく行はれ、児童を野外に引き出したとて問題が生じ、教材が死んで居たとて教授法を批難さるゝ事は夢にもない」という実践を見続けた。野外少国民学校では、「教授時間の如き、教材の如きを初めとして其他のこと、到底普通小学校の例に倣ふことは出来ない。否さうすることを欲しない。凡てのことは教師の自由と児童の個性とより出で、そこには自然のまゝにのんびりとした温い、型になずまない気分が横溢して居た。かくて期せずして児童中心主義の教育が実現せられた」のである[26]。

乗杉による児童中心主義あるいは教育の実際化の考えは、野外少国民学校において取り組んでいた生活綴方にも関係している。この学校に通っていた小学生の綴方を引用する。

　　　僕のしんぱいごと[27]

　　　　　　　　　　　　　　　　　　　　　　　瀬川信義
　　この間大くわじがありました。そして着物をみなやいてしまひました。これから夏になるならさほどしんぱいもないが、冬になるのでしんぱいでなりません。なにしろ着物を一まいもださないのですから、僕は子供だから、さむくなれば、あばれゝばあつくなるけれど、お父さんやお母さんはあばれるわけにはいきません。僕が十八とかいふなら、しごとでもして父母にわたいれをこしらへてきせますがまだ十一なのでどうにもなりません。それがしんぱいで、毎夜さうねたことがありません。

子どもたちが自らの生活経験を綴り、その内容を子どもたちで共有し、話題として意見交換をしていたのであろう。

教師と子どもたちの関係について乗杉は、「素人の先生、青天井の学校、教

第11章　関東大震災とボーイスカウト日本連盟「野外少国民学校」という独自の取り組み　*227*

ふる人は平素教授法の一頁だに読まぬ人、それにいかめしい教壇もなければ、経費の不足をこぼちつゝ備へた標本もない。而して教へらるゝ者は罹災児童の烏合の衆である。しかも自ら自己破滅を体得せる教師、災厄の惨事に学び屋を恋ひ慕ふ可憐の児童、そこには、一片師弟相愛の美しき真情の貫通がある」と表現している。具体的に乗杉は、「十月七日に閉校した某学校の某教師の述懐の一部」（原文ママ）を引用している。

　　生れて始めて会つたつらい思を、小さい体に而も私以上に知つて居る気の毒な子供等と、昨日はゆつくり話し会ふことが出来て、どんなにうれしかつたかわかりません「先生御別れしたくないんです」涙なしには居られませんでした、泣いて物語る幼い彼等と十四日の午前八時に、用のない人達丈集つて遊ぶ事に約束しました。「眼鏡かけた先生きつとですよ」と叫びつゝ、小おどりして我家へと走る子供等は、どうぞ幸にあつてくれと祈るのでした。

　「教育は元来心の仕事である」あるいは「教育者と被教育者との間に於いて、心魂一路が相通ずる」ことを重視する乗杉にとって、野外少国民学校における教員と、教員の名前を覚えていない子どもたちの交流は忘れられない光景だったのだろう。

おわりに

　関東大震災後、「野外少国民学校」を開設したのは少年団と文部省第四課（社会教育課）であり、熊本地震や東日本大震災後にも、被災児童が学ぶ環境を支援したのは、民間の塾、ボランティア、NPO団体などであった。これらのことにより、社会教育として震災発生後、学校が再開するまでの間に子どもたちの居場所を確保し、勉強したいという気持ちを叶えることができると示された。もちろん、学校教育は被災児童に関する情報の収集と学校再開を目指した取り組みに全力を尽くすことが求められる。その間に、社会教育の立場で、被災した子どもたちの生活や経験に基づく教育を展開することができるのである。

228 第4部 災害ボランティア活動

　関東大震災後の少年団の取り組みにおいて、地震に被災した子どもたちに、「精一杯」生きること、また、「平時から非常時の心がけ」を考えさせることができる。さらに、被災した子どもたちが自らの将来を能動的に開拓していくことも期待していた。乗杉はここに、自らが提唱する、「教育の実際化」を見いだしていたのであり、これらのことは、これから発生が予想される地震後の被災児童救援活動において、大いに参考になると考える。

注

1)　例えば、「避難の子供　心身ケア」『日本経済新聞』2016年5月5日社会面。

2)　例えば、「塾や大学生、勉強サポート」『日本経済新聞』2016年5月5日社会面。また、「被災地の子　学び支える　熊本地震」『朝日新聞』2016年6月17日教育面。

3)　少年団の救護活動に関する映像が近年、発見された。「関東大震災　新たな映像　4本発見、少年団・救護班の姿」『日本経済新聞』2014年8月31日社会面。

4)　スカウト運動史編さん特別委員会『日本ボーイスカウト運動史』ボーイスカウト日本連盟、1973年、75頁。ボーイスカウト東京連盟運動史編集特別委員会『日本ボーイスカウト東京連盟運動史』日本ボーイスカウト東京連盟、1988年、47-48頁。文献によって、「野外少国民学校」と「野外小国民学校」の、2通りの表記を見ることができる。前者の表記を採用している例が多いようであるが、両者に大きな意味の違いはないと考える。

5)　後藤が東京市長を辞したのは、ロシアとの外交に専念するためであったとされる（鶴見祐輔『後藤新平』第4巻、1938年、376-383頁）。

6)　岸本肇「学校と教育から見た2つの震災　―関東大震災と阪神大震災の比較考察―」『東京未来大学研究紀要』第3号、2010年、1-8頁。

7)　加藤理「関東大震災下の子どもの震災ストレスと児童文化活動」『東京成徳大学子ども学部紀要』第1号、2012年、1-16頁。

8)　乗杉嘉壽「焦土の帝都に咲いた教育の花　野外少国民学校」『社会教育』1巻1号、1924年1月、24-28頁。この記事については、松田武雄も『近代日本社会教育の成立』（九州大学出版会、2004年）で触れている（288-289頁）。

9)　増子菊善・酒井源藏『樽を机として』誠文堂書店、1923年、2-10頁。

10)　松田『近代日本社会教育の成立』前出、283頁。

11)　後藤新平関係文書、少年団関係09「少年団事務雑　案内、次第書、趣意、規則、事業決算報告、名簿、行事予定、各種通知書」にある「野外少国民学校開設要旨」。

12)　表11-1については前出の乗杉の報告を一部改変し、表11-2については、後藤新平関係文書、少年団関係09（前出）にある「野外少国民学校便り」を一部改変した。

第11章　関東大震災とボーイスカウト日本連盟「野外少国民学校」という独自の取り組み　*229*

13)「野外少国民学校訪問記」(『少年倶楽部』10巻11号、1923年11月、225-228頁)には、「日比谷新野外音楽堂」で開いている日比谷野外少国民学校を訪問した記録が掲載されている。ここに、「斯うした児童達は、各少国民学校に約三千名収容してゐるさう」であると記されていることから、表中の児童数計2,770人は、実数であると思われる。他にも、新聞記事で「生徒は目下一箇所に各二百名位で尋常一年より中学女学初級位である」(「文部省の野外学校　小国民を教育する」『読売新聞』1923年9月22日朝刊3頁)、「約二千五百名の罹災児童を集めてゐる」(「野外少国民学校の歌　罹災学童鼓舞のために」『東京朝日新聞』1923年9月28日夕刊2頁)などと報じられている。

14)「罹災少国民を救ふ野外学校を設く」『読売新聞』1923年9月18日朝刊2頁。

15)　読売新聞は上野公園にも開設することを報じているが、本章で扱う野外少国民学校は、上野には開設されなかった。ただ、東京市下谷区役所による『下谷区史附録大正震災志』によると、上野公園内には野外少国民学校のような「臨時小学校」が表11-4の8校設置されたという。またそれぞれに100名から200名前後の子どもが参加したと言うが、どれくらいの期間にわたって設置していたのか、また「日曜学校」のように日曜日だけ、あるいは1回限りのものだったのかなどを含めて、それぞれの詳細は不明である。

表11-4　上野公園内の「臨時小学校」一覧（原文のまま）

主宰	校名	場所	開放・閉鎖	教師
希望社	野外国民学校	東京美術学校々庭	9.12	5名　1日3時間
本派本願寺	上野子供学校	—	9.12	—
上野輪王寺	臨時小学校	輪王寺大師堂廟所広間	9.19-10.15	黒門・竹町・山伏小学校訓導、僧侶、女子大生、上野高女生
本派本願寺	臨時小学校	9.20　博物館前 10.30　清水堂脇	9.20-13年3.31	市より教師派遣
希望社	臨時小学校	竹の台バラクツ内	9.20	—
上野寛永寺	国民小学校	寛永寺内	9.27	—
本派本願寺	上野日曜学校	—	10.中旬	—
同	林間学校	上野公園	11.13	—

　これらの「臨時小学校」と、本章で扱う野外少国民学校が混同して理解されていたことは、以下の文章からもわかる。「識者は国民教育の一日も忽にすべからざるを思ひ、焼出された学童のために百方尽力奔走して、上野や浅草に少国民学校を開始した。後藤子爵等の後援により、石橋利三郎氏等は、美術学校の松林の中と、傳法院とに、九月十二日から、罹災児童を集め、衣類や、履物、雑記帳、鉛筆などを給与し、七名の教員と共に、修身、国語、算

術等の学課を授けてゐる。」（増子ら『樽を机として』（前出）、37-38 頁）。

16) 増子ら『樽を机として』（前出、42 頁）には、浅草区富士小学校が 10 月 1 日に再開した
とある。他の情報は、東京市役所『東京震災録（別輯）』三秀社、1927 年、100-111 頁（岸
本「学校と教育から見た 2 つの震災　―関東大震災と阪神大震災の比較考察―」（前出、1
-8 頁））から再引用。

17) 「野外少国民学校訪問記」（前出）、226 頁。

18) 後藤新平関係文書、少年団関係 09（前出）「野外少国民学校開設要旨」と「礼状」。これ
らの資料から、連盟の総裁である後藤新平の名前で、野外少国民学校に対する金品の寄贈を
募っていたことがわかる。

19) 乗杉の報告の通りだが、正確には、「第四課」だろう。1923（大正 12）年 12 月 25 日に、
第四課は社会教育課に改称している。

20) 「野外少国民学校訪問記」（前出）、226 頁。

21) 後藤新平関係文書、少年団関係 09（前出）「野外少国民学校開設要旨」。

22) この曲については、加藤「関東大震災下の子どもの震災ストレスと児童文化活動」（前出）
において、「少年団日本連盟主催の野外少国民学校の児童の意気を昂げるために作られた」、
あるいは「被災児童を励まし、心を鼓舞する内容である」として、歌詞とともに紹介されて
いる。なお、葛原は九段精華高等女学校教諭などを務め、『とんび』、『キューピーさん』、『た
んぽぽ』などを作詞した。また、大和田は当時、東京府立女子師範学校兼府立第二高等女学
校の教諭、「今は山中　今は浜」で始まる唱歌『汽車』の作曲者である。

23) 後藤新平関係文書、少年団関係 09（前出）「野外少国民学校便り」。

24) 松田『近代日本社会教育の成立』（前出）、267-274 頁。以下の乗杉による「教育の実際化
論」も、松田の論考に基づく。

25) 第 2 の論点が「学校の拡張事業」、第 3 の論点が「社会の中心機関としての学校の運動」、
第 4 の論点が日本の学校教育の非能率、画一性、形式性への批判である。

26) この一文は、松田も『近代日本社会教育の成立』（前出）において引用している（288-
289 頁）。なお乗杉は、「其の目的に於て、其の方法に於て、囂々耳を聾せんばかりに叫ばるゝ
現代教育の理想とも云ふべきものが、極めて容易に、極めて自然に、草を座席の素人教師の
もとに滞りなく実現せられたと云ふことは、何たる快心の事であらうか」と、自らが掲げる
児童中心主義や「教育の実際化」論の実現を述べている。

27) 「野外少国民学校訪問記」（前出、227 頁）所収。

索 引

〈人名索引〉

片田敏孝　4, 18
後藤新平　218, 230
乗杉嘉壽　219-221, 223-228, 230
三島通陽　221

〈事項索引〉

A〜Z

ESD（持続可能な開発のための教育）　8, 9
IVY（アイビー）　210, 214
KOBE の検証シリーズ　198
NGO　216
NGO／NPO　208, 214
NPO　216

ア行

アイヌ民族　28, 29
アオテアロア　31
『赤いまり』　180
安全教育　56-68
石巻市立大川小学校（宮城県）　5, 15, 16, 17
石巻モデル　211
伊豆大島　153
移動図書館　212
岩手県大槌町　20, 21
―――――― 赤浜公民館　7
岩手県大船渡市赤崎地区　17, 19, 21, 22
―――――――― 公民館　4
岩手県釜石市立の小・中学校　17
大阪ボランティア協会　204, 211
大島町地域防災計画　159

大島町復興計画　158
大船渡市立越喜来小学校　18
おたがいさま基金　202
おはなしきゃらばん　212

カ行

顔合わせ会　24
顔の見える人間関係　2
学習指導要領　150
学習の自由　94
学校危機管理計画　160
学校における防災教育　50
釜石の奇跡　23
科目「農業と環境」　162
観光復興　165
関東大震災　218, 219, 227
義援金　201
記憶化　193
キャッシュ・フォー・ワーク（CFW）
　　　　　　　　　　　　　210, 214
救援物資　198
教育安全　62-66
教育の実際化　225, 226, 228, 230
教職課程　168
拠点避難所　114
霧多布高等学校　189
熊本 YMCA　211
熊本地震　10, 211
熊本市の社会教育　112
原発災害　7, 8, 9, 17
高校生防災スクール　40
口碑　30

公民館　110

──── の果たす役割　6

──── 類似施設　111

交流スペース「ぷらっと」　213

国際協力 NGO　208

──────── センター（JANIC）　208

国土強靱化　32

子ども　218, 219, 224-229

　サ行

災害継承　193

災害支援ボランティア　3

災害スタディツアー　125

災害ボランティア　27, 204

──────── ・マニュアル　205

──────── 活動　10

沙流川の大津波　29

三者会　131, 135, 137, 141, 146

三者協議会　131, 145

JR きのくに線　38

ジオ資源　47

持続可能な地域づくり　163

自治公民館　101, 110

実際の車両を使った実践的津波避難訓練
　　　　　　　　　　　　　　　　40

実践コミュニティ　52

指定避難所　114

児童中心主義　225, 226, 230

師範学校　221-23, 230

社会教育課（文部省）　220, 221, 223, 227

社会教育法第 20 条　93

──── 第 23 条　92

社会に開かれた教育課程　52

社会福祉協議会（社協）　211

写真洗浄活動　25

ジャパン・プラットフォーム（JPF）
　　　　　　　　　　　　　　202, 214

シャプラニール＝市民による海外協力の会
　　　　　　　　　　　　　　　　213

シャンティ国際ボランティア会（SVA）
　　　　　　　　　　　　　　　　212

首都直下型地震　8, 24

生涯学習　51

少年団（日本連盟）　218-221, 223, 225,
　227, 228

震災がつなぐ全国ネットワーク（震つな）
　　　　　　　　　　　　　　197, 198

スタディーツーリズム　46

スマトラ沖地震　29, 209

生活綴方　226

先住民族　8, 9, 28

──── の口碑　30

創造的復興　76

率先避難　24

　タ行

タウランガ市　32

高木町自治会　26

地域 ─ 学校の協働　193

地域における防災教育　13

地域の災害史　102

中越地震　200, 202, 205

中央共同募金会　202, 214

チリ地震津波　171

津波堆積物　29

津波てんでんこ　18, 19, 23

津波避難シール　39

津波避難標　39

索　引　*233*

津波避難誘導降車台　39, 40
津波避難リーフレット　39
鉄道における避難　37
鉄道防災教育　46
―――――・地域学習列車「鉄學」　45
伝承　151
十勝沖地震　174
飛び降り型避難　40
友だち作戦　22
都立大島高等学校農林科　152

ナ行

なちかつキッズ教室　44
南海トラフ地震　8, 24
日本財団　202, 214
日本赤十字社　204
ニュージーランド　10
農業高校　149

ハ行

跳ね返り効果　52
阪神・淡路大震災　1, 197, 204
ピースボート　210
東日本大震災　4, 203, 205
被災地訪問学習　24
被災の忘却化　193
人と防災未来センター　208, 216
避難所運営マニュアル　156
避難所開設　簡易マニュアル　156
福島原発事故　16
復興のコミュニティづくり　6
平成25年台風26号災害　152
平成28年熊本地震　110

防空訓練　33
防災学習　103
―――――会　26
―――――における学びの自由と権利　106
防災教育　8, 51, 150, 215
―――――史　151
防災拠点としての公民館　97
防災訓練　4, 8
防災講座　25
防災と言わない防災　47
放射能汚染　16
ボーイスカウト活動　8, 9, 28
募金　201
ボランティア　214
―――――活動　204
―――――元年　201, 204
―――――センター　27

マ行

マオリ民族　31
益城町　118
―――の自治公民館　121
宮城県名取市閖上地区　17, 19
宮古市田老町　20
みんなの家　118
みんなの図書館　89
モーケン族　29
文部省　219, 221, 223, 225, 227

ヤ～ワ行

野外少国民学校　218-230
歴史化（制度化）　193
若者の社会参画　193

執筆者紹介
（執筆順）

野元　弘幸　（のもと　ひろゆき）　**編者**

　所属・職：首都大学東京・人文社会学部・教授

　専門・研究テーマ：社会教育・生涯学習、多文化教育、防災教育

　主な活動：科研費「社会教育における防災教育のグローバル展開」代表。

　　　　　　　在日外国人や先住民族などマイノリティの教育研究を行いながら、2011 年以降は主
　　　　　　　に岩手県大船渡市での災害ボランティア活動に参加しつつ、防災教育研究を行う。

　主著：「東日本大震災における災害ボランティア活動の現状と課題」『月刊　社会教育』685
　　　　号、国土社、2012 年 11 月。

　　　　「東日本大震災と社会教育研究の課題 ― 岩手県大船渡市の復旧・復興支援活動を通じ
　　　　ての考察 ―」首都大学東京人文科学研究科『人文学報』第 471 号、2013 年 3 月。

　担当章：序章、第 1 章

西川　一弘　（にしかわ　かずひろ）

　所属・職：和歌山大学・地域活性化総合センター・准教授

　専門・研究テーマ：社会教育実践論、鉄道防災教育、地域交通政策

　主な活動：2013 年の J R 西日本和歌山支社との実践的津波避難訓練を契機に、鉄道乗車時の
　　　　　　津波避難について研究。2016 年からは鉄道防災教育の裾野を広げる観点から、地
　　　　　　域振興と鉄道防災を融合させた鉄道防災教育・地域学習列車「鉄學」を考案し、
　　　　　　主宰している。

　主著：「教育機関と連携した鉄道防災教育プログラムの成果と課題」『和歌山大学災害科学教
　　　　育研究センター研究報告』Vol.2、2018 年 3 月。

　　　　「鉄軌道における地震・津波避難対策に関する一考察　― 乗客連携と駅・乗務員の力
　　　　量形成を中心として ―」日本交通学会『交通学研究』第 60 号、2017 年 3 月。

　担当章：第 2 章

執筆者紹介　*235*

金　侖貞　（きむ　ゆんじょん）

　所属・職：首都大学東京・人文社会学部・准教授

　専門・研究テーマ：社会教育・生涯学習、多文化教育、韓国研究

　主な活動：日本における多文化教育に関わる研究を中心に、韓国の社会教育・生涯学習の研
　　　　　　究を重ねている。

　主著：『地域学習の創造』東京大学出版会、2015 年（共編著）。

　　　　『躍動する韓国の社会教育・生涯学習 ― 市民・地域・学び』エイデル研究所、2017
　　　　年（編著）。

　担当章：第 3 章

手打　明敏　（てうち　あきとし）

　所属・職：東京福祉大学・教育学部・教授

　専門・研究テーマ：社会教育・公民館研究、震災復興と住民の学習活動

　主な活動：東日本大震災後の地域復興に社会教育、公民館がどのような役割を果たしている
　　　　　　かについて調査研究してきた。筑波大学東日本大震災復興・再生支援ネットワー
　　　　　　クや、震災後社会におけるリジリエント・コミュニティ構想に向けた基礎的研究
　　　　　　（科研挑戦的萌芽研究）に参加してきた。

　主著：『〈つながり〉の社会教育・生涯学習』東洋館出版社、2017 年 3 月（共編著）。

　　　　「東日本大震災と公民館 ― 『震災後社会』における地域と公民館の役割」『日本公民
　　　　館学会年報』第 11 号、2014 年 11 月。

　担当章：第 4 章

長澤　成次　（ながさわ　せいじ）

　所属・職：千葉大学・名誉教授

　専門・研究テーマ：社会教育・生涯学習法制度研究・公民館研究など

　主な活動：日本社会教育学会会長、市川市社会教育委員、千葉市生涯学習審議会委員など。

　主著：『公民館で学ぶV　いま、伝えたい地域が変わる学びの力』国土社、2018 年（編著）。

　　　　『公民館はだれのもの　住民の学びを通して自治を築く公共空間』自治体研究社、
　　　　2016 年。

　担当章：第 5 章

山城　千秋　（やましろ　ちあき）

　所属・職：熊本大学・教育学部・准教授

　専門・研究テーマ：社会教育、青年教育、自治公民館論

　主な活動：日本青年団協議会助言者、沖縄県青年会館評議員、熊本市公民館運営審議会委員。

　主著：『沖縄の「シマ社会」と青年会活動』エイデル研究所、2007 年。

　　　　「熊本地震からの復興を支える益城町の社会教育施設」『月刊　社会教育』742 号、国
　　　　土社、2018 年 3 月。

　担当章：第 6 章

荒井　文昭　（あらい　ふみあき）

　所属・職：首都大学東京・人文社会学部・教授

　専門・研究テーマ：教育政治研究、教育の地方自治

　主な活動：NPO 法人多摩住民自治研究所副理事長として、地方自治と教育に関する研究と
　　　　　　学習活動を組織すると同時に、民間研究団体（教育科学研究会、社会教育推進全
　　　　　　国協議会、公益財団法人社会教育協会）などに参加。

　主著：『教育管理職人事と教育政治 ― だれが校長を決めてきたのか ― 』大月書店、2007 年。

　　　　「地域と学校の連携をめぐる政策と実践（6-1）」社会教育推進全国協議会編『社会教
　　　　育・生涯学習ハンドブック』エイデル研究所、2017 年。

　担当章：第 7 章

降旗　信一　（ふりはた　しんいち）

　所属・職：東京農工大学・農学部・教授

　専門・研究テーマ：教職教育、環境教育

　主な活動：農学部および工学部における中学高校教員の養成。

　主著：『持続可能な未来のための教職論』学文社、2016 年（共著）。

　　　　『教育の課程と方法 ― 持続可能で包容的な未来のために』学文社、2017 年（共著）。

　担当章：第 8 章 1．，2．，4．

金子　雄　（かねこ　ゆう）

　所属・職：東京都立大島高等学校・主幹教諭

　専門・研究テーマ：農業教育、地域資源活用、グローカル教育

　主な活動：生徒による椿ガイドの実践、伊豆大島の里山保全。

　主著：「地域資源を活用したオンリーワンの地域活性化の取り組み」『棚田学会誌』No.18、

2017 年。

担当章：第 8 章 3.

野村　卓　（のむら　たかし）

所属・職：北海道教育大学・教育学部・准教授

専門・研究テーマ：環境教育、社会教育、食育・食農教育論

主な活動：持続可能な地域づくりと地域連携可能な教員養成を土台に、防災や湿地、食育に関する研究を行う。親子の食農共育体験 “あぐりちゃれんじ”（2012 年より現在まで）。2017 年度　農林水産省主催　第 1 回食育活動表彰。学生ボランティア部門　消費・安全局長賞受賞。

主著：『食農で教育再生』朝岡幸彦・菊地陽子・野村卓編著、農山漁村文化協会、2007 年。

『食育の力』朝岡幸彦・野村卓編著、光生館、2010 年。

担当章：第 9 章

田中　治彦　（たなか　はるひこ）

所属・職：上智大学・総合人間科学部教育学科・教授

専門・研究テーマ：社会教育・生涯教育、開発教育、ESD、防災教育

主な活動：青少年期の社会教育の研究を行う。特に、グループワーク、居場所論、若者の参加論。ESD（持続可能な開発のための教育）研究。また、開発教育、環境教育、まちづくり論、SDGs に関心をもつ。

主著：『SDGs と開発教育 ── 持続可能な開発目標のための学び』学文社、2016 年（編著）。

『18 歳成人ハンドブック ── 制度改革と教育の課題』明石書店、2018 年（編著）。

担当章：第 10 章

圓入　智仁　（えんにゅう　ともひと）

所属・職：中村学園大学・教育学部・准教授、中村学園大学付属壱岐幼稚園・園長

専門・研究テーマ：社会教育学、子どもの学校外教育、タイ研究

主な活動：福岡市社会教育委員、福岡市里親委託等推進委員、志免町子どもの権利救済委員。子どもの学校外教育の現状と歴史について、日本とタイを対象とする研究に取り組む。教育と福祉の関係にも関心をもつ。

主著：『海洋少年団の組織と活動　戦前の社会教育実践史』九州大学出版会、2011 年。

『子どもの虐待と学校　新しい教育福祉論』櫂歌書房、2013 年。

担当章：第 11 章

■編者紹介

野元　弘幸　（のもと　ひろゆき）

　　所属・職：首都大学東京・人文社会学部・教授
　　専門・研究テーマ：社会教育・生涯学習、多文化教育、防災教育
　　主な活動：科研費「社会教育における防災教育のグローバル展開」代表。
　　　　　　　在日外国人や先住民族などマイノリティの教育研究を行いな
　　　　　　　がら、2011 年以降は主に岩手県大船渡市での災害ボランティ
　　　　　　　ア活動に参加しつつ、防災教育研究を行う。

　　主著：
　　「東日本大震災における災害ボランティア活動の現状と課題」『月刊 社
　　　会教育』685 号、国土社、2012 年 11 月。
　　「東日本大震災と社会教育研究の課題 ― 岩手県大船渡市の復旧・復興支
　　　援活動を通じての考察 ― 」首都大学東京人文科学研究科『人文学報』
　　　第 471 号、2013 年 3 月。

社会教育における防災教育の展開

2018 年 8 月 30 日　初版第 1 刷発行

■ 編 著 者 ─── 野元弘幸
■ 発 行 者 ─── 佐藤　守
■ 発 行 所 ─── 株式会社 大学教育出版
　　　　　　　　〒 700-0953　岡山市南区西市 855-4
　　　　　　　　電話（086）244-1268　FAX（086）246-0294
■ 印刷製本 ─── モリモト印刷㈱

© Hiroyuki Nomoto 2018, Printed in Japan
検印省略　　落丁・乱丁本はお取り替えいたします。
本書のコピー・スキャン・デジタル化等の無断複製は著作権法上での例外を除き禁じられ
ています。本書を代行業者等の第三者に依頼してスキャンやデジタル化することは、たと
え個人や家庭内での利用でも著作権法違反です。
ISBN978 − 4 − 86429 − 530 − 7